Liber Rosae

Du même auteur

Romans

Et passe le souffle des dieux. Ainsi était l'an mil, Plon, 2020.
Les Amours illicites, Pygmalion, 2019.
Journal de Joséphine B., impératrice, Flammarion, 2014.
Stanislas ou un caprice de Joséphine, Flammarion, 2013, J'ai lu, 2014.
Et embrasser la liberté sur la bouche, Flammarion, 2011.
Portrait de Claire en bleu marine, Fayard, 2003.
Jeanne d'Arc, Pocket, 1999.
Le vent du Sud. Mémoires du comte de Cagliostro, Presse de la Renaissance, 1999.

Biographies / Essais

Les Fantômes des Tuileries. Dans un palais qui n'exite plus, le destin de cinq petits dauphins qui n'ont jamais régné, collaboration avec Thierry Ardisson, Flammarion, 2016, Éditons de la loupe, 2017.
Les Rostand, Pygmalion, 2015.
Fabiola. La reine blanche, Perrin, 2013.
François Bayrou. « Si la Providence veut... », en collaboration avec Antoine Michelland, Éditions du Rocher, 2007.
France Gall, Michel Berger. Deux destins pour une légende, en collaboration avec Hugues Royer, Éditions du Rocher, 1994.
La Table des princes, Éditions du Rocher, 1994.
Histoire des modes sous l'Empire, Tallandier, 1988.

Philippe Séguy

Liber Rosae

Le livre des roses

Roman

Illustrations originales
de Laurent Gapaillard

Robert Laffont

ISBN : 978-2-221-25426-4
Dépôt légal : avril 2023
Éditions Robert Laffont – 92 avenue de France 75013 Paris

Pour Ilan

« Que de temps il a fallu pour te créer, aux anges ! »

Abû-Nuwâs,
Le Vin, le vent, la vie

« *Et capiti demptas in fore pone rosas.* »
(« Et dépose sur le seuil les roses
qui paraient ton front. »)

Ovide, *Ars amatoria*, III

Prologue

Mer Méditerranée
Fin septembre 1240

Il respirait par la bouche. À pleins poumons, et lui rentrait dans la gorge le goût du sel. Il avait posé ses mains à plat sur le bois du bastingage. La nef filait vers les côtes de France. Face à lui, à perte de vue, la mer, bleue et blanche. Il était seul. Les autres hommes, par habitude, par respect peut-être, les marins aussi, le laissaient à ses songes. Il ne bougeait pas. Il regardait. Le bateau tanguait par instants. Ce mouvement en balance lui glissait dans le dos.

Cela faisait onze jours que Gatien de Mortery avait quitté Saint-Jean-d'Acre.

À l'épaule, il portait la croix rouge. Il était un soldat du Christ. La voix tonnante de Grégoire IX l'avait proclamé dans la chrétienté. La belle noblesse de France, des chevaliers nantis jusqu'aux plus pauvres, avait répondu : *Je viens*. Pour la croisade, pour fouler de leurs pieds la Terre très sainte, ils avaient quitté leurs manoirs, leurs femmes et enfants, leurs champs cultivés, forêts et fiefs. Ils avaient suivi leurs chefs, porté les bannières d'Hugues, duc de Bourgogne, de Pierre Mauclerc, duc de Bretagne, d'Henri, comte de Bar, celle aussi de Raoul, comte de Soissons et puis de Guillaume de Senlis, de Philippe de Nanteuil et de Richard de Beaumont. Tout pour le Très-Haut, bafoué par les infidèles.

Béni celui qui se croisait, béni celui qui sauvait son âme. Gatien fut autorisé à tuer, à piller en Son nom très saint. Tant de sang et de morts. Il avait encore dans l'oreille leurs hurlements quand son épée les coupait en deux. Il se souvenait des corps qui tombaient en paquets sur le sable mou.

Il cala ses paumes contre le bois râpeux, humide, du parapet. Il n'oubliait rien, il ne le pouvait pas.

Soudain, il tourna le visage. Il l'aperçut, toujours là, arrimée. Protégée du soleil par un lé de coton, visible à moitié, elle dodelinait au vent. Comme une danse. La très précieuse.

PREMIÈRE PARTIE

Chapitre I

Paris
Vers l'île de la Cité
4 novembre 1240

Alix était seule face à sa page d'écriture et le travail avançait avec sûreté. Elle formait les lettres dites *carolines*, à l'encre noire, celles des moines et des clercs, employées à la Sorbonne par les étudiants. Elle écrivait les mots : *Nunc lege, nunc ora, nunc cum fervore labora sic erit hora brevis, sic labor…*

Avant la fin de l'après-midi, quand les servantes n'avaient pas encore besoin d'allumer les chandelles de cire, sa tante vérifiait la feuille de papier, corrigeait les deux ou trois fautes. Son regard par-dessus son épaule. Le corps entier d'Alix vibrait de le sentir si proche. Elle serrait davantage le calame entre ses doigts.

Son visage grimaçait sous l'effort à fournir. Il rendait plus amer le pli de ses lèvres minces, abaissait son menton. Alix était laide. Formidablement. Rien n'aurait pu la convaincre du contraire.

Sa froide intelligence, sa mémoire de clepsydre, son acharnement mis à la maîtrise d'un être entier tenaient lieu chez cette fille des seules grâces dont elle acceptait de se parer. Quiconque eût tenté de donner un âge à celle qui venait de fêter ses quinze ans se fût trompé.

Elle ne parlait qu'à sa tante. Les servantes avaient reçu ordre de ne jamais la regarder en face. La visite du chapelain, celle plus rare du médecin, furent les seules compagnies masculines de ses premières années. Il n'y en eut plus d'autre.

L'homme lui fut conté par sa tante comme un animal. Peu sûr, menteur, égoïste. Calculateur et lâche, et dont l'odeur infecte persistait même après l'eau et la saponaire. Elle en parla peu. Mais suffisamment pour que dans l'esprit de l'enfant se tisse, point par point, la figure du diable.

Alix était seule. Aussi vivait-elle cette fatalité comme un choix, en tirait le suc, il avait sur ses lèvres un goût de miel.

La solitude comme une fatalité bienheureuse avec sa douceur d'ouate lui offrait ce recul volontaire face aux bruits de la ville. La liberté de se tenir à l'écart, dans la salle d'études, tapissée de chêne et de livres, le front penché sur le parchemin ou le papier, affûtait encore sa conscience. C'était à trembler de ce bonheur trop calme.

Les repas à heures fixes. Les leçons de latin et de grec, celles d'hébreu, de rhétorique et d'histoire romaine expurgée de ses désordres. Les leçons d'équitation. Le premier passage par l'église dédiée à Séverin pour la messe du matin. La promenade de l'après-dîner. Non vers la Seine, voisine, et qu'il n'était pas question d'approcher de trop près ; les bateliers et les marchands étaient gens dangereux. L'eau fétide, aux relents de vase, adressait aux filles de vilaines idées et des mauvais rêves.

Accompagnée de la plus sûre des domestiques, Alix avait le droit de marcher à pas rapides dans les rues des alentours où des mains expertes travaillaient le parchemin, le vélin et le papier.

Elle gagnait le couvent des Mathurins. Une fois la semaine, elle profitait de son jardin de simples, aligné en carrés, bordé de roseaux tressés et de bois découpés en arceaux. Strict. Avec au centre une statue en pierre de la Vierge tenant assis sur ses genoux le Christ enfant.

Elle terminait la visite par un signe de croix et une bougie posée devant l'autel de saint Jean. Elle revenait à la maison de sa tante, empruntant le même chemin, en sens inverse.

Isolde de Vernay était considérée dans le quartier comme la femme la plus belle, la plus riche et la plus savante. La reine Blanche, disait-on, faisait grand cas de ses avis. Les deux femmes s'entretenaient ensemble au palais de la Cité et on ne savait pas de quoi elles parlaient de longs moments entiers. Les barons patientaient dans l'antichambre, ensuite, ils s'écartaient pour la laisser passer.

Isolde élevait sa nièce depuis sa naissance dans la crainte de Dieu. La fillette n'avait jamais manqué de rien.

Et sur ce corps grand et maigre, pâle, habillé de bleu, de blanc ou de gris, tombaient des cheveux noirs, si épais, si denses, qu'ils semblaient se nourrir de son visage.

*

La porte d'entrée de la maison feula sur ses gonds. À ce bruit familier, Alix en déduisit que sa tante était rentrée. Elle prit encore un peu d'encre, termina d'écrire les derniers mots *ipse brevis*. Puis, reposant le calame, elle s'essuya le doigt. À l'entrée d'Isolde, elle se leva et la salua. Elle remarqua la légère trémulation de ses lèvres et la vit se diriger vers les gobelets et la carafe qui contenait du vin de Brouilly. Elle but, le dos très droit, belle encore, très blonde, les yeux très bleus. Elle porta la main à son front, se retourna vers Alix et dit :

— Le palais ce matin bruissait de monde, la nouvelle est venue. Les reliques seront bientôt dans une châsse digne d'elles. Remercions le Christ.

Les deux femmes se mirent à genoux. Mues par le même réflexe, elles joignirent leurs mains et ensemble, récitèrent :

— Je Vous loue, je Vous glorifie, je Vous bénis, mon Dieu, pour les immenses bienfaits que Vous m'avez accordés, à moi indigne. Je loue Votre clémence si patiente à m'attendre.

Elles se relevèrent.

— Les reliques ! Exposées pour le peuple chrétien. Le Ciel bénit la France, fille de la sainte Église.

Isolde marchait à grands pas, tournait dans la pièce. Elle s'approcha de la feuille de vélin, lâcha vite : *C'est bien, c'est bien.* Alix attendait ce qui vint.

— Il sera à Paris. Bientôt.

— Comment le savez-vous ?

— Je le sais. Une messe sera donnée à Notre-Dame. Notre roi veut remercier Dieu.

— Je comprends.

— La reine Blanche attend les grands du royaume. Ils seront tous là, arrogants, si fiers de leurs fiefs. Bourgogne, Bretagne, Anjou, Guyenne… Ces hommes ! Le comte de Champagne sera parmi eux.

— Et lui aussi.

— Oui. Et lui aussi. Il voudra te voir.

Alix eut un haut-le-cœur. Sa main s'écrasa sur sa bouche, sur son ventre aussi.

— Ne crains rien. Je serai là pour te protéger, comme toujours. Il ne peut pas te nuire.

— Je l'espère.

— Tu peux me croire. Tu as ma parole.

— Je souhaiterais rester seule.

Isolde regarda Alix, voulut se rapprocher d'elle, jusqu'à la serrer entre ses bras, lui dire encore de ne pas le craindre. Elle s'effaça sans répondre.

À son tour, la jeune fille marcha vers la carafe de vin. Elle respira le liquide très rouge et qui moussait, tituba.

Une fois de plus, en habituée, elle sentit venir en elle cette vague immobile. Incommensurable, la haine, pétrifiante dans sa force. La haine de tout ce qui était lui. De ce qui la ramenait à lui, du plus loin qu'elle s'en souvînt, comme une maladie. Une nourriture féconde pour celle qui s'en repaissait, comme une ogresse.

Une moisson qu'Alix engrangeait. Derrière le voile de sa haine, elle avançait, semaine après semaine, des années employées à le détester.

À vouloir sa souffrance, la mort cruelle souhaitée, revendiquée et l'effacement méthodique de ce qu'il avait été sans elle. Son père l'avait abandonnée, quatre syllabes, au rythme de chanson tragique, un état définitif de malédiction. Et sur elle, le regard des autres, de la famille proche, de sa parentèle.

Dans leur maison de Paris, aux étages étroits, dont les colombages donnaient l'effet d'un damier propre, deux femmes haïssaient le même homme. À deux, elles laissaient se boursoufler leur haine. Un abcès au creux de l'aisselle, ce cancer qui ne guérissait jamais.

Alix plia la feuille de papier, la rangea dans l'écritoire avec le flacon d'encre et le calame taillé. Elle ne put maîtriser le tremblement de ses mains et ce halètement qui prenait son cœur et le forçait à battre comme une bête affolée.

Enfin, revint le calme.

Elle avait le temps de réfléchir avant l'heure du souper. Il serait à Paris dans les prochains jours. Il ferait partie de la suite du comte de Champagne. Sa tante une fois encore avait vu juste, il ne saurait y échapper. Attaché à Thibaut comme un chien à son maître.

Elle grimaça de mépris. S'offraient à elle deux solutions. La question était d'ordre philosophique et un étudiant n'aurait pas eu à rougir de tenter d'y répondre. Le rencontrer, car il restait à Paris une petite semaine, guère plus, et une entrevue au palais semblait possible. Ou bien l'ignorer. Et attendre qu'il retourne dans sa campagne pouilleuse. Songer avec suffisamment de force qu'il n'était jamais venu. Il était ce mauvais rêve, un cauchemar pour petite fille. Lui, son père.

*

Le dîner avait été servi à l'heure habituelle, après les vêpres. La soupe aux herbes fut apportée par la cuisinière et posée sur la nappe blanche, changée à la première tache.

Au centre de la table, posée sur des tréteaux de bois, les pots à épices étaient d'argent ciselé. Du pain blanc tranché, abondant, sortait du four. Les dernières poires patientaient dans leur coupe d'albâtre.

Les deux femmes mangeaient en silence. Enfin, reposant sa cuillère, Alix demanda des nouvelles de la reine Blanche.

— Notre souveraine soutient son fils dans sa mission de roi chrétien.

— Oui. Que Dieu nous la conserve. Il en va du bien du royaume.

— N'oublie jamais la ruine de Byzance. Les craintes de son empereur de voir ses terres mangées par les Grecs. Il lui fallait de l'argent pour les vaincre.

— Dieu fut du bon côté.

— Assurément. L'empereur Baudouin a vendu au roi de France la très sainte couronne d'épines que Notre Seigneur a portée le jour de Sa Passion. Avec combien de ferveur, de soins, d'efforts, de courage, Louis notre sire a pu la ravir aux Vénitiens qui la convoitaient aussi. Souviens-toi de sa joie et de celle de sa mère et de son frère quand tous purent l'admirer. L'arroser de leurs larmes abondantes.

— Je sais.

— Cela a coûté au trésor royal une somme telle que les anges eux-mêmes en ont frémi.

— Cent trente-cinq mille livres.

— Tu as bonne mémoire. Le prix du salut. Louis veut davantage.

— Il veut quoi ?

Isolde prit le temps pour répondre et ses yeux devinrent mauves.

— Une châsse, admirable, écrin de lumière. Siège des grâces.

— Une chapelle ?

— Mieux encore. La plus belle, la merveille des merveilles. Les reliques de Notre Seigneur y seront présentées au peuple. À jamais.

— Il faudra de l'or.

— Oui. Nous l'y aiderons, s'il le faut.

— L'avez-vous dit à la reine Blanche ?

— Oui.

— Il est bon qu'elle vous sache dévouée à sa cause.

Les servantes vinrent retirer les écuelles de faïence et les cuillères. Un plat de truite à l'oseille fut servi. Le regard d'Isolde fixait le mur nu. En signe d'humilité, lors du précédent carême, elle avait fait retirer la tapisserie. Ce qui représentait les amours de Daphnis et Chloé prenait la poussière au grenier. Elle finit la carafe de brouilly.

— Le roi veut la chapelle tout près du palais. Le seigneur qui nous gouverne appartient au Seigneur, la France est une nouvelle terre sainte !

— La couronne d'épines. *Inaestimabilitis margarita*.

— Je me souviens, à Sens, avoir aperçu le roi et son frère Robert la porter sur Sa châsse. Pieds nus, vêtus seulement d'une tunique de lin blanc. Louis était beau, ses yeux bleus noyés de larmes et jamais je n'oublierai.

— Cela fera deux ans bientôt.

— Oui.

— Avez-vous revu la couronne sainte ?

— Pas encore. La reine Blanche m'a promis que nous pourrons la contempler après la messe.

Le visage d'Alix sembla se rétrécir, manquer d'air. Elle rougit et le sang afflua brutalement sur sa peau blanche, mordit la ligne brune de ses cheveux.

— Nous ?

— J'ai parlé de toi, de ta sagesse, de ton goût pour l'étude et la prière. La reine veut te connaître.

— C'est un grand honneur.

— Oui, et tu en es digne.

— Merci, ma tante.

— Je te ferai faire une robe nouvelle.

— Est-ce nécessaire ?

— Assurément, tu es de mon sang, ne l'oublie pas, et si peu de l'autre.

Alix, la bouche sèche, avala un peu d'eau. Les filets de truite refroidissaient dans les assiettes. Les pauvres de Saint-Séverin amélioreraient leur ordinaire avec du poisson et de l'oseille cuite au lard.

Lorsqu'elle gagna sa chambre, le baiser de sa tante au front, Alix s'agenouilla au pied de son lit et joignit les mains. La servante, dans son dos, patientait pour lui retirer ses vêtements. Dehors, dans la nuit, la pluie s'était mise à tomber, drue. Lorsque la jeune fille fut nue, la servante tira la courtepointe jusqu'à son menton. Elle sortit après sa révérence.

Dans la salle haute, Isolde pensait à Gatien. Elle avait ouvert un autre flacon de brouilly et regardait l'eau s'écouler en flaques, ricocher sur les vitraux des fenêtres, grasse. Froide.

Elle buvait seule. Le vin ne tentait plus rien, il fallait attendre l'habituel engourdissement plus longuement, comme elle avait attendu l'autre tellement en vain, lui, Gatien. Ses mains qui ne la touchaient jamais, sa bouche jamais nouée à sa bouche. Ses yeux qui ne regardaient que sa sœur, la sans-défaut, la tellement-parfaite, la sans-pareille. Sa femme, Aude, la belle. La morte.

Aude et Isolde de Vernay. C'était il y a longtemps, non loin de Provins, lorsque leurs parents, riches, si puissants, possesseurs de fiefs et de villages nombreux, étaient encore vivants.

Et moi, je vais le revoir. Elle fut prise d'un fou rire, un spasme qui lui tordit le ventre et trempa ses yeux. Elle frotta son mouchoir sur ses lèvres, essuya la bave qui coulait.

À l'étage devait dormir Alix, si le sommeil voulait bien d'elle. Gatien en était le père.

De ce constat simple, indiscutable, Isolde avait fait la pierre d'achoppement de la vie de son beau-frère : l'empêcher de voir sa fille, de l'élever, de l'aimer, de la connaître, de la voir grandir. De partager avec elle le plus quotidien des repas, des jeux et des rires ou une promenade, de la regarder s'endormir.

Agir, sans cesse, contre lui, Gatien, comme le sel de mer attaque le fer, le ronge jusqu'à la rouille. D'abord, à la mort d'Aude, lui ravir l'enfant, prétextant, devant la famille, qu'un chagrin si grand peut altérer le caractère et la formation bonne d'un enfançon. Puis, laisser le temps faire son œuvre de pourrissement.

Attendre les ravages de l'éloignement, de l'habitude, laisser les mots agir, les mêmes mots, employés savamment à leur juste mesure de venin. Voir Alix se détourner de son père, l'oublier progressivement, n'en plus parler que lors d'occasions si rares, anniversaires ou fêtes. Ne plus rien attendre de lui, afin qu'il devienne cette image floue, banale silhouette aux contours estompés. Son visage, sa voix, la forme de ses mains, sa démarche, son odeur d'homme, tout se diluait comme l'air lissé par une pluie récente. Mais conserver dans son cœur et sa tête que cette séparation exigée comme définitive était la rançon d'un caractère honni.

Très tôt, Alix comprit qu'il y allait de sa vie, son père l'avait abandonnée. Comme on en voyait tant et tant de ces enfants laissés dans leurs langes au pied des églises ! Bleus de froid, presque morts. Quel père pouvait abandonner sa fille sans craindre Dieu ? Il était un mécréant, indigne des sacrements de l'Église qu'il ne fréquentait plus, un poison, le mauvais philtre, le mauvais exemple, le sang avarié, issu d'une race mauvaise. Alix devait s'en laver par la prière et devenir forte.

Suivre le bon exemple de sa tante et faire ce que sa propre mère aurait attendu d'elle. Malheureuse Aude qui avait suffisamment expié la faute impardonnable de son mariage avec lui, le Mortery. Dont le nom déjà sentait la tombe, le pauvre, le ruiné, et de médiocre noblesse.

Mésalliance. Ce mot fut répété par Isolde devant Alix, disséqué, savouré dans tous ses sucs. Savoir cet homme si proche du comte de Champagne témoignait des dérives du siècle et de son éloignement de Dieu.

La tante Isolde était parvenue au but. Tranquillement, année après année : la détestation. Alix haïssait son père. Son triomphe semblait complet : sa nièce eût bien été incapable d'en exprimer les raisons. Cette haine instinctive était le plus sûr extrait du mal.

Et s'en repaître. Tout sacrifier pour la voir grandir, semaine après semaine, qui formeraient des mois et des années. Comme le prisonnier compte les jours dans sa cellule, inscrivant sur les murs les traces chiffrées de sa présence, s'enfermer en elle. Ne respirer que pour elle et s'y vouer. Comme on le fait pour la Croix, y employer l'essence de toute son énergie, s'y consumer, comme sous l'effet du soufre. Renoncer à sa propre vie, en porter les stigmates. Isolde la belle ! À trente ans passés, l'alcool tenait cette femme au masque de cire, la tête sur son psautier.

Aucun homme ne touchait celle dont la réputation de sainteté grandissait dans le quartier et bientôt la ville.

— Je vais le revoir. Le revoir.

Elle s'accouda à la cathèdre dont le coussin tomba au sol. Elle s'écorchait la langue en répétant ces mots à haute voix. Elle tourna sur elle-même, avala une gorgée de vin, reposa le verre vide. Avant la fin de la semaine, elle paraîtrait à la cour, au bras d'Alix, ploierait le genou devant la reine Blanche et le roi Louis.

Elle entendrait l'habituel murmure d'hommes, ce ressac de désirs qui boursouflait son cœur d'envie. Elle resterait droite et fière.

En titubant, elle monta lentement les marches qui conduisaient à l'étage. La froideur de sa chambre calmerait ses brûlures.

*

La tête lourde, elle tenta de compter le nombre des années, sans lui. Cela en faisait plus de treize. Et durant ce temps, avait-il tenté quoi que ce fût ? De la revoir, de parler à sa fille, de lui dire son amour et sa tendresse ? Était-il seulement père, dans ses chairs et son cœur ? Non, il était froid et dur. Il ne parlait pas.

Il n'était que silence. À croire qu'il était pétri de la plus sommaire des glaises. Une roche eût manifesté plus de chaleur, plus d'émotion. Mais lui ! Aucun des mots adressés, des signes, des regards ou des larmes, des colères, des cris ne parvenait à le toucher, à ébranler cette masse de chair nourrie de viandes cuites.

Ces épaules larges de lutteur de foire n'abritaient personne. Isolde frissonna et ses mains agrippèrent la couverture de martre. Elle s'en couvrit comme d'un suaire. Sa sœur. Toujours l'image de cette fille si pâle, légère. Qui semblait se poser comme la reine Mab, si fine, si menue, que la corolle de marguerite dont elle faisait son trône, dans le conte, ne pliait pas. Aude, ce jonc souple dont il était tombé amoureux, à sa manière de taiseux.

Elle se souvenait de leur première rencontre au château de leurs parents. Lui, gauche, maladroit, ensaché dans un pourpoint neuf, la sueur au front. Les mains moites serrant à la crever une aumônière achetée pour Aude à la foire de Provins. Pas pour elle.

Et pourtant, en ce jour de fête, les femmes, les filles n'avaient regardé que lui. Elle aussi, à s'en brûler les yeux, à se dire qu'il ferait bien comme elle à un moment, qu'il lui rendrait au moins un sourire. Qu'il comprendrait qu'elle était la plus belle, la mieux nantie, la tant brillante. Elle lisait le latin, comprenait le grec, s'entendait en hébreu, en mathématiques, en grammaire latine. Elle pourrait lui traduire Ovide, s'il le souhaitait. Elle connaissait Virgile, Aristote, le droit romain, la philosophie. Ce qu'il souhaitait, ce qu'il voulait. Elle était prête à tout, pourvu qu'il la regarde. Deux mots de lui, était-ce trop ? Il dansait peu et mal, parlait les yeux baissés, qu'il relevait trop vite, par à-coups. Il regardait, son demi-sourire à sa bouche, ouverte parfois sur des dents très blanches et saines.

De leur première rencontre, minute après minute, Isolde garda tout de lui : son odeur de foin coupé, d'herbe fraîche. Ses pieds de marcheur, ses mains, fortes, larges, ses cheveux, blondis par l'été, surtout sa mèche, longue, en pointe de flèche, qu'il replaçait au-dessus de son front et qui retombait sans cesse à dépasser son sourcil. Sa joue creusée, cette allure de gamin, de grand frère bagarreur. Sa voix brumeuse, tout !

Plus tard dans la nuit, alors que les domestiques retiraient les tréteaux et les planches de chêne, les nappes de lin, les plats et les cruches vides, Isolde avait mieux regardé sa sœur. Aude la belle, la si tendre, plus discrète que la violette, à qui tout semblait dû, marchait aux côtés de cet homme, son épaule à frôler sa poitrine. Puis, Gatien avait ployé le genou devant elle, s'était redressé pour déposer un baiser sur ses doigts menus.

Avant la Noël, ces deux-là furent mariés. Le comte de Vernay, son épouse, si proche de la maison de Dampierre, et toute la parentèle donnèrent leur consentement et leur bénédiction. Isolde l'aînée était devenue la seconde. Dans les semaines qui suivirent les noces, Gatien lui témoigna ce respect, le même respect indifférent, qu'il manifestait aux clercs, aux matrones, à la comtesse de Vernay, à ce qui était si peu nécessaire à son bonheur d'homme. À en mourir.

Dans son lit, Isolde se retourna si vivement que son psautier tomba sur le plancher. Elle se força à réfléchir. Dehors, le chevalier du guet criait sa ritournelle. *Il est onze heures. Dormez, braves gens, le guet veille.*

Elle se souvint de la chansonnette que Gatien fredonnait pour Aude. Et sa sœur riait, ses boucles agitées au soleil. *C'est le chevalier du guet, compagnons de la Marjolaine, c'est le chevalier du guet, gai, gai, dessus le quai. Que demande le chevalier, compagnons de la Marjolaine, que demande le chevalier ? Gai, gai dessus le quai. Une fille à marier, compagnon de la Marjolaine, une fille à marier, gai, gai dessus le quai.*

Elle enfonça ses ongles dans la paume de sa main et le sang perla. La même douleur habituelle lui tordit le ventre, elle fut si vive cette fois qu'elle se sentit partir. L'évanouissement ne dura pas, la mort ne voulait pas d'elle. Chaque instant de sa vie était pour cet homme aveugle et sourd à son amour.

Jadis, elle répétait comme une litanie : *Qu'il sorte, qu'il quitte ma mémoire, qu'il s'en aille ; je ne veux pas de lui, il est ma haine, qu'il parte. Loin*. La mort de sa sœur, le drame qui la précéda, lui apportèrent l'espoir qu'elle crut possible. Ce fut l'une de ses rares erreurs. Il était veuf, seul à nouveau. Aude fut mise sous la dalle de pierre, à la chapelle des Vernay, entre les cierges et les larmes, les prières interminables et l'encens chaud. Quand Gatien planta son regard dans son regard, quand il mit ses yeux dans ses yeux, Isolde comprit que tout était inutile. Sa perte devint son supplice. Libre, il la fuyait davantage et à jamais. De ce constat, elle fit le cauchemar de sa vie. *Gai, gai, dessus le quai.* Les mots qui filaient d'entre ses dents avaient le goût du sel.

Quid sit frui et uti
frui autem est amore inhae
Alicui
re rei propter se ipsam uti vero
id quod in usum venerit refere
ad obtinendum illud quo
fruendum est: alias
Abuti est non uti nam
usus illicitus abusus
vel abusio nomina
ri
debet

CHAPITRE II

Paris
Palais de la Cité
11 novembre 1240

Dans sa chambre réservée à l'hôtel de Thibaut de Champagne, son suzerain, au cœur de la ville, Gatien entra nu dans le baquet d'eau chaude préparé pour son bain. Il frissonna et posa ses mains sur le rebord en bois recouvert d'un linge blanc. L'aube ne s'était pas encore levée ; la lueur dansotante des bougies de cire répandait une lumière avare et le parfum écœurant du miel. Il prit un peu d'eau au creux de sa main, la fit éclabousser ses genoux. Il recommença, l'eau était claire et pure, il s'immergea dedans, entièrement, ouvrit les yeux.

Il excellait depuis son retour de Terre sainte dans ces jeux insolites qu'il ne partageait avec personne. La guerre jugée sainte par le pape et exigée par lui, ses douleurs et son martyre quotidien, n'avaient pas altéré la mémoire de Gatien. Il conservait ces lambeaux qui façonnent l'esprit d'un homme. Encore lui fallait-il l'aiguiser davantage pour n'en pas perdre une miette. Depuis son retour de la croisade, il s'était aperçu qu'abuser des résistances de son corps permettait à l'esprit de gagner en puissance.

Une poignée de secondes fut suffisante pour que l'image lui parvienne, d'abord floue et bientôt nette. Il serait une fois encore face à ce mur haut qui surplombait les jardins de Malik al-Salih, le sultan de Damas, qui les interdisait à ceux qui n'étaient pas jugés dignes de le franchir. Tout allait lui revenir, couleur de damier, noir et blanc. Aussi le parfum de l'air, le son de l'eau coulante et fraîche. Un jour en Syrie capturait sa mémoire, sans qu'il puisse en oublier aucun détail, ce jour plus sûrement ancré en lui que s'il l'avait écrit sur un parchemin, lui qui maniait si mal le calame. Le jour de cette audience accordée par Malik al-Salih au comte de Champagne. Les deux hommes devaient parler de la paix plus que de la guerre, de souverain à souverain, entouré chacun de ses fidèles.

Dans ce palais étrange et vaste, fait de marbre et de mosaïques, de surprises aussi, où, méfiant, Gatien était entré, il avait entendu un feulement. Une jeune panthère tiède, capturée lors d'une chasse récente, tirait de son cou sur une chaîne d'or en bâillant. Puis, après des viandes de chèvre et d'agneau rôties, de la semoule cuite aux raisins de Smyrne, des assiettées d'houmous, des boulettes aux oignons doux et du pain sans levain, alors que le soleil s'effaçait doucement dans la ouate du ciel, le sultan avait murmuré dans l'oreille de Thibaut : *Suis-moi. Je vais te montrer la beauté.* Les portes doubles du palais s'étaient ouvertes face aux jardins.

Le comte de Champagne avait accompagné le sultan et, derrière eux, se mêlaient musulmans et chrétiens. Protégée par des espaliers, annoncée par son parfum, entourée de fontaines, apparut une roseraie. En son centre un kiosque, léger, percé de cinq fenêtres, se posait comme un pétale. Le cœur battant des jardins célébrait à chaque heure la fleur suprême. Domptée, la nature s'organisait sur trois étages et celui consacré aux fleurs occupait le centre d'une centaine de pieds. Encerclés d'orangers et de citronniers, de figuiers, eux-mêmes surplombés par des palmiers, apparaissaient hibiscus, jasmins, daturas, œillets, souvent venus de Perse ou de Chine. Au centre, des dizaines et des dizaines de rosiers, exclusivement blancs et rouges, s'organisaient selon une figure semblant dessinée à l'aquarelle. Les teintes de crème de lait, de blanc rosé et d'ivoire se mêlaient à l'écarlate puissant, au pourpre intense, et chaque couleur ricochait sur l'autre. Les boutons ronds, légèrement crispés, patientaient avant l'éclosion. Les pétales des roses, gaufrés, bouillonnés parfois, crépus, semblaient s'effondrer au moindre souffle.

Là, s'étendait la puissance arabe, l'adresse des jardiniers, leurs méthodes, leurs savoirs écrits à l'encre pour faire monter la sève. L'eau était partout, mais canalisée, maîtrisée et docile, elle suivait la main de l'homme, lui obéissait. Ici, tout sentait bon, tout était frais. Les arbres taillés en boule ou en fuseau de femmes donnaient des fruits ou des fleurs. Ces jardins dessinés comme une croix permettaient à tout ce qui vivait sous la main de Dieu de rester à sa place.

Le parfum des roses, aux senteurs d'épices, cognait contre les poitrines. Sous la lumière, chaque fleur vibrait. Gatien tenta par réflexe de compter les rosiers, il se fatigua à plus de cent. Il vit Thibaut ouvrir la paume, caresser les joues renflées de l'une des roses. Elle cassa, le garçon entendit la tige se rompre. Malik al-Salih, habitué, ne broncha pas. À peine l'entendit-on prononcer quelques mots, qui signifiaient : « Garde-la. »

Bouleversé, Thibaut la porta à ses lèvres. Gatien vit le comte de Champagne, ses yeux mouillés, caresser le bouton ferme, le glisser entre sa chemise de lin et sa peau nue. On eût dit qu'il tremblait. Il avait remercié le sultan comme d'un trésor reçu.

Sous l'eau, Gatien passa la main sur son visage et ses cheveux. Le ciel de Paris s'ouvrait sur une journée nouvelle. Il avait encore un peu de temps avant de s'habiller et de rejoindre Thibaut, afin de demeurer une fois encore au côté de son seigneur le comte de Champagne, roi de Navarre, le très puissant, généreux, bon avec les faibles. Le prince aimé du jeune roi Louis, si pieux.

L'homme de la croisade dite « des barons » avait dirigé l'armée d'Ascalon à Tyr avec humanité et noblesse. Le même homme qui, le soir ou tôt le matin, ses doigts à peine réchauffés par les feux de l'aurore, écrivait des vers qui parlaient chacun d'amour, destinés à une femme belle à en perdre son salut. Toujours la même femme.

Gatien aimait Thibaut et Thibaut aimait Gatien.

Le vassal, prêt à mourir pour son suzerain, était né sur cette terre de Champagne, comme ses ancêtres, les Mortery, depuis tant et tant d'années qu'on ne se souvenait plus bien du nom du premier d'entre eux. Gatien le solitaire, grand, à la force de taureau, aux yeux clairs, allait passer les trente ans et ne parlait jamais de lui. Le comte de Champagne appréciait les silences et la mesure mise en chaque chose de cet homme encore beau et qui ne le savait pas. Celui-ci, né pour servir, ne quittait presque jamais son prince dont les soldats parfois sifflaient les chansons, assaisonnant çà et là d'une singerie ses mots bien choisis, comme on le fait d'un grain de poivre.

Gatien se frictionna le torse et les aisselles. Il savait se souvenir de la saveur étrange de ce pacte tissé entre lui et Thibaut le poète, né d'une confiance partagée, d'un serment juré que seule la mort pourrait rompre. C'était à cet instant qu'il fallait maîtriser l'envie de respirer hors du baquet de bois, de dompter son corps entouré de cette eau qui devenait froide.

Car, dès qu'ils eurent quitté le palais du sultan, lorsqu'ils furent à nouveau réunis, à cheval, flanc contre flanc de leurs montures, Gatien sentit que le comte de Champagne le voulait pour lui seul, dès leur retour au camp. Gatien avait eu à peine le temps de confier Calypso à un écuyer que déjà il marchait vers la tente comtale. Son maître était assis, quasi de dos. À le moins connaître, Gatien eût pu jurer qu'il était pris de gêne. Il buvait du vin glacé, rasade après rasade ; puis, il tendit la cruche à Gatien. Les deux hommes burent d'abord en se taisant. Parfois, Gatien jetait un œil au buisson de lances posé sur le tapis comme au gonfalon de Champagne, brodé d'or, appuyé contre une cathèdre. Sur une table en bois, il y avait des cartes et des compas, et des assiettes d'étain sales empilées.

Cela dura trop longtemps. Enfin, quand la cruche fut vide, l'ordre claqua.

Gatien plaqua ses pieds nus contre le baquet de bois, l'air commençait à lui manquer. Il n'avait pas rêvé ces mots, ces phrases entières prononcées par un homme au bord des larmes, et il luttait pour ne pas perdre pied en les entendant. Il crispa ses mains contre les rebords et sous le linge trempé, le bois cisailla ses paumes ouvertes, il écarta davantage ses genoux. Le baquet vibra et l'eau trop fortement remuée se renversa en flaque, entraînant dans sa chute l'une des bougies. Il se dit qu'il allait éclater, fut au bord d'avaler de l'eau mêlée de saponaire. Il se souvenait. Cela résonnait encore dans sa tête. *Vole-la-moi, tu m'entends, Mortery. Vole-moi cette rose. Chaque fleur de France est une injure à côté d'elle car ces fleurettes ne sentent rien, ne me sont rien, elles sont fleurs de mendiants, poussent dans nos champs, dans nos fossés creusés, mais elle ! Te souviens-tu de son odeur ? Grâce à elle sa couleur quasi violette a un parfum, j'en ai plein les narines ! Comment oublier ce prodige ? Le ventre de la Vierge ne sent pas meilleur. Je veux la plus belle pour elle, la plus belle de toutes, tu comprends, tu ne comprends pas, je m'en fous, mais je veux cette rose, je veux la rapporter chez nous, en Champagne.*

En criant, Gatien sortit la tête de l'eau, jusqu'à mi-torse, reprit brutalement sa respiration, toussa et cracha. Thibaut l'avait congédié sur un simple regard ; en quittant la tente comtale, le sang de cet homme tout d'une pièce bouillait encore. Il avait approché sa tempe de la bouche serrée de Thibaut pour mieux entendre ce qui lui semblait fou. Il avait dit oui, une fois de plus, sans trop cacher l'exaspération et cette violence qui montait en lui. Avait-il un autre choix ? Était-ce cela, son destin ? Abandonner l'épée, la guerre, ne plus se battre, ne plus donner d'ordres, pour une fleur ! L'idée même défiait les lois de la raison. Assurément, le comte de Champagne était devenu fou, capturé, ensorcelé, bouffé cru par ce pays où les fauves vivaient dans les palais.

Gatien allongea ses jambes, sortit du baquet, se rapprocha de la chaise où était posé à califourchon un drap de coton blanc, il en couvrit ses reins comme d'un pagne et poussa la porte de sa chambre. En se dirigeant vers le lit où reposaient ses habits, il songea aux mêmes questions : pour qui voler la rose et pourquoi, pour quel profit, quel intérêt présentait cette fleur ? Quel était ce nouveau caprice d'un maître qui passait souvent pour les multiplier et s'en lasser aussi vite ? Son questionnement fut si lourd qu'il chassa un temps le souvenir de sa fille.

Chapitre III

Palais de la Cité
11 novembre 1240

Vint le jour.

Le matin du dimanche, à l'heure de prime, les servantes vêtirent Alix d'une robe neuve. Elle était de brocart espagnol et son col, recouvert de petit-gris. On la plaça sur le long corps maigre et, sur les cheveux bruns, ces mains de femmes posèrent un voile léger.

L'une d'elles tendit le grand miroir de bronze et Alix s'y regarda à peine, opina du menton et baissa les yeux. Elle s'était efforcée de trouver le sommeil. La tisane de tilleul et de mélisse au miel ne l'y avait pas aidée cette fois. Elle n'avait pas pensé : *Je n'irai pas*, pas une seconde. La fatalité de cette rencontre emportait tout.

Sa tante, déjà prête, l'attendait dans la salle haute. Alix remarqua que ses yeux brillaient davantage. Sachant d'instinct que leur mémoire était encombrée de la même figure d'homme, elles n'échangèrent pas une parole.

Les deux femmes franchirent le seuil de la maison, montèrent leurs haquenées. Six gardes, mis à disposition par la reine Blanche, devaient les escorter jusqu'au palais de la Cité. Paris était à la fête. Le peuple attendait les grands du royaume et leur suite nombreuse. Il s'amusait déjà d'entendre les lourds accents du Nord comme ceux, dansants, du Sud.

La foule, sortie dans les rues, ralentissait la marche, se bousculait. Les yeux rivés à la crinière de leurs chevaux, Isolde et sa nièce ne semblaient voir personne.

Au palais, il leur fallut mettre pied à terre, confier leurs montures à un sergent et suivre l'un des maîtres d'hôtel. Isolde marchait vite et Alix suivait sa tante dans la direction de l'ouest. Là étaient les appartements du roi Louis et de la reine Marguerite. Une double porte s'ouvrit, puis une seconde et les soldats gardaient leur épée en mains, fichée entre leurs pieds joints.

Au premier étage du palais, la troisième porte distribuait une antichambre où travaillaient les secrétaires privés à leur pupitre de bois. Là, quand elle était chez son fils, la reine Blanche dictait les courriers puis les relisait.

Quand enfin Isolde et Alix furent devant elle, les deux femmes ployèrent le genou. Encore au sol, Isolde dit :

— Dame, j'ai grand honneur à vous présenter ma nièce, Alix, et qui est de bonne naissance, je le jure devant Dieu qui voit tout. Bonne chrétienne aussi car élevée par mes soins dans la crainte du Christ tout-puissant.

Alix sentit que se posait sur son front une main froide et sèche.

— Ma mie, le roi mon fils nous attend.

Alix aperçut un long garçon aux cheveux souples. Il chantonnait doucement et dans ses bras, dormait un bébé. Encore de dos, il bougeait lentement son corps, tanguant d'un pied sur l'autre. Il portait une robe de lin, ivoire, une robe de bourgeois.

Devinant venir sa mère, il se retourna, tendit l'enfant à sa nourrice, sourit. Alix le trouva beau et pâle. Le lit défait, dans l'angle de la chambre, avait encore ses rideaux bleu et rouge ouverts.

— Louis, comment se porte ma petite fille ?

— Blanche va bien, mère. Rendons-en grâce à la Vierge.

— Mon fils, il faut vous hâter. Les barons sont à Paris.

Il sourit à Isolde. À Alix.

— Dame, ma mère vous aime. Elle aime vous parler et votre compagnie lui plaît.

— Sire, j'ai cet honneur.

Il écouta à peine la suite de la réponse et passa devant les trois femmes. Il ne faisait pas de bruit. Ses pieds glissaient sur les tapis du sol, il avait la légèreté de la vapeur d'eau.

Un moine posa la couronne d'or sur son front, arrangea les mèches, les coiffa mieux sur sa nuque. Un autre moine le couvrit du manteau royal bleu, semé des fleurs de lys filées d'or. Louis tendit la main à sa mère.

Au-dehors de la chambre, attendaient les dames, les seigneurs, les pages, les huissiers et les gardes, les secrétaires. Tout le peuple ordonné du palais. Venant du rez-de-chaussée, la reine Marguerite parut. Elle était jeune et menue, souriante. Le visage du roi en fut transfiguré. *C'est donc cela l'amour*, pensa Alix.

Elle était entourée de ses femmes. Chacune portait une robe de couleur différente, entre le bleu dur, le vert de l'émeraude, le jaune de la topaze et le rose poudré. On eût dit un jardin pour enluminure. Ces poupées habillées suivirent la reine et le roi vers la Salle sur l'eau. Aux côtés de la reine Blanche marchaient Isolde et Alix. De temps en temps, au travers des fenêtres en ogive, Alix osait jeter un regard vers les jardins en contrebas, pailletés de givre. Les branches nues leur donnaient l'allure d'un cimetière triste.

La salle était vaste, coiffée d'un plafond soutenu par des colonnes fines. Sur de longues tables, des parchemins dépliés figuraient des dessins de formes. Toute une architecture tracée à l'encre noire s'offrait aux regards.

Le roi s'avança et on entendit soudain le bruit des éperons de fer, cliquetis de métal, résonner sur les dalles. Les premiers barons envahiraient bientôt l'espace.

Alix serra plus fort le bras d'Isolde. Dans le creux de son coude, elle enfonça ses doigts. Thibaut, comte de Champagne, fut le premier des grands à venir s'incliner devant Louis et les reines. Derrière lui, le dépassant d'une tête, était Gatien de Mortery. La tante et la nièce écoutèrent à peine le compliment d'usage, prononcé d'une voix grave, ou les autres mots articulés par les autres seigneurs.

À tous, Louis semblait dispenser une attention pareille.

Gatien désormais regardait Isolde et Alix. Isolde et Alix regardaient Gatien. Nul ici ne s'apercevait du poids formidable que soutenaient leurs yeux qui se croisaient, se dilataient comme les pupilles du chat. Trois statues pétrifiées, des statues de sel comme la femme de Loth face à Sodome incendiée, n'étaient plus capables d'un mouvement.

Thibaut dut pousser Gatien de l'épaule afin qu'il fasse trois pas de plus et s'incline à son tour devant Louis. Il se releva.

La reine Marguerite sourit à cet homme qui seul pouvait rivaliser avec la haute taille du roi. Gatien, parfois, abaissait le visage et le relevait, non par défi mais par désir plutôt de voir sa fille, de chercher dans ce visage étroit, si mince, une ressemblance avec sa mère qui lui avait donné le jour, à Mortery, voici quinze ans.

Elle était de son sang, elle était à lui. De lui. Il eut l'envie de crier son nom, de hurler *Alix*, comme si cela eût suffi pour effacer tant et tant, et sa bouche sèche resta muette.

Isolde ne lâchait plus la main d'Alix.

De son index bagué, le roi montrait les plans aux barons. On eût dit un enfant joyeux, il souriait sans cesse, ses yeux bleus, tendres, se mouillaient. Ce qui serait, un jour prochain, n'était pas une chapelle, c'était une châsse, un reliquaire pour le Ciel. Une cage de lumière dorée, un morceau de paradis. Au centre de cette lumière, serait posée la couronne d'épines du Christ, illuminée par les vitraux.

Il y aurait aussi un morceau de la lance qui avait troué le flanc du Sauveur et puis un clou qui avait pénétré les chairs de Ses bras ou de Ses pieds, un long clou aigu, forgé.

Louis parlait avec ses architectes, ses maîtres verriers, ses maîtres tailleurs de pierre, habiles à l'équerre et au compas. Ces artisans discrets, vêtus de noir, souriaient de le voir heureux.

Et puis Louis cessa de parler. Il montra du doigt le dessin du plus beau des vitraux à venir. Il y avait là un œil grand ouvert sur l'infini, le miracle de la Résurrection. Le passage entre deux mondes, entre deux rêves. La manière idéale de contempler le

Ciel, d'en recevoir les bienfaits, d'entendre ses messages. D'en obtenir les guérisons et toutes les grâces. Louis caressait le vélin épais, son pouce en retraçait les contours.

Il dit hésiter sur la forme à lui donner, ses dimensions, son inspiration. Quel vitrail créer ? Thibaut de Champagne était près de lui. Il joua une seconde à retourner le chaton de la bague qui ornait son pouce et, dans les reflets carmin du rubis, en poète, il pensa à la rose. Mais il n'osa dire encore à Louis le fruit de ses songes, qui ricochait sur le mot *rosace.* Elle était là, l'idée à venir. Chaque pétale pouvait en être promesse et bénédiction. Une rose offerte au Christ et à Sa mère très sainte. Une rose pour le roi et la reine du Ciel fichée dans la pierre de la chapelle à construire. La plus belle des fleurs pour le souverain céleste. Thibaut pensa que dans son cœur, se confondaient Marie et Blanche, le Ciel et la terre, l'amour divin et son amour profane. Ce dernier secret se faufilait entre lui et Dieu.

Les musiciens jouaient, vers l'arrière de la salle. Les serviteurs apportèrent des terrines et des pichets de vin, du pain de froment et des confitures sèches. La reine Blanche avait pensé à nourrir ses barons. Certains d'entre eux lorgnaient déjà les tables recouvertes de nappes blanches.

Louis se tourna vers Thibaut. Le comte de Champagne avait posé ses mains sur son ventre replet. Le roi de France mesurait chacun de ses mots à l'aune de sa foi. Il leva son visage vers la voûte en ogive. Par endroits, le mortier encore frais traçait des nuages.

— Sire, le royaume sera béni par la Vierge. La reine du Ciel couvrira de Son bleu manteau le manteau bleu fiché des lys du roi de France.

Thibaut de Champagne s'inclina. Il n'y eut que Gatien pour l'entendre dire : *La fleur de Blanche.* Ces derniers mots moururent dans sa gorge.

À force de le vouloir, par pudeur plus qu'indifférence, Gatien était parvenu à chasser de son esprit les secrets de son maître. Tous les efforts à fournir, cette constance, ces soins de chaque jour qui seraient bientôt mis à produire les plus belles fleurs, la peur de l'échec à vaincre, tout était pour la reine Blanche, la première dame du royaume. Bien avant la reine Marguerite, la reine enfant.

L'un des hommes les plus puissants de la chrétienté, ce grand seigneur riche, était amoureux comme un damoiseau à la face pleine de boutons. Incapable de regarder Blanche en face, il ne parvenait plus qu'à rougir en sa présence. Maladroit comme à un premier bal, quand on invite une fille à danser sous le regard circonspect de son père.

Gatien comprit qu'il serait mortel de se moquer de cet amour, comme d'en parler à quiconque ou de poser trop de questions. Obtenir la plus belle des fleurs, la plus précieuse, allait devenir son obsession ultime. Le présent d'un homme à une femme. Le cadeau d'un poète.

Gatien eut soif. Il tendit la main vers les tables, un page lui servit une coupe de vin, il but. Il en demanda une autre, tendit son verre vide.

Thibaut et Blanche. La reine, mère du roi, veuve d'un roi. Il se dit qu'il ne lui faudrait pas y repenser trop à Mortery. La cour n'était pas pour lui. On étouffait ici. Il pensa à la Syrie, à sa dernière croisade, à la chaleur du désert, aux ennemis dissimulés derrière les dunes épaisses. Chacun y allait à sa guise, occupé de ses soucis, de ses ambitions. Le palais de la Cité était un piège, une chausse-trappe. Aimer la reine Blanche, si cela se savait, c'était la mort pour Thibaut, l'exil pour sa parentèle, le couvent pour Blanche. Le déshonneur pour le royaume, les moqueries, les crachats des barons, la guerre civile rallumée.

La plupart des grands présents ici avaient conspiré contre la Castillane, l'étrangère. À la mort du roi Louis le Huitième, Louis l'enfant ne pesait pas lourd face à ces hommes de guerre, trempés comme le fer de leurs armures. Ils auraient désiré gouverner à sa place, tenir le pouvoir, expédier le gamin dans un cloître et suffisamment tonsurer ce roitelet minuscule. L'Espagnole s'était dressée contre eux.

Blanche la louve s'était révélée forte et puissante. L'alliée du pape et des évêques avait fondé son pouvoir sur l'amour du peuple et des bourgeois des villes. Des gueux parfois, tant méprisés des nobles, et aussi des boutiquiers habiles à vendre de la laine ou à tanner des peaux, à faire commerce d'écuelles, se déclarèrent capables de défendre leur prince si blond, si joli, si aimé. À coups de fléau s'il le fallait et même avec leurs ongles.

Enfin, la subite volte-face de Thibaut, pourtant d'abord l'allié des grands, avait suffi pour faire basculer l'affaire. L'armée royale avait pourchassé les traîtres jusqu'aux confins du royaume, de Troyes à Langres, sans répit, sans quartier. Chacun des barons félons avait dû faire allégeance, piteux. Le roi pardonna à ses vassaux. Mais tous regardèrent Thibaut comme un parjure et certains d'entre eux, les plus rancuniers, allèrent même en représailles jusqu'à incendier et piller ses domaines. Il demanda l'aide du roi. La reine Blanche envoya à nouveau ses soldats. Puis, revinrent le calme et l'apaisement ; de nouveaux serments furent prêtés sur les bibles ouvertes.

Et aujourd'hui ! L'amour voué par Champagne à la reine Blanche crevait les yeux, et bien fou celui qui n'aurait pas compris ces mines, ces vers écrits, ces chansons qui couraient la campagne et les villes, rebondissaient jusque sur les couloirs du palais.

Gatien en eût souri si, à ces niveaux de cimes, l'enjeu n'était pas mortel. Se tromper de route, n'y pas parvenir, ne pas créer la plus fabuleuse des roses et c'était la disgrâce, le déshonneur. Dans le cas contraire, une réussite totale appelait de grandes récompenses.

Gatien aurait aimé partager sa quête, lancer les mots, rester discret, mais pouvoir attirer sa fille à lui. *Je la prendrai dans mes bras et je lui dirai au creux de l'oreille combien immense est ma tâche. Ne pas demander un soutien, non, mais sa bienveillance et ses prières peut-être, son écoute et sa joie mêlée à la mienne. Alix !* Où chercher l'apaisement ? À ce moment, il n'eut qu'à relever son visage et sortir de ses pensées. Les regards d'Isolde et d'Alix convergeaient vers lui, avec le même mépris, et cette haine. Toujours l'aversion et la colère, car rien n'avait changé ni ne changerait, c'était à pleurer, à en hurler.

Une suée lui vint. Et puis, contre elle, Isolde, il sentit qu'il était capable de lui tomber dessus. Pire qu'un animal, de la jeter au sol, là, au milieu de la Salle sur l'eau, de l'y traîner s'il le fallait. De la frapper tant et tant, à coups de ses pieds bottés, jusqu'à ce que tous ici entendent ses os craquer, qu'ils voient son sang se cracher sur le plancher de chêne. Et qu'elle crève ici, la garce, sans prières, sans sépulture. Sans rien qui puisse en laisser mémoire ou trace. Il pensa distinctement : *Si elle fait un pas, un pas vers moi, je la tue. Je jure que je tue cette chienne, de mes mains nues.*

Isolde ne bougeait pas. Au côté du roi, aussi blonde que lui, proche de la reine Blanche, elle semblait ne plus respirer. Elle empruntait parfois le visage de la Gorgone des Grecs, atrocement belle.

Autour d'eux, les barons regardaient les plans, écoutaient les maîtres d'œuvre. Ils comptaient ce que tant de pierres taillées, de vitraux, de bois de charpente, de plomb, de fer forgé, allaient coûter et s'il leur faudrait mettre la main à la poche. Payer pour plaire au roi et à sa mère.

À s'en manger les yeux, Gatien fixait Isolde et Alix. Sa fille s'était retournée vers les tapisseries qui réchauffaient les murs, comme pour mettre entre son père et elle une barrière qu'elle voulait infranchissable. Il la voyait de dos, grande, maigre, comme brûlée par les prières et les macérations qu'il devinait.

Comme Louis.

On disait que le roi portait sur lui, de jour comme de nuit, un petit étui en ivoire qui contenait une chaînette en métal. Il s'en fouettait au sang pour contenter Dieu, imiter les souffrances de Sa Passion. Le sang de Louis coulait et sa chemise blanche en était piquetée de rouge.

À table, il ne prenait presque rien, un peu de pain, un peu de poisson. Il mêlait ses sauces à de l'eau, les trouvait meilleures ainsi, buvait moins encore. Ce n'était pas un roi, mais un moine couronné. Lorsqu'il était gamin, la mère de Gatien prétendait que les trop aimés de Dieu ne vivaient pas longtemps et le rejoignaient vite.

Louis était tendre et beau. Gatien eut l'envie soudaine de se jeter à ses genoux, de pleurer à ses pieds, de demander réparation. De le supplier de lui rendre Alix, sa fille, de mettre l'autre en prison, qu'elle disparaisse, elle et ses malédictions et ses péchés. Isolde était pire que ces gargouilles dont la gueule recrachait l'eau, pire que ces sorcières qui puaient le soufre.

L'une de ses femmes indiqua à la reine Marguerite la nouvelle ceinture qu'elle portait. Elle ajustait sa taille et ses boucles retombaient enlacées, parallèles, sur la robe droite. Il y eut quelques rires étouffés, et des mots échangés qui louaient l'habileté de l'orfèvre italien. Gatien entendit la voix de son ancienne belle-sœur. Les murs de la Salle sur l'eau en réfléchissaient l'écho. Elle était grave, mesurée, avare de mots inutiles, c'était la voix d'Aude, la même. À peine sentait-on ce souffle infime qui trahissait la poitrinaire. La voix de sa femme, ici, jaillissait au milieu de tant d'inconnus, ni bons ni moins mauvais qu'ailleurs, des hommes nés, comme lui.

Comment une voix pareille pouvait-elle proférer tant d'anathèmes et de menaces, faire tant de victimes, aller à la mort sans rémission ? Cette voix fredonnait la danse macabre, comme celle figurée sur les murs des églises et menait au trou creusé.

Le même page servit Gatien en vin et il le laissa remplir son verre pour la troisième fois. Alix ne se retournait pas, peut-être lui fallait-il marcher à elle, lui toucher l'épaule, dire : *C'est moi, ton père, embrasse-moi. Sortons d'ici, je te ramène chez nous, viens !*

Thibaut s'était approché de la reine Blanche et affectait de lui parler, le visage sérieux, des mots essentiels, de souverain à souveraine. Elle l'écoutait, buvait ses paroles, si invraisemblablement ailleurs. Déjà, les sergents engourdis se redressaient, se hélaient, avec leurs gestes rapides, signe d'un prochain départ de la cour. Le roi allait bientôt quitter le palais et Gatien entendit un domestique dire qu'il partait pour Poissy.

Le comte de Champagne et les autres barons, le comte d'Anjou, ceux d'Aquitaine, du Nivernais, de Bretagne, d'Angoulême, du Vexin, songeaient eux aussi à rentrer. Gatien se rangea derrière Thibaut, avec sa suite. Puis, à tour de rôle, selon l'importance du rang, de la naissance, ils vinrent s'incliner devant cette famille de rois. Gatien, une fois de plus, plia le genou.

Isolde et Alix demeuraient au côté de la reine Blanche. Elles ne tentèrent pas un geste vers lui quand il quitta la Salle sur l'eau.

Chapitre IV

Paris
11 novembre 1240

À l'instant de monter à cheval, Thibaut de Champagne dit :

— Ami, rejoins Mortery. Va. Tu sais ce que tu dois y poursuivre. Pour moi, je vais à Poissy. Nous nous verrons avant la fête de la Nativité. J'y tiens.

Gatien quitta le palais seul en laissant aller son cheval. Il pourrait, tout à loisir, s'il le voulait, regagner l'hôtel des comtes de Champagne. Comme tous les gens de la maison de Thibaut, il y avait sa chambre. Il se dit qu'il avait le temps. Revoir Paris semblait le tenter pour se vider la tête.

Pourquoi pas avec une fille ? Il savait les ruelles où elles abondaient, pas farouches. En choisir une, au petit bonheur la chance, ne penser à rien d'autre qu'à s'offrir son plaisir. Prendre une rue et puis une autre et confier à Calypso le soin de le guider, une fois de plus.

À l'auberge du *Coq Rouge*, il commanda une omelette au lard et un pichet de vin, soupesa les deux piécettes au fond de sa poche et regarda à peine la fille grassouillette qui servait ce gentilhomme si peu bavard. Les clients égrenaient autour de lui les dernières nouvelles, nommaient un par un les seigneurs et les comtes présents à Paris.

Un grand type lorgnait en rigolant son épaule barrée des bandes d'argent. Parfois, il pinçait les fesses de la fille en riant plus fort et le patron lui lançait un mot salé.

Gatien pensa simplement qu'ils étaient heureux, sans trop de soucis. La guerre était un souvenir ancien, le roi Louis garantissait la paix, qui était bonne pour les affaires. L'argent du commerce tombait, de nouvelles maisons se construisaient. Paris était un atelier géant plein du bruit des marteaux et des scies, poudré d'un blanc de craie, et seul l'hiver ralentissait les chantiers. Ils reprendraient au printemps, plus nombreux.

Lui aussi, il se mettrait au travail, cultiverait les roses, prouverait sa valeur. La rose était fleur de roi, elle pavait de ses pétales les chemins du paradis, les déesses des païens en ornaient leurs cheveux et il avait vu de ses yeux, à Damas, les grandes vasques emplies d'eau tiède où les roses effeuillées somnolaient à la surface. À Thibaut, il obéirait en soldat. Il pensa aussi qu'il n'était pas seul ; il y avait Morjiane à ses côtés. Avec un peu de vin, il traça sur la table de bois la première lettre de son nom, le M. Il aurait pu écrire son histoire entière, de Damas à Mortery, avec son index mouillé, depuis la première heure, quand cette femme qu'il n'avait jamais vue était passée de l'ombre des moucharabiehs à la lumière des lanternes en cuivre. Elle avait marché vers le sultan pour se tenir à ses côtés, le visage incliné, avait détaché son voile, découvert sa bouche passée au carmin. Avec elle, la langue arabe était devenue claire à l'oreille des soldats croisés. Allaient se confondre durant près de deux heures les mots prononcés par Malik al-Salih et ceux de Morjiane, la voix d'un homme et celle plus grave d'une femme. Morjiane vivait au palais, derrière ce mur blanc qui la séparait du monde et, quelques jours plus tard, Gatien revenait, cette fois de nuit, seul, en guerrier, voler une rose et ceci appartenait déjà au passé. Mais ces jours et ces jours entiers vécus dans un pays qui n'était pas le sien, sous un soleil différent et une lune plus blanche, avaient convaincu Gatien de l'importance de Morjiane. Déjà, leur rencontre ne devait rien au hasard, et quand il lui fut ordonné par Thibaut de Champagne de commettre l'irréparable, ce fut elle, et pour la première fois, qui l'aida.

Jamais il ne devait oublier cette nuit. Il en gardait tous les arcanes depuis son retour chez lui. Il ne comprenait toujours pas comment la Providence, dans son caprice, avait pu déplacer sa carcasse vers d'étranges visions d'arbres en fleurs et des jardins qui empruntaient aux labyrinthes leurs dessins changeants.

Il passa sa main dans ses cheveux, ce qui chez lui trahissait le trouble ou la peur de mal agir. Ici, à Paris, dans cette auberge, dans l'air lourd qui sentait le gras et le frit, le mur blanc réapparut une fois encore, plus réel encore que la fille de salle qui, bavarde comme une pie, changeait les chopes d'étain. Il l'avait escaladé, ce mur, était parvenu à son sommet, assis sur sa tranche, quelques secondes, en équilibre. Ainsi se résumait sa vie, entre deux chutes possibles, ne pas reculer, jamais, sans tomber, l'habituel balancier de son existence.

À cette heure de calme et de solitude, les gardes du sultan, ceints d'une écharpe de soie, marchaient. Leurs pieds nus les menaient entre les buis taillés, là où l'eau murmurait de sa voix enrouée, en fontaines ou en bassins. Gatien n'avait eu alors qu'à dénouer la corde qui lui serrait les reins et se laisser glisser lentement de l'autre côté.

Quand il eut senti sous son poids le sol, il ne bougea pas ; la corde blanche, passée à la craie, se confondait avec le mur. La lune jouait entre les nuages et, dans ce cruel jeu de pile ou face, se profilait la vie ou la mort.

La chaise paillée du *Coq Rouge* lui rentrait dans les reins et il tenta de chasser de sa mémoire les souvenirs illusoires, mais la nuit de Damas s'imposait à lui, l'obligeant à creuser sa cervelle. La nuit au pays de Cham, épaisse et sombre, grasse d'odeurs, était si dissemblable. Au palais du sultan, elle modifiait le début des allées, changeait les parfums, les mêlait. Gatien se souvint d'avoir cherché le kiosque, son toit pointu, tarabiscoté, entendu le chant de la première fontaine. Leur sabre nu à hauteur de visage, apparurent huit gardes, rangés deux par deux et qui faisaient leur ronde. Les branches d'un cyprès lui chatouillant le nez voulurent bien le cacher et les hommes passèrent, quasi à le frôler, indifférents. Gatien calma sa respiration, flatta sa dague, se remit debout, avança.

La sueur lui dégoulinait dans le dos, brouillait sa vue, et il faisait chaud et froid dans ce dédale du diable. Il n'en finirait plus de s'épuiser, c'était à devenir fou. La nuit était noire, il lui fallut attendre, s'accroupir encore, lever les yeux vers le ciel, chercher pour s'orienter l'appui d'une étoile.

Un peu de lumière argent vint se poser autour de lui et il vit d'abord la toiture du kiosque, dont la forme apparaissait, changeante, ronde comme un sein de femme, fermée par un pistil qui imitait la fleur de jasmin. C'était là. Il choisit l'allée principale, aperçut les premiers buissons, ceux dont les tiges étaient plus hautes, avec leurs boutons éclos. Il sentit les roses, leur parfum était différent. Le soleil les échauffait comme une peau après la course, la nuit ne calmait pas leur senteur, mais la modifiait. Laquelle choisir ?

Il tourna sur lui-même, faillit hurler de colère. Il n'avait songé à rien, posé aucune question, était parti le nez en l'air, sans prendre même un sac ! Et là, face à ces rangées et ces rangées où, le jour levé, ronronnaient tant d'abeilles, il ne savait comment agir. Il se mit à genoux, compta de l'index les pieds, comme une devinette de gosse, à gauche, à droite, à gauche, à droite, puis il entoura de ses mains une tige épaisse. Les épines étaient drues, nombreuses, comme des échardes d'un bois mal équarri, il se blessa plusieurs fois, saigna et jura encore.

Il arrima ses genoux dans la terre, allait tirer le rosier du milieu d'un coup sec, après, on verrait bien.

— Ce n'est pas comme cela qu'il faut faire.

Immédiat réflexe, il sortit sa dague, se leva ; elle était là, devant lui, seule, et elle le regardait. Il ne rêvait pas, c'était bien elle qui avait prononcé ces mots, avec la même voix grave, l'interprète du sultan, la fille au voile.

Elle se dit qu'il n'avait pas compris, et elle répéta les mêmes mots.

— Et je fais comment alors ? Il avait parlé bas et vite.

Elle franchit les cinq pas qui la séparaient de lui, s'accroupit, tendit vers lui sa paume ouverte. Il pensa qu'il fallait lui confier sa dague, hésita, consentit à lui passer l'arme en la tendant par le manche. Elle ajouta : *Il faut creuser autour du plant, prendre la terre qui nourrit les racines, sinon c'est la mort.* Elle travaillait vite et le sol rendit un soupir étouffé, une sorte de halètement rapide, tandis qu'elle le découpait en mouvements circulaires.

Elle posa le rosier entre elle et lui. Il vit la plante trembler un peu, la maintint contre son flanc. Il ne comprit pas pourquoi elle ramenait le reste de la terre en bourrelets vers le trou, le bouchant, égalisant le sol. *Ainsi, ils ne verront rien.* Il comprit alors qu'elle parlait des jardiniers ou des gardes. Il la regarda détacher le voile qu'elle portait à sa taille, puis le plier en quatre, en faire un sac. Poser le rosier en son centre, le lui tendre, pour qu'il le prenne.

Une bande d'étudiants venait d'entrer dans l'auberge en glapissant. Ils demandèrent des vins rouges et blancs. Gatien termina son omelette, jeta un coup d'œil circulaire aux garçons débraillés qui tapaient du poing sur les tables crasseuses. Il s'étira en faisant craquer ses os à leur jointure, sortit les deux deniers du fond de sa poche et quitta le *Coq Rouge*. Le ciel, bleu au matin, devenait noir. En habitué de la terre, il leva le menton. La neige allait bientôt tomber, mouillée sans doute et froide. Il ajusta son manteau de laine jusqu'à son nez, caressa l'encolure de Calypso du plat de sa main. La maison haute était à trois rues de là. Il sentait déjà les odeurs du quai, au bord de la Seine, qui entraient dans sa gorge.

L'eau coulait, fugitive et légère. À cette heure, elles allaient bientôt apparaître, Isolde et Alix. Les deux femmes avaient dû accompagner la reine Blanche jusqu'aux appartements privés et la saluer, lui souhaiter les prospérités habituelles. Elles allaient bien se montrer au coin de la rue, toutes les deux, entourées de leurs gens, fières, avec cette arrogance du sang qui ne les quittait jamais. L'une devant l'autre, venant au pas.

Qu'avait-il espéré de cette matinée, que croyait-il ? Pouvoir récupérer sa fille était aussi vain que de croire aux monstres qui peuplaient les mers. Des contes pour nourrice, à endormir les enfants. Il se berçait d'illusions.

Il lui fallait rester encore à Paris, car il eût été folie de quitter la ville alors que la nuit allait bientôt tomber. Il ne retournerait pas à l'hôtel des comtes de Champagne. Le *Coq Rouge* lui permettrait de dormir dans l'une de ses soupentes pour quelques deniers de plus. Il avait devant lui deux ou trois heures pour faire ce qui lui plaisait. Avant de remonter Calypso, Gatien la tint par la bride, marcha encore un peu. Il manqua de se tromper sur une rue ; en prit une autre, encore une autre.

*

Il ne reconnut pas tout de suite la maison, eut peur de la confondre, hésita. Enfin, il fut sûr, c'était là. La demeure était étroite et haute, avec des volets en bois éternellement clos et une double porte épaisse, cloutée de fer, hérissée de ces pointes taillées comme les chatons d'une bague. Une maison d'hommes habitée par des femmes.

Il n'y avait qu'à attendre, à y mettre la patience nécessaire. Être à l'affût. Ne pas trop penser pour ne pas souffrir, sans imaginer les mots qu'Alix pourrait employer. Se souvenir d'une prière à dire quand il les verrait rentrer chez elles et l'adresser à Dieu. On verrait bien alors si le miracle avait lieu. Il s'accouda à l'abri d'une porte cochère. La neige, plus dense, gommait de blanc le contour des toits. Calypso, dissimulée par la ruine d'un baraquement de l'autre côté du quai, tournait parfois la tête vers l'eau.

Le temps passa, incertain. Enfin, il les vit, entourées de leur escorte, avancer au pas, l'une derrière l'autre, Isolde avant Alix.

Il se redressa de tout son corps, regarda encore mieux sa fille. Il attendit que l'escorte les quitte. Il se trouva lâche à l'instant où le dernier des hommes eut disparu au bout de la rue. Elles ne se parlaient pas. Il vit Isolde taper à l'huis, vit la porte s'ouvrir. Elle entra, suivie de sa fille.

Il compta jusqu'à dix, pensa, très vite : *C'est maintenant. Maintenant. Je vais la voir.* Il s'efforça de rester calme et se surprit de l'être, de ne pas entendre son cœur hurler dans sa poitrine. Ce qu'il avait prévu se passa, il tapa, deux coups à son tour. Une domestique, croyant à un mot oublié par un soldat, un message peut-être à remettre, ouvrit la porte. Il se précipita dans le vestibule, reconnut l'escalier qui montait droit, face à lui, bouscula la servante qui se mit à crier.

En face de lui était la porte de la salle haute. Il l'ouvrit d'un seul geste. Ses yeux se heurtèrent à la demi-pénombre. Cela dura à peine quelques secondes, avant qu'ils ne s'y habituent, et il fut devant elle, Isolde.

Chapitre V

Paris
Dernières heures de la même journée

Le visage de cette femme resta immobile, un plan d'eau. Et, progressivement, Gatien vit que ses traits se déformaient, tanguaient, basculaient, allaient de la surprise à la peur, de la haine à l'insulte. La bouche qui lui faisait face montra ses dents.

Isolde réunit le peu de salive qui lui restait et articula ses mots comme on assemble un crachat. Les mains croisées sur son ventre, elle dit :

— Vous n'avez pas le doit d'être là.

Il ne répondit rien et avança. Elle eut la pensée immédiate qu'elle allait mourir, qu'il la tuerait, ici même, chez elle, en lui brisant la nuque, elle se sentit froide. Elle tenta de reculer mais ne le put pas.

Il arrêta d'avancer. Il la fixait toujours. Elle reconnaissait ses traits, un à un, et d'abord sa bouche, ses lèvres, son front, ses cheveux longs, peut-être un peu blanchis aux tempes. Ses épaules, l'attache des bras maintenant croisés sur son torse épais. Elle trouva la force de répéter les mêmes mots :

— Vous n'avez pas le droit d'être ici.

Elle se demanda s'il comprenait. Elle pensa qu'il ne l'écoutait pas, il s'en foutait.

Un mot d'elle à la reine Blanche et il finissait sa vie dans la pire des prisons, sans jamais en sortir, à y pourrir sur sa botte de paille. Mais comment aurait-elle pu exprimer ce mot sans révéler l'indicible, sans que sa vie entière bascule dans le cauchemar ?

Elle se mit à hurler : *Sortez, sortez !* – sans rien d'autre que répéter ce cri, de toutes ses forces.

Et puis, il parla, à son tour. Il dit :

— Je veux voir ma fille.

Elle ouvrit les yeux, comme devant une surprise. La voix de Gatien était la même, était restée en elle depuis des années, sa mémoire en était pleine.

Elle dut se contraindre à s'accouder au rebord de la table pour ne pas tomber, mais trouva suffisamment de force pour articuler : *Jamais.*

Gatien ne broncha pas. Il était dit que cet homme était de pierre. Pourtant, brillait un peu de sueur au-dessus de ses lèvres.

— Alors, je la chercherai.

— Non ! Vous partirez. Dehors !

Gatien pivota sur ses pieds. De tout son corps, lentement, il se retourna. Elle comprit qu'il allait monter à l'étage, fendre les autres portes, les unes après les autres. Toutes. Comme une intimité déflorée, fouailler son plus intime de femme, mettre son odeur d'homme partout chez elle, comme une bête, en badigeonner les murs et les objets, les draps et les couvertures.

Gatien trouverait Alix. Aucune clé, aucune serrure ne pourrait l'en empêcher et Alix ne pourrait rien contre lui, ses bras, ses mains sales : il la forcerait, l'obligerait à le suivre, il userait de violence et tous les deux rejoindraient Mortery. Isolde comprit, elle perdrait tout.

Elle saisit le flambeau d'argent qui éclairait l'angle de la salle et de toutes ses forces le lui lança en plein visage. Elle fut si rapide, son geste si brusque, que le flambeau le heurta près de la tempe. Pourtant, par réflexe, il avait plié les genoux. Un peu de sang perla. Alors il se rua vers elle, malgré ses cris. Il la jeta au sol, ses cheveux se défirent, masquèrent sa nuque, son visage, ses épaules.

Il serra sa gorge, sans un mot, les mâchoires carrées, sans même un sifflement entre ses dents. Tétanisées, les servantes ne bougeaient pas, incapables de tenter un geste, réunies en petit troupeau affolé, dans le silence. Pas une n'eut l'idée de quitter le cercle, de sortir en pleine rue, d'appeler à l'aide, de tirer par la manche le premier homme croisé sur le trottoir. Parfois, glissait sur les lèvres de la plus jeune comme un sourire.

Isolde cessa de se débattre, ses mains sur son visage, ses coudes à hauteur de sa tête.

Gatien continuait à serrer. La haine à son tour lui sortait du ventre, accumulée dans ses boyaux. Elle giclait sur elle, sur cette femme étendue au sol. Il serrait son cou pour ces années mortes. Tout remontait dans sa tête, les mots qui n'avaient pas été avoués, ses lâchetés, son impuissance d'homme parfois à exiger ses droits, son incapacité à utiliser le temps.

Et puis, Gatien s'arrêta. Il retira ses mains de cette gorge. Il venait de la sentir derrière lui. Sa fille. Il se retourna vers elle, qui le regardait, droite, les mains croisées sur son ventre. Il passa sur son front son avant-bras, y sécha la sueur, en cacha ses yeux un instant. Il eût aimé boire du vin pour savoir mieux lui parler, la convaincre, avec des bons mots, tendres et bien choisis.

Et Isolde dit, elle eut cette force de dire, distinctement :

— Regarde ce que ton père est capable de faire.

Il se releva, passa devant le corps d'Isolde, peut-être afin de l'escamoter à ses yeux, de faire comprendre à sa fille son peu d'importance. Mais Alix ne regardait que lui, comme s'ils avaient été seuls dans cette salle haute. Il n'y avait rien dans ce regard. Pas de haine, pas de mépris, pas de reproches, pas d'acrimonie, pas de rancœur, rien qu'une formidable indifférence.

Alix avança vers sa tante. Isolde respirait par la bouche, les cheveux collés à sa nuque. Gatien sentit son odeur quand elle le frôla.

Une servante se précipita, puis une deuxième. Isolde ne tenta pas un geste pour les repousser. Chacune d'elles la souleva, la tenant par sa taille et ses aisselles. Il pensa à l'alisma, cette plante des marais, verte l'année entière, qui envahissait tout ; au bord des eaux, les paysans tentaient de l'arracher par poignées entières, mais elle ne mourrait jamais, forte, inchangée. Indestructible.

Il vit ces femmes monter l'escalier, silencieuses, la brune contre la blonde, et ne subsista plus ici que le bruit de leurs souliers sur les marches de pierre.

Il était devenu invisible.

Gatien sortit de la maison. Dans deux ou trois jours, à l'aube, il rentrerait à Mortery. Calypso patientait, mâchonnant l'herbe rare et froide, poudrée de neige. Vers lui, elle leva ses yeux placides, acceptant déjà qu'il la prenne par sa bride, marchant au pas à côté de lui. Tous les deux longèrent la Seine, et Gatien tremblait, et ses dents se serraient à grincer. Il lui fallait gagner le *Coq Rouge* et ses jambes le portaient mal. Il songea à la mort et ce ne fut pas la première fois. L'eau était là, tentante, il pourrait s'y laisser couler et, dans sa masse noire, dissoudre ces images atroces. Il eut envie de plonger, de disparaître. Qui se soucierait de lui, se tiendrait face à sa tombe, l'estomac noué, les yeux crevés par les larmes ?

Un coup de vent teigneux ouvrit son manteau et le froid gela ses os. Il s'approcha de Calypso, pressa ses mains à ses naseaux tièdes, continua à avancer. Lorsqu'il pénétra dans l'auberge, une suée lui vint alors qu'il s'approchait de l'âtre. Il demanda une chambre, de la paille fraîche à l'écurie pour sa jument et la fille du *Coq Rouge* lui sourit en désignant l'escalier. Le lit et l'escabelle voisine étaient propres et la couverture de laine, flamande. Il se coucha tout habillé, il savait que tout à l'heure la servante lui apporterait le nécessaire.

Quand la nuit tomba sur son bol de soupe au pain, il reçut sur ses épaules le premier coup de la fièvre. La mauvaise, gagnée en Syrie à l'eau d'un puits, revenait de temps à autre, se glissait dans ses veines, y chantait sa chanson bourdonnante qui serrait ses tempes. Gatien essuya son front et sa nuque trempés, il lui faudrait demain changer de chemise. S'aidant de sa main droite, avançant sur le matelas de fanes, il cala son corps contre le mur, se prépara à subir un second assaut. Il sentit tout contre ses reins le feu qui mordait sa peau. Il articula lentement le nom d'Alix et la dernière lettre siffla entre ses lèvres sèches, comme une vipère. Il pensa que sa vie était vaine, la vie d'un vaincu, jamais craint, pas même entendu, celui qui se battait, la bouche pleine de sable, incompris, à jamais et seul.

Quand il sentit son corps brûler, il entendit des mots venus de loin, du passé, se poser à son oreille. Les mots de Thibaut exigeaient l'obéissance, là-bas, en Syrie et il lui sembla que les murs de sa chambre et son toit se reculaient, s'ouvraient vers l'infini d'un ciel et d'un horizon. Thibaut lui avait dit de sortir du camp des croisés et de rejoindre la palmeraie. Ainsi pourrait-il en soldat mesurer si l'air y était calme et les Arabes plus nombreux à s'agglutiner sous leurs portes. Il s'agissait de les compter, de les entendre, de les jauger et d'y passer le temps qu'il faudrait.

Gatien sortit de la tente comtale et, après avoir rejoint l'enclos des chevaux, il fit seller Calypso. Tandis que l'écuyer s'affairait, il pensa à l'embarquement prochain de l'armée, au retour en France et une fois de plus, il suivait le courant, avec la même inertie qui avait fait de lui un croisé. Depuis la mort de sa femme, sa vie se détachait, il abandonnait son vouloir.

Il monta Calypso et la jument, douce à sa main, ne broncha pas.

Au pas d'abord, il avait suivi le sentier de terre frappée qui menait à la palmeraie. Durant plusieurs centaines de mètres, il y aurait encore le sable et les roches nues. Ces morceaux de désert laminés par le soleil cru le forçaient à maintenir sur son visage une écharpe blanche. Et puis, insensiblement, la couleur changea. Elle passa du froid de l'or à un vert tendre. Il saisit sa gourde, rafraîchit sa nuque et ses joues.

Calypso s'était mise au petit trot, elle sentait la moiteur sous les palmiers. Des femmes et des enfants rieurs avançaient devant Gatien. Les femmes sur des ânes, les enfants pépiant autour d'elles. Ils le saluèrent en riant plus fort.

Gatien parvint à un mausolée blanc, aux quatre murs dentelés, cisaillés par les assauts du temps. Sur sa question muette, un page arabe lui avait dit à son arrivée en Syrie que c'était la tombe d'un saint, mort depuis longtemps. Les filles venaient de loin pour le prier et, grâce à lui, elles trouvaient un mari dans l'année. Il suffisait de frapper sur les murs, comme pour le réveiller. Son nom était à moitié effacé.

Gatien descendit de cheval, marcha vers le canal d'eau qui louvoyait entre les deux berges. Les femmes y venaient laver leur linge, les enfants s'y baignaient parfois.

Il y avait peu d'hommes ici, pas plus que d'habitude, pas moins. Il le dirait au comte Thibaut et peut-être serait-il déçu. Le temps n'était pas à la guerre, assurément non. Il continua à avancer, parvint au cœur de la palmeraie. Les arbres à dattes, hauts, larges, aux troncs crevassés, balançaient leurs branches.

Il s'assit au bord de l'eau, se pencha. Ce qu'il vit, mouvant, face à lui, se figea davantage et lui renvoya le visage d'un homme qui frôlait les trente ans. Il passa machinalement la main dans ses cheveux longs, blondis par le soleil, se força à sourire, en vain ; il cracha dans l'eau, l'image se brouilla un peu avant de revenir.

Il regarda le ciel, les nuages qui y glissaient, plus pâles peut-être que chez lui. Aude était morte. Il tambourina sur sa cuisse, comme s'il comptait les années écoulées. Quinze ans. Un peu plus de quinze ans sans sa femme. Vingt-trois mois de vie avec elle depuis leur mariage, pas un de plus. Depuis, son corps, sa voix, ses gestes, ses cheveux, sa peau étaient enfermés en lui. Tout garder d'elle, ne jamais en parler, de peur que ces instants ne lui soient volés. Sa seconde mort à lui, celle à laquelle il n'aurait pas survécu.

Gatien se redressa sur son lit, la fièvre lui donnait envie de vomir et il pressa sa paume sur sa bouche pour que le jet de bile reste au fond de sa gorge. Il but de l'eau qu'il trouva trop chaude. Appeler la servante du *Coq Rouge* lui sembla absurde ; elle l'aurait trouvé claquant des dents, brillant de sueur et il aurait lu la peur de cette fille grasse, comme on a peur devant le haut mal.

Là-bas, l'eau était fraîche et bleue toujours, elle lissait tout. Ce fut là, dans cette palmeraie, qu'il l'avait revue ; il était sur le point de se lever quand il sentit sa présence. Morjiane était sur l'autre côté de la berge, face à lui, debout. Elle maintenait un panier de paille tressée contre son épaule, les anses nouées à sa main droite. Elle lui dit : *Bonjour* ; il répondit : *Bonjour*.

Gatien enjamba la rivière, vint la rejoindre sur le sable sec. Morjiane raconta la fête du Prophète et la gaieté des gens, la fête de la paix. Elle défit son voile, comme si elle avait chaud. Il vit son visage nu, elle avait les yeux peints, un trait noir suivait leur contour, en pointe de flèche, ses paupières incisées de khôl. Ses cheveux semblaient longs et lourds. Elle tendit son visage à la lumière, ne portait qu'un seul bijou, une chaîne qui peut-être était d'argent. Autour d'eux, était le murmure de l'eau.

Il avait demandé :

— Où sont les hommes ?

Elle n'avait pas répondu tout de suite, demandant à son tour :

— Tu as peur que la guerre ne reprenne, qu'il n'y ait de nouveaux morts, des prisonniers comme à Gaza ?

Il avait répondu par un hochement de tête, alors elle assura que le sultan ne voulait que la paix. Il s'était allongé, face au ciel très bleu, la voyant replacer son voile sur ses cheveux. Un groupe de femmes et d'enfants venaient dans leur direction. Ils passèrent, toisant Morjiane. Deux ânes portaient des sacs et des paniers.

Lorsqu'ils furent à nouveau seuls, ils se regardèrent tous les deux.

— Ce que tu as planté n'est pas mort.

— Comment le sais-tu ?

— Je le sais.

— Comment ?

Elle sourit.

— Une mesure d'eau tous les trois jours. Jamais davantage. La rose en mourrait. Laisse Dieu faire. *Inch Allah*.

— Et cela suffit ?

— Oui. La nature est l'œuvre du Tout-Puissant.

— Tu crois en Dieu ?

— Oui. Pas toi ?

Avant de la quitter, Gatien avança à ses côtés le long de la berge et le soleil glissait sur les palmiers, maraudait entre les branches. Il lui prit le panier des mains. Elle sembla hésiter, se laissa faire. Par instants, elle lui lançait un regard rapide. La palmeraie restait calme : le troupeau de moutons était surveillé par le même petit berger que deux ou trois moines de l'ordre de Cîteaux voulaient convertir pour le salut de son âme. Le gamin riait plus fort.

Gatien demanda à Morjiane si les rues, les places, les mosquées de Damas demeuraient aussi calmes que ce qui les entourait ici. Elle répondit de sa voix égale que tout était paisible. La veille de la fête, les imans prêchaient la parole du Prophète. Ils disaient sa bienveillance et son sourire. Elle ajouta les mots de Mohammed : *Nul n'est plus en droit de se réclamer de Jésus et de Marie que moi-même car entre Lui et Moi il n'y a aucun prophète.* Elle articula les mots d'une traite, sans reprendre son souffle, comme si elle fredonnait une comptine.

— Comment sais-tu cela ?

— Ma mère était chrétienne.

La fièvre reculait, Gatien tentait de calmer sa respiration ainsi qu'un médecin grec lui avait appris à le faire sur le bateau du retour. Il savait qu'il s'écroulerait dans le sommeil et que la garce le reprendrait à son bon vouloir, demain sur la route ou juste avant de parvenir à Mortery et, dans cette embuscade, il aurait encore à se battre pour ne pas perdre pied. Il voulut avant de sombrer tout à fait se souvenir de la douceur de Morjiane quand elle avait prononcé le mot « mère ». Il avait pensé à la sienne, morte sept ou huit ans après lui avoir donné la vie. Cet être léger qui avait pris forme et caractère à une époque déjà ancienne existait à peine dans sa mémoire. Il respira profondément comme avant un plongeon en rivière. L'image revint.

Au creux de la palmeraie, une maison de berger, délabrée, abritait désormais les oiseaux et les amours furtives. Un olivier poussait à l'intérieur et ses branches en avaient percé le toit. Morjiane et Gatien y étaient entrés.

— Enfant, je venais jouer ici. Mon père n'aimait pas.

— Et ?

— Et rien. Il n'aimait pas.

Le silence la gagnait à son tour. Il posa le panier au sol, la vit caresser un morceau du mur, regarder les racines de l'arbre arrimées dans la terre. Il la suivit lorsqu'elle sortit. Et c'est là qu'il avait prononcé les mots simples qui pourtant allaient changer sa vie, il lui dit avec le plus de douceur dont il était capable qu'il avait réfléchi, murmurant face à elle : *Si tu le veux toujours, pars avec moi, pour la France.*

Il se souvint de son regard et de son voile qui avait tremblé, mais peut-être était-ce à cause du vent un peu moins léger qui déjà irisait l'eau. Ou était-ce elle, heureuse, comblée. Il n'osa pas demander les raisons qui la poussaient à quitter le sol où elle était née. Ils marchèrent à nouveau afin de rejoindre l'entrée de la palmeraie, là où patientait Calypso.

Elle dit : *Je te remercie.* Elle répéta : *Je te remercie.*

Gatien caressait l'encolure de Calypso. Il donna un sou au gamin qui venait de veiller sur son cheval durant cette moitié d'heure. Elle vit Gatien partir au petit trot. Elle savait d'instinct qu'il ne se retournerait pas.

L'auberge du *Coq Rouge* se taisait ; les derniers à partir étaient chassés d'un coup de balai car le roi Louis tenait à une ville propre, punissant les soiffards et les causeurs de trouble. Gatien ferma les yeux et lentement glissa sur le matelas.

Demain il lui faudrait rejoindre la première étape de Pécy, en plein pays briard, affronter la neige comme il s'était battu contre le sable quand il soufflait en tempête. Le village, comme tant d'autres, appartenait à Thibaut, et l'auberge de Saint-Martin accueillerait ce chevalier connu pour sa bravoure, familier du comte de Champagne et qu'il faudrait traiter selon son rang.

Quand enfin il parvint à Mortery, à l'aube naissante du second jour, ses gens le virent sur le point de tomber de cheval, mais il tint à en descendre seul, à faire très droit le nombre de pas qui le séparaient de sa chambre. Morjiane, prévenue par Mélie, fut vite à son chevet ; il la regarda durant un long moment, la bouche close sur un sourire, et elle posa sa main sur son front chaud. Morjiane parla à Mélie qui revint quelques minutes plus tard avec un bol fumant. Gatien accepta de boire de l'eau de réglisse mêlée à du chiendent, car voilà qui calmait la fièvre sans la faire oublier tout à fait. Cette fille du soleil savait faire.

Les mots de Morjiane

Je m'appelle Morjiane El Saadawi, je suis née à Homs au nord de Damas. Je vis maintenant dans ce pays que l'on appelle la France et qui est froid, à Mortery, sur les terres du seigneur Gatien et du seigneur Thibaut. Je sais l'art des jardins. Je sais soigner et je cultive des roses. Je sais les dessiner aussi. Pétale après pétale, avec leurs feuilles et leurs tiges droites.

Je veux consigner ce que je fais, tout inscrire ici, mes progrès comme mes peines et à ceux qui se demanderaient pourquoi je le fais, je répondrais que mes conseils et mes efforts peuvent servir à d'autres pour qui les roses représentent plus que l'or jaune. J'ai demandé de l'encre et du papier à celui qui m'a ramenée ici. Il a paru étonné, il n'a rien dit et il a ouvert un coffre, puis un rouleau de cuir, déroulé plusieurs feuilles et il a ajouté : Quand il n'y en aura plus, tu me le diras.

Le lendemain de mon arrivée au manoir de Mortery, j'ai planté le rosier que nous avons volé dans les jardins du sultan. Ce fut la première chose que j'ai faite aux côtés de lui, Gatien, et il ne m'a pas quittée du regard. Il a observé l'instant précis où j'ai choisi le lieu abrité des vents et pas trop ensoleillé, puis écourté les racines d'un coup de lame. Gatien n'a rien dit mais ses poings parfois se serraient fort. Ensuite, j'ai arrosé de deux mesures d'eau, pas davantage. Il va croître et devenir beau et fort. Et de cela je suis sûre.

De retour à sa maison, j'ai ouvert mes sacs de toile. J'ai lentement retiré les bouts de tissu blanc. En face de Gatien, j'ai étalé une demi-douzaine de rosiers, courts, une quinzaine de pouces, la tige brune, les feuilles très vertes, vernissées comme après une pluie. Il a paru très étonné et écarquillait les yeux.

Puis, du plus petit sac, j'ai fait rouler sur la table de bois de la grande salle des baies de couleur rougeâtre, à la peau flétrie, de la taille d'un radis rond. J'en ai joué comme avec des billes, m'en suis amusée de l'index. Gatien me regardait, sans m'interrompre.

L'une des baies est tombée au sol et il s'est baissé, l'a prise dans sa paume, l'a tendue vers moi, mais pas avant de l'avoir dirigée vers la fenêtre et levée en pleine lumière. Elle ne pesait rien, ne valait pas grand-chose. Mais elle était promesse de renfermer dans sa bogue un miracle à venir. Je me suis aperçue que sa main tremblait un peu et je me suis approchée de lui. Je lui ai dit que j'allais lui montrer ce que sont les baies de l'églantier, les graines des rosiers. Elles sont filles des roses du sultan. D'elles naîtront d'autres roses qui donneront des roses et d'autres roses encore.

Chaque soir, durant une petite semaine, j'ai pris le temps d'ouvrir chacune de ces bogues, dont certaines étaient rouges, marron, orange ou presque mauves. D'abord, j'ai choisi le couteau le plus pointu dans le tiroir du buffet de chêne. Puis, j'ai étendu sur une petite table un linge blanc et fin. De chaque bogue incisée en son milieu, jour après jour, j'ai sorti des graines. Certaines en donnaient beaucoup, d'autres plus avares ont contraint Gatien à siffler d'agacement entre ses lèvres serrées.

Je lui ai demandé un tamis et aussi de renouveler une écuelle d'eau fraîche. Comme il ne trouvait pas de tamis, il a appelé Mélie. La servante s'est mise à genoux et en a trouvé un dans le buffet du bas en faisant tinter les pots et les poêlons de fer. J'ai posé l'écuelle.

Chaque début de soirée, j'ai renouvelé la même opération que Gatien n'a pas tardé à juger étonnante. J'y ai trempé les graines, une à une. Je les ai frottées doucement contre les parois du tamis car ainsi se retire leur pulpe, sinon, elles pourriraient. J'ai aussi demandé à Mélie si elle avait du vinaigre. La jeune fille m'a regardée la bouche ouverte et elle m'a répondu qu'elle en avait du bon, du vinaigre de cidre de pommes fait par Marthe, la cuisinière, à l'automne. Je l'ai remerciée, elle en a paru étonnée ; j'ai saisi la fiasque pansue ceinturée de sa robe tressée comme une danseuse et j'en ai versé trois cuillerées dans l'eau froide. J'ai dit que cela était bon contre les moisissures et que ça empêcherait les graines de germer.

J'ai demandé aussi où était la pièce la plus froide de la maison. Gatien a expédié un coup d'œil rapide à la fille de cuisine et tous les deux m'ont répondu quasi en même temps que la chambrette de l'arrière, desservie par l'office, là où les servantes plaçaient les caillés et le fromage de Chaource et les filets de bœuf cru, était froide à donner la fièvre ! Nous y sommes allés tous les trois. Mélie m'a aidée à faire de la place, à pousser les assiettes creuses, les jattes et les pots recouverts de toile, et j'ai pu étaler mon linge. J'ai sorti de mes poches des petits sachets de sable fin et, avec précaution, j'ai fait des petits monticules des graines. Mélie et Gatien ont regardé attentivement cette armée naine, et de ses mains il a déplacé encore deux ou trois petits tas. J'aime bien ses mains.

J'ai ajouté qu'il ne fallait pas trop de lumière, que les linges devaient toujours être humides mais pas trop, froids, mais pas trop. Que la nature était œuvre délicate et créée par Dieu le tout-puissant. J'ai dit aussi Inch Allah. Et j'ai bien compris que Mélie attendrait qu'elle soit seule avec le maître afin de lui poser plus tard la question : Ça veut dire quoi, not' maît' ?

Ensuite, dans la pièce haute, au bord du feu, j'ai murmuré, rien que pour lui : Comprends-tu ? Toi aussi, tu auras ta roseraie, comme à Damas, et je l'ai vu sourire.

Chapitre VI

Région de Provins
Début février 1241

Le même rêve, toujours. Dans sa chambre, sur son lit, couché, au milieu de la pièce froide. En face de la cheminée, trop vaste pour qu'un peu de chaleur lui parvienne, il faisait le même depuis qu'il était rentré de Syrie, ici, en Champagne, dans le village de Mortery où il était né et dont sa famille tenait son nom.

Le ciel changeait d'abord, devenait très bleu, brûlant, l'herbe douce du printemps à venir se délitait en sable chaud.

Dans son rêve, il portait sa cotte de mailles et à nouveau l'épée, sortie de son fourreau. Il était seul, à pied, passait une première dune, puis une seconde, déserte. L'air était immobile, silencieux, un silence de cathédrale, immense silence dans une chaleur à faire fondre ses os. Et puis, soudain, face à lui, apparaissaient des centaines d'hommes, habillés de blanc, montés sur des chevaux et des chameaux, le visage masqué. De l'autre côté, le duc de Bar, si fier, sûr de lui, conduisait l'armée franque entière, entourée des bannières et des croix brandies par les prêtres. Gatien se mettait à hurler. *Ne pas aller par là. Ne pas y aller. C'est un piège.* Nul ne l'écoutait, le sable rentrait dans sa bouche par paquets entiers. Il étouffait.

Parfois, face à lui, il y avait le visage d'Isolde, celui d'Alix. Ils se confondaient avec ceux de ses anciens compagnons d'armes. Il entendait le bruit des flèches. Les archers égyptiens en tiraient tant et tant qu'elles obscurcissaient le ciel, une pluie de fer mortelle, stridente. Il voyait les corps tomber, les flèches se planter dans les gorges, les épaules ou les cuisses. Les pauvres gars s'écroulaient, la bouche pleine de sang, les ventres ouverts. Gatien ne pouvait rien faire pour qu'ils soient épargnés, les convaincre de fuir. Son rêve se poursuivait, comme une éternelle souffrance. Il voyait aussi sa fille couchée sur le dos, morte, son visage très blanc dirigé vers les nuages. Gatien s'éveillait juste aux premières lueurs du jour.

À nouveau, Gaza resurgissait du passé, rendez-vous d'un cauchemar ! La défaite des siens ne l'avait jamais quitté et Gatien y devinait comme un présage. Thibaut de Champagne n'était pas parvenu à convaincre son ami, le duc de Bar. Assoiffé de gloire, obsédé par l'or, Henri de Bar avait lancé l'armée au-delà d'Ascalon, persuadé que l'issue lui serait favorable et que ses prouesses étaient déjà inscrites dans le Ciel. De guerre lasse, Thibaut obtint du duc de Bar que Gatien l'accompagne comme lieutenant. Peut-être trouverait-il les mots qui lui avaient manqué, peut-être parviendrait-il à faire changer d'avis cette tête chaude. Il n'en fut rien.

Les paroles de Gatien de Mortery s'envolèrent, ponctuées par les rires d'Henri. Ce grand seigneur généreux, venu de l'Est et des marches de Lorraine, répétait comme un refrain qu'il aurait sa victoire et alors coulerait en rigoles le sang des infidèles.

Au milieu du désert, non loin de Gaza, il trouva de quoi camper, au cœur des sables. Gatien assura que l'endroit ne lui inspirait que méfiance et appréhension. Le sable formait une cuvette cernée des dunes hautes, c'était folie d'y demeurer une nuit entière. *Bois davantage*, assura Henri de Bar.

Lorsque le soleil fut couché, les soldats du sultan d'Égypte encerclèrent le camp. Ces hommes se déplacèrent à la manière des fauves du désert, sans bruit, sans presque même respirer. Ils attendirent le sommeil complet des Francs. Enfin, quand le cercle fut hermétique, le massacre commença, méthodique. Gatien reçut une flèche dans le haut de la cuisse, garrotta lui-même la plaie, continua à se battre.

Henri de Bar mourut en lui tenant les bras, ses yeux très bleus fichés dans les siens. Depuis, le temps de pluie, en le faisant boiter, rappelait à Gatien que l'agonie d'un homme n'était pas belle à voir.

De Gaza, il rejoignit Ascalon, conduisant de nuit, le regard aux étoiles, une poignée de rescapés titubant, évitant les razzias, ne pouvant rien de plus pour ceux qui mouraient de soif ou de fièvre qu'une prière dite sur leur front luisant. Quand enfin, épuisé, il parvint au camp, Gatien raconta le désastre et Thibaut de Champagne l'écouta sans une parole. Puis, il ordonna que trois ou quatre messes basses fussent dites à la mémoire de ceux qui ne reverraient jamais la France.

Gatien s'assit sur son lit, la tête entre ses mains, et pour éponger sa sueur il se servit du drap. Lentement, il se força à penser aux roses. En bas, juste en dessous de sa chambre, séparée par des poutres de chêne et la quantité suffisante de torchis et de paille, Morjiane depuis l'aube s'affairait à la cuisine avec les servantes.

Pourtant elle savait bien d'autres choses que ces femmes, capables seulement de faire du pain ou de cuire une poitrine de porc. Elle était taillée dans une roche différente et continuait de le lui prouver. Elle y mettait une obstination douce et son silence de bonne compagnie ne pesait pas. Leurs premiers mots échangés, brefs et d'abord prudents, les phrases courtes qu'ils constituèrent plus tard leur suffisaient pour le moment. Ce qui s'était tu pour ne pas revenir était ce halètement qui dénonce la peur et Gatien se souvenait encore de sa première question à elle adressée dans les jardins du sultan alors que la jeune femme lui cueillait une rose sans dommage pour l'arbuste : *Pourquoi fais-tu cela pour moi ?*

Sa réponse avait semblé évasive et alors qu'il insistait, exigeant d'elle son prénom, elle avait répondu *Morjiane*, comme si ce sésame unique devait lui suffire. Il allait poser une autre question, mais elle avait mis sa main contre sa bouche, il la dépassait d'un peu plus d'une tête et elle avait couvert son visage de son coude. Elle avait conservé de Damas ses fines sandales en cuir.

Quand Gatien eut descendu l'escalier et gagné la cuisine, les bonnes, en habituées, tournèrent à peine la tête. Morjiane lui sourit et, sur un de ses gestes discrets, Mélie apporta un bol de soupe chaude et deux tranches de pain bis.

Morjiane pointait vers lui son petit front têtu et son regard clair et bleu. Il aperçut mieux son poignet nu. Il but à même le bol, refusant la cuillère de buis que lui tendait Mélie, et parfois il soufflait sur le liquide trop chaud. Quand il la vit quitter la pièce, il la suivit et tous deux prirent la direction de la roseraie. Il marchait derrière elle, comme souvent, il voyait ses hanches bouger. Gatien martelait le sol et ses pieds se barbouillaient de terre.

Comme on respire après plusieurs minutes sous l'eau, il ajouta : *Tu es là !* Elle murmura simplement : *Oui.* Dans ses yeux, il vit que se recomposait leur passé. Quelque chose de doux et parfumé d'ailleurs allait se poser sur eux, ils n'auraient plus qu'à clore leurs yeux et à suivre la vague, ce pareil ensorcellement, cette porte entrouverte sur la Syrie qu'ils étaient seuls à franchir.

À Damas, sous les étoiles de la nuit, elle lui avait parlé d'une traite. Il ignorait tout des roses, il était soldat, pas jardinier, il savait dresser un cheval et se battre, aller à la guerre et tuer au besoin. Elle lui avait montré le sol, la roseraie, cette armée naine d'arbustes alignés comme à la parade ; l'ordre méthodique des choses. Il eut un soupir d'homme, secoua la tête. Il dit aussi :

— Le comte de Champagne veut que je la rapporte chez nous, que je la replante. Que naissent de nouvelles roses en France, des quantités !

— Tu ne sauras pas faire, elle mourrait sur le bateau. La rose ne verra jamais ton pays et tu auras tout perdu.

— Je fais quoi ?

Elle sourit. Il ne comprit pas si c'était par mépris. Il se souvint des premiers instants passés ensemble, lorsqu'elle rendait compréhensibles les phrases arabes, comme du regard que Malik al-Salih avait eu sur elle.

À nouveau, il entendit le bruit que font des hommes lorsqu'ils avancent en groupe. Ils venaient vers eux. Elle se baissa aussitôt, saisit le sac de toile qui contenait le plant, lui tendit la main.

Il la suivit alors qu'elle empruntait une autre sente. Ils s'accroupirent ensemble dans la nuit.

— Tu m'emmènes en France, tu comprends, je pars avec toi, sur ton bateau.

Elle fit un geste de la main.

— Je le jure, je t'aiderai, je t'apprendrai les roses, leur culture. Les saisons, le dosage de l'eau, de la terre, des fumures. Je sais tout cela car mon père était déjà jardinier ici. Pour le père du père du père du sultan. Comprends-tu ?

Il esquissa un non de la tête. Les gardes du sultan s'approchaient et avec eux, le danger d'être pris, fouetté, ou pis encore, la mort.

Il leur fallut se courber davantage, disparaître, attendre la poignée de minutes qui garantissait la vie. Gatien eut le temps d'appréhender l'impassibilité de ces hommes qui tuaient sans fermer les yeux, sans émoi, simplement parce qu'ils en avaient reçu l'ordre.

Malik al-Salih donnait la mort comme certaines espèces sont fatales à d'autres. Il n'était pas impossible de penser qu'il soit simplement né pour cela. Cueillir une rose dans ses jardins était un crime. Le crime exigeait le châtiment suprême, ainsi réglait-il l'embarrassante question du choix.

Gatien répéta : *Je dois partir*. Il indiqua l'une des entrées principales des jardins, là où il avait franchi le mur, déployé sa corde. Mais Morjiane fit non de la tête.

— Si tu passes par où tu es venu, ils te tueront. La lune éclaire le mur d'enceinte. Tu vois, on a contraint la lune à veiller sur le sommeil du sultan. Viens.

Elle ne le lui laissa pas le temps de répondre. Il la suivit et ils avancèrent dans un entrelacs de buis taillés, vernissé par les rosées froides de la nuit. Derrière une touffe de tamaris, il y avait une porte. De sa manche, elle tira la clé et le panneau de bois, dissimulé dans l'épaisseur de la muraille, s'ouvrit sans feuler. Gatien hésita à franchir le passage étroit, il caressait de sa paume le petit sac en voile.

Elle sourit.

— Je reviendrai.

— Je sais.

Il s'élança dehors. Il abritait contre son torse ce qui lui sembla être le plus fragile au monde.

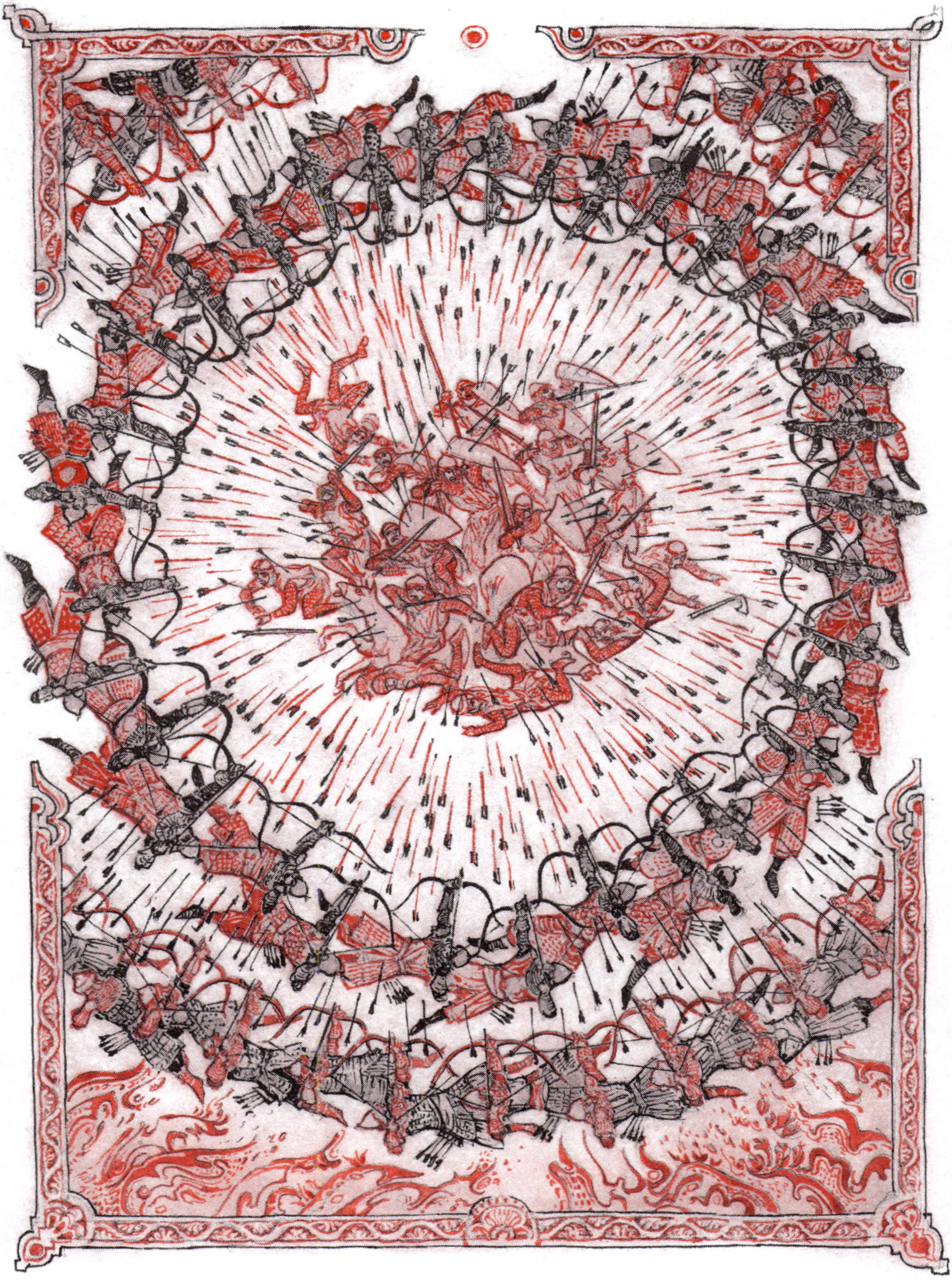

Chapitre VII

Région de Provins
7 mars 1241

L'arrivée de cette fille en Champagne fit parler. Après les jours et les nuits passés en mer, elle avait pourtant quitté dès le sol ferme ses habits de garçon, renoncé à son voile, à ses tuniques et ses pantalons, roulé le tout en boule pour l'oublier au fond de la nef. Elle masquait ses cheveux noirs par un bonnet de laine. Elle n'avait pas dit encore un mot sur la maison, la chambre qu'il lui avait donnée, le jardin, les terres, la chapelle proche dont le toit crevé laissait voir un lé de ciel et recueillait l'eau de pluie. Elle ne refusa pas de la main de Gatien la petite croix d'or qui parait son cou.

Les paysans du baron de Mortery continuaient à se signer en la croisant sur les chemins, son tablier plein de chanterelles ou de pommes. Ils la prétendirent jeteuse de sorts, porteuse du mauvais œil. Elle allait au sabbat, c'était sûr, était bien capable de faire mourir les veaux. Morjiane s'en formalisait un peu et Gatien l'entendait moins chanter près du lavoir ou du puits. Et puis, les gens se lassèrent de médire et cela passa ; réapparut sur les lèvres de la jeune femme le goût des chansons et son sourire.

Le curé de la paroisse vint expliquer mollement à Gatien que la Morjiane n'était pas chrétienne, que c'était un péché que de vivre avec elle. Le frère Germain qui avait célébré le mariage de Gatien, enterré sa femme, puis ses parents, le connaissait assez. Il n'insista pas. L'homme était trop fin ou trop vieux pour s'épuiser à convaincre. Et puis, le monde était le monde et ce qu'il disait passait vite. D'ailleurs, depuis le bon père Adam, qui pouvait se targuer de n'avoir jamais regardé dans le champ du voisin ? Entre les branches des arbres, veillait le serpent immonde, plaie de l'humanité.

En le quittant, après un deuxième gobelet d'eau de prune, le prêtre dit à Gatien qu'il faudrait compter avec l'abbaye de Jouy. Ceux-là, les pas commodes, étaient plus religieux qu'on pouvait l'être. Ils se mêlaient de tout, de foi comme de morale, de théologie comme de finance. Surtout le frère Paul, avec ses yeux trop rapprochés de son nez maigre. *Souviens-toi de lui, mon fils, et n'oublie pas tes prières.* Gatien promit.

À l'instant de le voir remonter sur sa mule, de l'entendre se plaindre de ses rhumatismes, il dit vite au prêtre qu'il n'avait jamais touché Morjiane. Il n'avait plus commerce de chair depuis la mort de sa femme. Il s'arrêta de parler, essoufflé, mit ses mains dans ses poches, baissa le nez. En traçant un signe de croix sur son front, le frère Germain murmura : *Garçon, je le savais déjà.*

Gatien quitta la salle haute, sortit, alla pisser au pied du gros chêne et rentra dans la cuisine. L'attendait sur la grande table son bol de soupe au lait, de quoi tenir jusqu'au souper du soir. Le pot de miel était ouvert, la cuillère en bois de buis posée à côté des tartines de pain.

Il aperçut Morjiane de dos, elle lavait des fèves dans une terrine d'eau froide. Il écouta vaguement le clapotis, les fèves remuées vigoureusement, que l'on secoue puis que l'on sèche au torchon. Soudain, il dit :

— Vont-elles bien ?

— Oui.

— Tu en es sûre ?

— Oui.

— Tu as dit qu'il fallait les, les…

— J'ai dit qu'il faudrait les replanter, je sais, j'ai commencé ce matin.

Il se leva brusquement. Le bol à la main, il avança vers elle, lui fit face, Morjiane lui souriait, paisible, elle lut dans son regard la question qu'il allait poser.

— J'ai travaillé la terre, je l'ai amendée, allégée. Je l'ai mêlée à du sable.

— Je ne t'ai pas vue.

— Je sais.

Il termina le bol, le posa doucement sur le rebord de l'évier en pierre. Il se souvenait de chacun de ses gestes, de ses soins méticuleux, de la précision de ses doigts.

*

Passaient les semaines et les heures, les fêtes chômées des chrétiens, les jours de pluie aux ciels si bas qui filaient plus lentement. Tous les deux jours, Morjiane entrait dans la chambrette froide. Aidée d'une cuillère, elle saupoudrait d'eau fraîche les linges devenus gris. Puis, elle comptait les graines, se trompait, les recomptait. Enfin, un matin, Gatien entendit qu'elle criait son nom.

Il se surprit à marcher vite, aperçut les premières germinations qu'elle lui indiquait de l'ongle, ces deux ou trois millimètres d'un vert très clair, quasiment blanc. Ils se regardèrent au-dessus du linge et se sourirent. L'infiniment petit devenait précieux à ce gaillard qui portait du fer et du cuir. Un monde entier s'ouvrait à lui, avec ses rites patients, son goût de l'imprévu, sa persévérance et l'attente indispensable. Rien jamais ne devait être brusqué ou trop espéré, ou trop redouté. Sur cet apprentissage nécessaire allait s'exercer sa vie.

Certaines graines demeurèrent noires. Celles restées stériles, malgré autant d'efforts et l'exacte mesure d'eau, la même quantité d'attention, furent jetées au feu, mais le résultat était jugé satisfaisant par Morjiane.

Gatien voyait dans son labeur de quoi le réconcilier avec le genre humain. Il ne pensait pas moins à sa fille, mais la lente transformation ordonnée par la nature agissait sur lui comme un baume. Ce qui était pouvait changer et se modifier. De la graine laide, banale, qu'il n'aurait pas pris la peine de remarquer, allait naître la plus belle fleur de la création.

Morjiane le surprit parfois à fredonner une vieille chanson apprise quand il maniait l'épée, jeune et souriant : *Depuis que Dieu fut mis en croix, on ne vit siège de deux rois, partis en guerre sur leur foi.*

*

Le bol de soupe au lait patientait sur le rebord de l'évier. Mélie se faufila et de sa main de chapardeuse, le prit, en lécha les bords et le plongea d'une traite dans l'eau chaude de la bassine en cuivre.

Pour la première fois de son existence, Gatien attendait la fin d'une saison et le début d'une autre. Le temps n'était plus cette fatalité que l'on accepte avec indifférence ou par ennui d'un excès d'eau ou de chaleur. Il lui faudrait ronger son frein, patienter jusqu'à l'été. La Saint-Jean dirait si les graines avaient pris. Il verrait seulement alors les rosiers se dresser vers le ciel, vivants, bien portants, promesse ultime des roses à venir. Gatien pensa au comte de Champagne, et sa vie semblait prendre un chemin moins tortueux. Il pourrait le satisfaire, les roses fleuriraient et Thibaut sourirait devant leurs couleurs.

S'était tissé entre lui et Morjiane un lien étrange. Elle n'avait pas dérangé son habitude du silence. Il parlait peu, par choix. Le manoir de Mortery les abritait tous les deux, entre ses murs épais. Un soir vint, quelques heures de nostalgie, pas vraiment amères, douces sous les branchages épais, aveuglants, des tilleuls.

Ils rentraient côte à côte et il la sentit proche, le parfum de sa peau déjà familier. Il se dit qu'il avait le temps, peut-être, de l'écouter et elle devina ce qu'il voulait savoir, la raison de sa fuite, bien sûr, une question pensée par un homme. Un jour à venir, elle lui parlerait de ce qui s'était noué à Damas. Au manoir, il la vit ajouter encore une bûche courte dans l'âtre pour chauffer le repas du soir.

Les mots de Morjiane

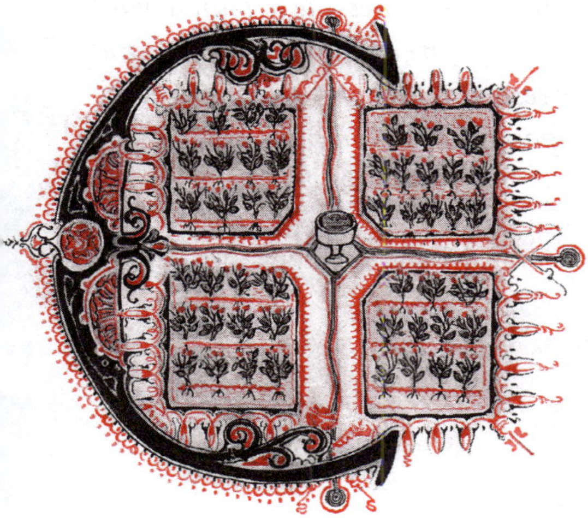

C'est hier que cela s'est passé, et j'ai osé prendre la main de Gatien et je l'ai entraîné au-dehors. Le soleil, encore chaud à cette heure de fin de journée, nimbait les jardins. Là où sont cultivés les poiriers, abrités en espalier par un mur de pierres sèches, j'ai fait encercler de roseaux entrelacés plusieurs carrés d'une dizaine de coudées de longueur et de la moitié de large. Sur une terre propre, bien noire, j'ai déjà planté les pieds. Puis, sur quatre carrés, plus courts, j'ai placé les graines germées dans des petits pots de terre, les gobelets à cidre que j'ai trouvés dans la maison, tous bien alignés. Le gel est passé, sans trop de dommages. J'ai habitué mes plants à l'air, je les surveille et, chaque jour, je les apprivoise un peu mieux. Puis, je les mettrai en terre, un à un, ils y pousseront, à l'abri des vents, et Gatien sera content. Je vais creuser des trous réguliers, de deux mains de profondeur, que je laisserai reposer sans y toucher durant trois bons jours. Puis, j'y jetterai de la bonne terre bien noire et de l'autre plus fine mêlée à du crottin de cheval broyé et enfin viendra le tour des rosiers afin que leurs racines s'y développent sans peine. Il ne faut pas que j'oublie de tailler les tiges trop hautes, les parties les plus sèches ou celles meurtries par un coup de serpette.

Il faudra dire à tous de tasser la terre avec les mains pour ne pas briser les jeunes racines qui sont fragiles. Il faudra beaucoup arroser.

Gatien m'a demandé pourquoi j'avais créé quatre carrés. Sa question d'homme m'a fait sourire et je lui ai répondu qu'au paradis il y avait quatre fleuves. Le premier était d'eau, l'autre était de lait, le troisième de vin et le dernier de miel. J'en ai dessiné le plan devant lui, lui permettant de mieux voir. Il a souri comme il le fait quand il sourit, c'est-à-dire que ses yeux restent tristes et il a murmuré : Tu connais le paradis ? Je n'ai pas répondu et j'ai compris qu'il avait eu peur de m'avoir blessée.

DEUXIÈME PARTIE

Chapitre VIII

Comté de Champagne
Manoir de Mortery
24 juin 1244

Les roses étaient là, en face de lui, pas encore tout à fait écloses, prêtes à enchanter le monde. Leur odeur lui parvenait, il la prenait en rasades pleines comme un vin qu'on acclimate sous la langue, avec son parfum sucré et unique. Chaudes comme la vie, les fleurs impériales, à nulle autre pareilles, dont la fragilité de source donnait la fièvre et renversait les cœurs, n'avaient aucune rivale et plongeaient dans la pénombre et l'oubli toutes les autres espèces. Si tôt le matin, sous les rayons du soleil, il n'y avait plus pour lui que le bonheur de les respirer, pour attendre leur éclosion totale, cet embrasement. Ne rien rater d'un instant fugitif, à peine parler.

Mouillées de rosée. Les roses.

Morjiane ne rejoignait Gatien que lorsqu'elle le savait sur le point de rentrer. Elle quittait le manoir, marchait jusqu'à la roseraie et se tenait là, à ses côtés, comme depuis ces deux années passées. Rien ne l'avait lassée, ni le vent, ni la neige, ni la pluie, ni cette soudaine poussée de gel au cœur du printemps.

Il y avait désormais, non loin des poiriers en espalier et des treillis de roseaux ponctuant les carrés, des piquets de bois suffisamment hauts pour supporter une tonnelle de branches et de toiles passées à la résine de pin chaude. Ainsi, à convenance, cette toiture mouvante, parfois gonflée d'air comme une voile, évitait-elle aux roses un excès de chaleur.

Morjiane en avait dressé les plans avec un morceau de charbon glissé sur du parchemin. Trois paysans solides aidèrent le baron de Mortery à l'installer. À leur pied, un paillage de copeaux de bois de châtaignier et de frêne préservait les plants du froid, de la sécheresse et des limaces.

Gatien attendait Thibaut de Champagne. Le maître de tout avait annoncé sa présence pour le dimanche suivant. Il viendrait avec l'évêque, après la messe chantée. Sa hâte à voir et à toucher avait grandi comme un désir.

Trouver les paroles justes pour qu'il ne perde pas patience n'avait pas été aisé. Durant ces mois derniers, nombreux furent les mots écrits et envoyés de Troyes ou de Paris, les propos lancés parfois et tenus sur le ton de l'ordre ou de la menace.

Morjiane avait dû crayonner une rose et son bouton, et les peindre à la manière des enluminures pour calmer les impatiences du comte de Champagne. En observant le vélin attentivement, Thibaut avait souri. C'était donc cela, la rose de Damas. Dissoute dans ses souvenirs, elle resurgissait, intacte ; nulle fleur ici-bas ne pouvait lui être comparée. Rose de reine pour une reine.

Gatien recouvrait la paix, durant quelques semaines, parfois plus. Pour Morjiane et lui, pour le manoir de Mortery et l'entière région de Provins, Paris restait loin, cette ville mirage qui parfois apparaissait comme une promesse ou un sortilège, selon les ambitions des princes ou leurs colères.

Les travaux ordonnés par le roi Louis continuaient à Paris, ville de maçons et de charpentiers, de maîtres verriers et de peintres. La première pierre de la chapelle destinée à recevoir la sainte couronne du Christ avait été posée en grande pompe avec force bénédictions, chants et encens brûlé. Tout ce que comptait la France de comtes et de barons, de prélats habillés de soie, de princes, imita le roi pieux. Ils prièrent des heures, le front incliné et les mains jointes.

Durant l'une de ses visites rapides dont il prenait l'habitude, Thibaut racontait la cour, les décisions royales, celles des conseillers ou des moines. Ces hommes en noir, avec leur crâne tonsuré, leur chapelet de buis, envahissaient tout, donnaient leur avis sur tout, exigeaient, quémandaient toujours plus d'argent. Louis se plaisait en leur compagnie et Thibaut en sifflait d'agacement.

D'autant que le mot de *croisade* revenait çà et là dans les paroles du roi. Louis attirait Thibaut à lui et lui parlait, sa bouche à son front. Reprendre à Saint-Denis l'oriflamme bénie, crier à pleins poumons *Montjoie*, battre le ban, s'embarquer à nouveau sur des nefs rapides. Respirer à gorge pleine la Terre sainte ! N'était-ce pas là le sort d'un roi très chrétien ? N'était-ce pas obéir aux volontés du Ressuscité ? Louis rencontrait souvent Thibaut, ayant exigé de lui l'histoire complète de ses guerres en Syrie. Le roi pleurait quand Thibaut racontait Jérusalem, la ville très sainte. Louis se voyait déjà prier sur le tombeau du Christ. Il questionnait Thibaut sur les princes arabes, exigeait des détails, comment étaient-ils, à quoi songeaient-ils, étaient-ils seulement bons et honnêtes ? Le comte de Champagne prononça un soir le nom de Malik al-Salih Ayyûb, et le roi répéta, les yeux à demi fermés, ces syllabes venues d'ailleurs. Thibaut insista sur l'homme, le jugeant déroutant, hésitant et parfois lâche, souvent habité par la simple peur de la mort.

— Racontez, je vous prie.

— La première de nos rencontres, Sire, se déroula chez lui, à son palais et il m'avait salué à la manière de son pays, en portant deux doigts à son front, à son cœur puis à sa bouche. Je me souviens de ses silences, de ce visage clos et creusé sous la barbe parfumée à l'essence de jasmin. Il était emmitouflé dans ses linges blancs et brodés d'or, d'une maigreur d'apparition, il semblait avoir froid alors que nous crevions de chaud.

— Racontez encore.

— Et nous nous sommes parlé, lui dans sa langue et moi dans la mienne. Je me souviens de ses mots et des miens :

« — *Le peuple dit que les Francs sentent mauvais. Qu'ils pullulent comme des poux. Nos femmes se bouchent le nez en les voyant.*

« — *Peut-être.*

« — *Ton pays te manque-t-il ?*

« — *Pas encore.*

« — *Crois-tu qu'un homme n'ait pas besoin de vivre là où il est né ?*

« — *Je le crois.*

« — *Un proverbe dit : Là où est ton tapis, là est ta maison.*

« — *Je l'approuve.*

« — *Tu es un homme sage.*

« — *Je ne passe pas pour l'être.* »

Thibaut sourit. Il regarda le roi Louis, son corps souple et mince tendu comme un arc, et il devina que son récit devait se poursuivre.

— J'ai mesuré alors combien par la faute du sultan le sang avait déjà coulé. Dans sa propre famille, nul n'était à l'abri du poison ou de la dague. Tuer, avant de l'être, chaque alliance trahie, toujours. Al-Salin Ismaël, c'était l'oncle, le pire de tous. Al-Adil Sayf ad-Din, le demi-frère, autre cauchemar. An-Nasir, Dâ'ûd, le cousin. Un venin. L'oncle contre le neveu, le frère contre le frère. Les cousins acharnés à se détruire, Sire roi, ce quatuor est infernal ! Et pourtant, Malik al-Salih, dans ses accès de lucidité amers, se rappelait peut-être qu'il avait voulu être un homme de bien. Ses yeux s'éclairaient davantage quand il parlait de poésie ou de beauté. Il disait que la musique et les mots liés aux notes réchauffaient plus sûrement ses os que les recettes de ses médecins et je veux bien le croire.

— Tout est à faire et à refaire dans ce pays, ajouta Louis, et si Dieu le veut…

Une seconde fille lui était née. La reine Marguerite lui avait donné le prénom d'Isabelle. Le royaume attendait un fils ; il viendrait car le Ciel bénissait la France. Le roi, rayonnant, s'était empressé de faire donner le baptême à la petite princesse. La reine Blanche continuait à régner sans trop de partage. Les yeux du comte de Champagne s'embuaient toujours à son souvenir et Gatien baissait les siens.

Il y eut mieux encore.

Un soir, vers l'heure des complies, Gatien songeait déjà à fermer la grande porte de chêne cloutée, quand il entendit le bruit de chevaux. Une petite troupe marchait vers Mortery. Il saisit un flambeau, avança dans la nuit, ses poings déjà serrés.

Il reconnut une voix familière dire simplement : *Champagne*. Avant de pousser vers Troyes, Thibaut venait à lui, le suzerain demandait au vassal le gîte et le couvert. Tandis que les servantes s'affairaient en bâillant, Thibaut, près du feu de sarment, retirait déjà ses gants. Avant qu'il ne finisse le reste de tourte au fromage, Mélie le servit de vin de Crilly.

— Te souviens-tu ?

— De quoi, monseigneur ?

— La rose.

— La rose ?

— Celle peinte par elle.

— Par Morjiane.

— Oui.

— Je vous entends, monseigneur.

— Au palais, je la lui ai montrée, dans sa chambre, comprends-tu ?

— Je crois.

— Elle l'a trouvée belle, a pris tout son temps pour la regarder, pour l'admirer. Tu sais, d'abord, elle n'a rien dit, à peine un soupir. Elle a approché la lampe, a caressé le vélin, comme si la rose avait été vivante. Vois-tu ?

— Oui, monseigneur.

Thibaut tendit son verre. Gatien le servit à nouveau de vin, emplit la coupe à ras bord. Le feu lançait sur eux ses langues rouge et or.

— Et c'est alors...

— Oui…

— Alors, elle m'a dit qu'elle la conserverait, elle garderait la rose, et sais-tu pourquoi ?

— Non.

— Elle va la confier à son fils qui la remettra au maître verrier. La rose de Damas sera bientôt en la chapelle sainte de notre bon roi Louis. Oh, Blanche !

Gatien l'entendit répéter le nom, comme une prière, pour lui seul, cette fois. Le comte de Champagne s'enfonçait dans le fauteuil et son dos large écrasait les coussins. Les deux hommes demeurèrent silencieux. Thibaut engloutit deux assiettées de tourte au fromage, Gatien trinqua avec lui. Tandis qu'il buvait à son tour, engourdi par la chaleur du foyer, il pensa à Morjiane, à son dessin, à la roseraie qui prenait forme et vigueur, à côté d'eux.

La fleur de Syrie était destinée à la chapelle du Christ. Thibaut lui assura avoir vu les plans de la rosace ; sa représentation exacte, fruit de l'esprit du maître verrier, ses couleurs et sa forme, sa taille immense, le nombre grandissant de ses pétales.

C'est par elle que pénétrerait la *caelesti lumine* qui venait du Christ. La rose de Damas, née dans les jardins du sultan, ennemi de la chrétienté, choisie par une reine chrétienne afin d'être le symbole incarné de la foi. Cette passerelle entre le monde et ce que Dieu autorise, qui permettait cela ? Devait-on y voir le signe intimidant de la Providence, un hasard de plus dans la vie des hommes ? Dieu aimait peut-être ce genre de raccourci. Gatien eut un sourire.

*

Au fil des mois qui passèrent un à un, le comte de Champagne avait envoyé à Mortery son maître d'hôtel, un serviteur de confiance, compagnon d'armes de Gatien. Aussi un page distrait qui bâillait aux explications de Morjiane. Enfin, un religieux gourmand qu'il avait fallu nourrir de pâtés chauds à la viande.

Tous avaient dû faire vaille que vaille leur rapport au prince et Thibaut s'en était contenté.

Sa confiance semblait toujours inébranlable, et c'est ce que Gatien se répétait aux jours tristes du doute. Cela comblait un peu son angoisse. Il pouvait simplement reposer son verre ou placer deux doigts dessus quand Mélie songeait à le resservir. Dormir cinq heures d'une traite, sans fixer le plafond et recompter les poutres.

Dans le regard de Morjiane, il eût pu lire le remède, l'amour pour la seconde fois. Il y avait là la promesse d'un bonheur à partager. Il eût été vain de formuler des mots, de les assembler en phrases. Son silence à lui grandissait comme une contagion. Ce qu'il apercevait de la vie n'était plus de ce monde. Il avançait dans un passé comme le nageur en apnée. De ce respect parfois forcé était née entre eux, durant ces deux fois douze mois, cette complicité nourrie de la terre. Depuis, l'imitant, s'imprégnant de lui, elle se taisait à son tour, au rythme de la nature qu'il ne fallait pas contraindre.

Cela semblait signé dans les yeux de celle qui ne le quittait plus. Morjiane dormait seule, dans l'ancienne chambre d'Alix ; rien n'avait seulement changé ici, ni le coffre aux effets ni l'escabelle qui conviait à la lecture, pas plus que le lit et ses rideaux bleus de coton épais.

Les volets de chêne étaient fermés à la même heure.

Les mots de Morjiane

Quand la pénombre encercle ma chambre, j'ouvre mon livre. Là sont écrits les secrets des jardins. Je note ici sur le papier mes remarques, je change, je donne mon avis, j'améliore encore ces conseils venus du fond des âges, de tant d'hommes et de femmes voués aux plantes comme d'autres à Dieu.

J'ai volé ce livre dans les appartements du sultan, sans remords, la nuit de ma fuite. Il vaut son pesant d'or, il vaut plus encore. J'ai vu mon père et le père de mon père venir le consulter, le front baissé sur le parchemin. Ils n'osaient pas même en tourner les pages, l'effleurant seulement de l'index, avec le même soin qu'ils auraient mis à lire le saint Coran.

J'ai appris grâce au livre à distinguer les roses selon leurs couleurs : jaune, la rose des parages d'Alexandrie, rouge, crème, orangée, mauve, rouge-blanc, la rose de Montagne, jaune-blanc, la rose de Tripoli, la rose blanche camphrée, que les clercs chrétiens nommaient rose musquée. Chacune y fut dessinée avec le plus grand soin par les meilleurs peintres du royaume.

Et puis je m'efforce de les classer également selon leur parfum. La rose rouge, la plus belle, possède l'arôme le plus prononcé. Plus la teinte vire au noir et plus l'essence née de sa distillation permet d'en recueillir un nectar profond, capable de laisser sa trace odorante sur la peau ou l'étoffe des heures entières.

J'ai volé ce livre. L'idée s'est inscrite dans ma conscience, bien avant l'arrivée de Gatien en ce monde clos. J'ai fait payer ceux qui ont fait de moi cette fille trop consentante, cet automate utilisé par les puissants et les riches, sans que jamais je puisse dire non sans craindre ma mort.

Quand j'ai rejoint Gatien, lorsque j'ai franchi la petite porte à ses côtés, en évitant les gardes, j'ai compris que j'emportais les secrets du peuple qui fut le mien.

J'ai risqué la prison et pis encore pour un homme inconnu de moi. À quoi bon lui dire ce qui me rend à nouveau vivante, ce dont, grâce à lui, je me redécouvre capable ? Que la mission confiée par le comte de Champagne est devenue mienne alors qu'elle ne m'appartient pas à moi, mais à lui.

À Mortery, j'ai choisi moi-même l'endroit de la roseraie, en l'amendant sans cesse de sable, du terreau le plus noir et de fumier, en y mêlant parfois de la cendre refroidie. J'ai multiplié encore les plants de rejetons issus du pied que j'ai apporté. Je les ai marcottés aussi, utilisant les branches les plus souples, pliées en coude, ensevelies sous cette terre et puis recoupées à nouveau, détachées du tronc mère, une fois prises. Ainsi naissent de nouveaux rosiers. Celui que j'appelle le rosier du sultan est devenu grand et fort, Gatien ne se rend jamais ici sans le regarder de près. Afin de le garder près de moi dans ma chambre, je l'ai imaginé encore plus fort, plus grand, sur un morceau de vélin. Je demanderai à Gatien d'acheter des couleurs chez l'apothicaire de Provins pour que la rose vive davantage grâce à du papier italien.

J'ai suivi les mouvements de la Lune. Je l'ai observée dans le ciel, les nuits plus claires. Chaque rosier a été planté à lune descendante. Gatien m'a demandé pourquoi. J'ai répondu que mon père et le père de mon père faisaient de même. L'astre blanc ou rouge divulgue à la terre une part infime de ses mystères. Mais il est certain que son influence n'est pas à négliger. Ainsi, la lune, en multipliant ses quartiers, confère à la plante une part de sa force. La lune donne aux marées leur énergie ascendante, aux femmes le désir de l'homme et les joies de la fertilité. C'était ainsi depuis les commencements du monde.

Un matin frais, Gatien m'a surprise à former à genoux une boue épaisse, j'y mêlais de la terre et de l'eau, du lisier, et de mes mains, j'ai pétri cette purée noire salissant mes bras au-dessus de mes coudes. J'avais enturbanné mes cheveux dans un voile ; on n'apercevait plus que mon front nu.

Il m'a dit que je n'avais pas à faire cela. Il pouvait appeler Martin qui traînait bien quelque part, mais pas si loin qu'il n'entende crier son nom. Martin et sa sœur Mélie sont les enfants jumeaux de l'un de ses métayers. J'ai ri et puis j'ai répondu qu'il devait courir les filles et que c'était bien de son âge.

J'ai continué à pétrir ma glaise. À ses côtés, des petits rosiers couchés patientaient. Environ sept ou huit. Je lui ai expliqué qu'ils étaient plus fragiles, moins forts, qu'il s'agissait de les tremper dans mon mélange et de bien en enrober les racines. Ce que j'ai fait avec soin. Puis je me suis relevée, j'ai secoué mes bras. Je lui ai dit qu'ainsi ils allaient se nourrir de sa terre. Ils seront plus solides ensuite et je pourrai les replanter.

Gatien a marché vers le puits, a tiré de l'eau, est revenu vers moi, a fait couler lentement l'eau sur mes bras. J'avoue l'avoir laissé faire, il était si doux. Il a regardé cette boue brune dégouliner à nos pieds. J'ai essuyé mes mains à mon tablier et nous sommes rentrés ensemble dans la maison.

J'ai demandé aux jumeaux Mélie et Martin de m'aider à arroser, deux fois la semaine. Il y a eu des rires et des disputes, la seconde piaillant que le premier lui mouillait sa robe et que ce gredin le faisait exprès.

À l'hiver, j'avais coupé les tiges des rosiers au ras du sol pour qu'ils repoussent drus et sains. Au dernier printemps, les fleurs étaient déjà promesses.

Chapitre IX

De Provins à Mortery
24 juin 1244

Depuis la fin du mois de mai, Gatien attendait. À l'aube, comme au coucher du soleil, deux fois le jour, il s'asseyait sur son tronc d'arbre, le même tronc depuis ses neuf ans. Le tronc épais d'un chêne abattu par les métayers de son père, juste après un coup de foudre et son éclair blanc. Les serviteurs avaient pris l'habitude de ne pas lui parler à ces moments-là. Il regardait devant lui, pensait à sa vie, à sa fille, à Aude, sa femme morte.

Il attendait la floraison. L'apparition des boutons, ronds comme de grosses cerises, gorgés. Parfois il les comptait, de massif en massif, confiant, inquiet. Il osa en saisir un, et comme il ne parvint pas à l'exciser de l'ongle, il y mit un coup de dent, c'était amer et mauvais, il cracha la première peau. L'intérieur était rouge et rose, un peu crème aussi ; les pétales, rangés, s'enroulaient sur leur cœur. Il regretta son geste et n'en parla pas à Morjiane.

Impatient, il réunit sa maisonnée, les servantes, Marthe, la cuisinière et ses aides, les jumeaux, les palefreniers, tout le monde. Il promit un sol d'argent à quiconque débusquerait la première fleur. Monta une clameur de joie. Le maître était peut-être étrange, souvent triste, mais il était bon.

Allaient venir le jour de la rose et la rencontre attendue de Thibaut de Champagne à Provins. Le matin du dimanche, peu après l'heure de prime, Gatien sortant du bain mit sa plus belle tunique et des chausses neuves. La messe serait dite à l'église de Saint-Ayoul, où il avait été baptisé voilà près de trente-trois ans. Elle recelait les reliques de l'ancien évêque de Bourges et pleuvaient sur elle les dons et les faveurs des comtes de Champagne.

Il fallait tracer la route, ne pas perdre de temps, penser à qui l'accompagnerait, et, quand il fut prêt, Gatien quitta sa chambre, descendit vite l'escalier. Une poignée de serviteurs patientait dans la salle haute. La messe donnée à Provins réunirait la noblesse de la région, leur parentèle, les gens de la maison.

À Mortery, les filles et les garçons comme les plus vieux avaient mis leurs habits de fête. Après l'office, les échaudés et les pâtés à la viande distribués sur le parvis, il y aurait festin et bal, l'air était léger et gai.

Gatien fit seller son cheval. Tandis que Martin s'affairait, il releva le visage et ses yeux s'ouvrirent sur une surprise. Le comte de Champagne, suivi de son sénéchal et d'une douzaine de soldats, franchissait à grand fracas le premier enclos du domaine. Les premiers mots du comte souverain furent simples ; il dit : *Je veux les revoir. Maintenant.*

Alors, Gatien tendit le bras et marcha au côté de Thibaut jusqu'à la roseraie. Complice, l'azur du ciel, encore humide, avait pailleté chaque bouton ouvert, chaque fleur presque éclose, d'une étincelle moite, nimbée par une vapeur, et c'était beau. Il se rappela la lumière de Damas. Elle n'aveuglait pas pourtant mais semblait couler du ciel, interminable, dorée et tiède. Là-bas, elle couvrait tout, portait une ombre autour des bassins, des chemins tracés où l'eau filait en rigoles droites. Elle traversait les branches des lauriers-roses, des grenadiers et des cèdres, sculptait les jujubiers et les grands pots de basilic, rendait plus fortes les odeurs des fleurs et des fruits. Ici, elle était plus froide, faite pour la ciselure, étale comme un plan d'eau.

Le comte de Champagne posa sa main sur l'épaule de Gatien qui tressaillit. Son geste était peu commun.

— À notre retour de Provins, après la messe, je veux faire emporter les plus belles. Tu me diras comment cela sera possible.

Je les lui offrirai. Enfin, je le pourrai. J'en veux suffisamment pour la couvrir toute, qu'elle n'oublie jamais l'hommage de Thibaut. Que le Christ, qui jamais ne mentit, m'en soit témoin.

— Oui, monseigneur.

— Après la cérémonie, je ferai garder l'enclos par nos hommes.

— Croyez-vous que…

— Oui. Je le crois, car tous ces arpents valent déjà beaucoup d'or.

— Bien.

— Vois-tu, la rose de Damas se porte aussi bien ici qu'en Syrie. Tu as accompli cela, mon ami, je loue tes efforts.

— Merci.

— Bientôt, il faudra voir plus grand. Connais-tu l'essence de rose ?

— Je…

— C'est une eau du paradis. Un jour prochain, tu apprendras à la créer ; elle coulera ici, en fontaine.

— Ah !

— Oui. Assurément, il faut voir plus grand, je te l'ai dit. Je t'y aiderai, tu as ma parole.

— Je vous en rends grâce.

Thibaut de Champagne avançait dans les allées, frôlait de ses mains nues les feuillages, retirait çà et là une feuille piquetée de noir ou trop rousse. Il embrassa l'entière roseraie et ses yeux allaient et venaient.

— La rose va devenir notre richesse. À Paris, un flacon d'essence de cette fleur rouge vendu chez mon apothicaire vaut une ville. Nous allons rendre fous les marchands du Nord, nos foires seront envahies. Viens ! Il est temps de louer le Seigneur notre Dieu.

Au pas de leurs chevaux, les hommes quittèrent le manoir ; en gloussant, quelques filles montaient à cru derrière les garçons tenant les rênes. Le comte de Champagne, en remerciement et pour sa satisfaction, fit compter une cinquantaine de pièces d'or à Gatien. Elles avaient la couleur jaune du beurre.

*

Morjiane avait dit non, elle souhaitait rester au manoir, seule s'il le fallait. Elle leur souhaitait à tous *la belle journée*. Gatien hésita sur le parti à prendre. Devait-il l'obliger à venir ? Elle aurait par sa présence à Provins suscité quelques regards appuyés, des questions peut-être, mais pris sa part de compliments et de louanges qui lui revenait de droit. Il la regarda, elle était calme, souriante, il n'insista pas.

Il demanda à trois ou quatre gaillards de ne pas s'éloigner de Mortery, ils veilleraient sur elle comme sur le domaine. Elle haussa les épaules, déjà soucieuse de ces garçons que le maître privait de la fête. Tandis que Gatien passait à cheval le dernier enclos, il pensa qu'il aurait pu trouver d'autres mots, meilleurs que ceux employés, comme des gestes pas trop mauvais. Il se retourna une dernière fois. Morjiane agitait la main aussi haut qu'elle le pouvait.

*

Monseigneur de Champagne salua Pierre de Cuisy. L'évêque de Meaux avait consenti à quitter sa demeure douillette pour venir célébrer à Provins la fête du Baptiste, le tant dévoué Jean, l'aîné de six mois du Christ. L'église dédiée à Ayoul, l'ermite, était pleine comme un œuf. Gatien retira son bonnet de laine et se signa, vite, le nez à ses bottes. Il attendrait ici au milieu d'autres hommes une heure et un peu plus à tuer, les chants et l'encens masqueraient ses états d'âme.

Il reconnut les plus grands noms du comté, ce qui restait de sa famille. Il devrait embrasser de vieilles cousines célibataires, s'incliner face à un oncle, revoir Rosemonde de Vernay, la grand-tante d'Aude et d'Isolde. L'âge de cette femme se confondait avec celui de Noé. Les gens en parlaient, en riaient sous cape, elle était riche et s'en moquait. Rosemonde voyait mourir autour d'elle des filles et des garçons plus jeunes. Elle mangeait beaucoup et restait maigre. Elle aimait Gatien, avait été la seule à le soutenir quand Aude était morte, à l'appeler encore « mon doux neveu ». La tante Rosemonde vint le rejoindre et la foule se fendit en deux pour la laisser passer. Elle l'embrassa sur la joue. La tante Rosemonde était presque aussi grande que lui. Il la saisit doucement par le bras, puis lui tint la main. Elle dit : « Avec toi, je m'ennuierai moins. » Gatien sourit. Elle dit aussi :

— J'ai appris pour les roses.

— Ah.

— Oui. C'est bien.

La messe débutait, ils se turent, il entendit sa tante bâiller. Ses opinions sur la vie éternelle valaient à peu près les siennes : comment un dieu aussi lointain dans le Ciel pouvait-il se complaire à jeter un œil sur cette boue humaine ?

Puis, les mots *ite missa est* furent prononcés par l'évêque. Gatien cessa de dansoter d'un pied sur l'autre. Il s'étira jusqu'à entendre ses os craquer. Il n'était pas encore possible de rentrer à Mortery. Il fallait attendre la fin du repas. Gatien ne savait pas où il serait servi, la tante Rosemonde dut sentir sa question. Elle ajouta que l'un des bourgeois prêtait sa maison et sa plus vaste grange, c'était à deux rues de là. La procession se formait déjà et les gens descendaient tranquillement les marches du parvis pour prendre à main gauche.

Il faisait beau. Les garçons inventaient des blagues et les filles riaient. Rosemonde dit aussi :

— Regarde, monseigneur de Champagne te fait signe. Va le rejoindre.

Gatien s'approcha de la suite comtale. L'évêque lui demanda pourquoi on le voyait si peu aux offices et cela fit sourire Thibaut et quelques officiers. Gatien enfonça son bonnet jusqu'aux oreilles. La maison du bourgeois sentait la menthe fraîche et l'origan. L'homme se précipita et mit le genou à terre ; sa femme n'en finissait pas de balbutier *Monseigneur, Monseigneur, quel honneur, quel honneur*. Provins estimait les sous de ces deux-là ;

ils passaient pour les plus fortunés de toute la Champagne. Chaque foire enrichissait celui qui ne comptait plus ses champs, bois, maisons, et lorgnait déjà les terres des nobles ruinés par les guerres.

La femme du bourgeois était grasse et belle, très blanche. Elle lançait des œillades aux hommes. Thibaut, à court d'argent comme à son habitude, tint à leur rendre leur bonjour et à les féliciter pour leur accueil. Il loua la beauté opulente de dame Ermeline et souhaita à maître Didier toutes les prospérités du monde. Gatien le jugea obséquieux.

La table d'honneur était dressée au centre de la pièce et autour prirent place l'évêque et sa suite, les prêtres, les clercs par ordre d'importance. À l'aile gauche, il y avait les bourgeois, à la droite, les patrons des corporations.

Une nuée de domestiques apportèrent des bassins d'eau tiède parfumée aux herbes et à l'écorce de cédrat. Gatien se tenait au côté du sénéchal de Champagne, Eudes. Soudainement, il crut reconnaître deux des garçons qu'il avait laissés à Mortery pour veiller sur Morjiane et le domaine. Les silhouettes, de dos, passèrent, il oublia. Cinq services avaient été prévus par la maîtresse des lieux. Elle surveillait ses servantes avec des yeux qui sentaient le fouet. Vinrent les plats, une nuée odorante, des soupes, des œufs farcis, des épinards frits, des saucisses à la cannelle et aux pommes. Et aussi des poulets au verjus, du porc au gingembre, du civet de lapin aux épices et des agnelets rôtis au miel saupoudrés de poudre forte. Gatien compta aussi des galettes de pois chiches, des tourtes à l'ail et des grenades qui valaient leur poids en or, et des dattes et des figues conduites ici par paniers entiers afin de faire plaisir au comte de Champagne et de lui rappeler ses victoires en Terre sainte.

La desserte fut apportée par deux garçons costauds. Les planches de bois croulaient sous les compotes et les fruits au sirop, des rissoles aux pommes et aux raisins, des gâteaux de figues au lait d'amandes, et des tartes de massepain pour les gourmands.

Les serviteurs passaient sans cesse entre les tables avec des carafes de vins rouges et blancs et de *rosatum*.

Quand Ermeline s'aperçut que Gatien le reniflait d'abord avant de le boire, les yeux clos, elle vint à lui. Elle joua des coudes et des hanches et s'assit à ses côtés. Il sentit sa hanche ronde, large, contre la sienne et ne broncha pas.

Elle lui dit qu'elle le connaissait, qu'elle savait pour son épouse. Elle choisissait ses mots, parlait avec lenteur. Il la trouva plus fine qu'il ne l'aurait cru. Son visage était beau, elle répéta deux fois *rosatum*. Et puis, elle dit ceci, vite, à voix basse, sur le ton d'une confession. Gatien ne l'interrompit pas :

— J'aime les roses, j'aime les respirer, les regarder. J'en suis folle et que ma sainte patronne me pardonne ! L'essence de rose, ah, messire, elle fut inventée pour nous malheureuses pécheresses, qui ne se damnerait pas pour en porter sur sa peau ? Ne se croirait-on au paradis ? Allez, buvez de mon *rosatum*, il est fait d'une cruche de vin blanc mêlé à deux poignées de pétales séchés au soleil. Il suffit de laisser reposer deux petits jours et il ne grise pas, je vous l'assure. Ainsi verrez-vous plus juste en votre cœur.

Gatien plongea son regard dans ses yeux. Ermeline ne se troubla pas, elle continua à parler *mezza voce*. Autour d'eux pourtant, les voix devenaient plus fortes.

— Savez-vous que j'ai des roses dans mes jardins ? Certaines sont belles comme vous êtes beau, monseigneur. D'autres dépérissent sans que j'en sache les raisons, et peu importe. Je serais bien incapable de déchiffrer les secrets de dame Nature car elle peut être retorse comme deux avoués. Les roses sont fleurs de la Vierge, dit-on ; moi j'assure qu'elles sont fleurs de femmes. Celle qui est à vos côtés a de la chance et j'ose vous dire, monseigneur, que vous en avez tout autant.

Gatien allait répondre. Ermeline posa sa main sur la sienne et assura qu'elle devait le quitter désormais sinon, *on jaserait, les gens étaient parfois ce que sont seulement les gens*. Avant de se lever, elle coulissa un dernier regard vers lui. Il salua cette femme, comme il l'eût fait pour la reine Blanche, leva lentement sa coupe face à elle, et la but d'une traite. C'était bon et frais. Gatien pensa qu'au troisième ou quatrième verre, la vie pouvait prendre la couleur d'une rose. Le bonheur n'était peut-être pas si loin.

Il releva le visage, Thibaut s'impatientait déjà. Il savait ce qu'il devait faire, se lever, mais pas avant d'avoir baisé la main de sa tante. Puis, prendre une mine grave, circonspecte. Se pencher sur le col du comte de Champagne, lui murmurer à l'oreille quelques mots, quitte à compter jusqu'à sept. Cela sonnait l'heure du départ, sans que quiconque dans l'assistance se sente blessé ou lésé. Ce qu'il fit et rigoureusement dans cet ordre. L'évêque parut contrarié. Il n'avait pas fini son écuelle de flan au miel et il restait un plat entier de darioles aux amandes.

— Demeurez, monseigneur, assura Thibaut. Le peuple chrétien ne voit pas tous les jours son évêque.

Un sourire illumina le visage charnu de Pierre de Cuisy. Il traça en l'air un vaste signe de croix.

— Monseigneur, je vous demande de penser à moi dans vos prières. Et de ne pas ménager votre peine.

— Ainsi ferai-je, mon fils.

Ermeline et son mari s'étaient approchés. Ils suivirent au dehors de leur maison le comte souverain et sa suite. À l'instant où chacun des barons montait à cheval, ils tombèrent en révérence. La suite comtale jeta aux pauvres les habituelles piécettes. Ils se battirent dans la poussière avant de les ramasser.

Thibaut de Champagne rejoignait Troyes, la capitale de son comté où les bourgeois bronchaient un peu trop. Il était temps de purger leurs humeurs.

Gatien n'eut plus qu'à tourner bride, il rentrait seul à Mortery. Ses gens resteraient à Provins, il ne les priverait pas de la danse qui débutait. Puis, ils iraient cueillir les roses pour leur prince. De loin, l'écho lui renvoya le son des musiciens qui accordaient leurs instruments.

Brutalement, il pensa à Morjiane. Il reçut son visage comme un coup dans la poitrine. Il fixa le soleil ; à cette heure encore chaude, elle devait être à la roseraie, une bêche à la main, aérant la terre entre les plants. Courbée, ses cheveux attachés sous une toile. Pour elle, rien n'existait que ce geste tant de fois recommencé.

Il tapa du talon dans le flanc de Calypso ; la jument frémit, étonnée. Il sentit l'angoisse monter son échine, la même peur, celle d'avant la bataille. Ce serpent niché dans son ventre qui y déployait ses anneaux.

Lorsqu'il dépassa le premier enclos, puis le second, une sueur chaude brouillait sa vue. Il essuya son front à s'écorcher la peau, mit pied à terre. Personne. Il sortit sa dague, serra son poing, courut à la roseraie. Il ne restait rien, les plants avaient été piétinés, arrachés ; la tonnelle était renversée et les pieux de bois déracinés évoquaient le désordre d'une forêt laminée par le vent. Meurtrie, la terre restait béante par endroits avec des creux et des bosses, une éventration. Il croisa les mains sur sa nuque, plia les genoux et, la main sur sa bouche, se retint de vomir. Il essuya ses lèvres d'un revers de manche, essaya de ne plus tituber.

C'est alors qu'il la vit, couchée sur le côté gauche, une main repliée. Il hurla son nom, se précipita, s'agenouilla auprès d'elle. Il lui caressa les cheveux, pensa à lui couvrir le visage d'eau fraîche, se dit qu'il n'avait pas d'eau fraîche, qu'il lui faudrait alors la laisser là, sur cette terre remuée, afin d'avancer vers le puits pour remplir le seau et revenir vers elle. Il cala Morjiane contre son torse, les jambes parallèles, les bras le long de son corps inerte.

Elle ouvrit les yeux, sa main chercha son crâne et le massa. Elle murmura quelque chose en arabe qu'il ne comprit pas, elle était vivante. Il en ferma les yeux de bonheur et puis les rouvrit afin de regarder autour d'eux.

Il serra davantage les dents pour ne pas hurler plus fort encore et, à son tour, ce fut à elle de venir à lui. Elle s'aida de son coude afin de se hisser à son visage, à son cou, au commencement de son dos, tandis que sa main se posait sur sa cuisse. Essuyant ses larmes, elle dit simplement : *Il ne faut pas, je vais regarder tout ça. Crois-moi, je vais voir ce qui reste, ce qui peut être sauvé.*

Elle fit un geste circulaire de la main. Il l'aida à se relever en la prenant contre lui, la vit avancer lentement, parfois se pencher sur une plante, la toucher, rejoindre le début de la roseraie, marcher vers les poiriers posés en espaliers, revenir vers lui.

— Celui qui a fait cela ne connaît rien aux jardins.

Elle répéta : *Crois-moi*. Il s'aperçut qu'elle saignait, un petit filet rouge glissait sur sa nuque. Il l'entraîna vers le puits, mouilla sa paume d'eau, elle sentit sa douceur.

— Nous replanterons, tu verras. Nous allons replanter ce qui a été arraché et pas coupé. Arraché, comprends-tu ?

Il fit oui de la tête, respira plus lentement. Par réflexe, il pensa à Thibaut, à l'obligation de le prévenir. Le comte de Champagne attendait les roses, toutes ces fleurs les plus belles pour la reine Blanche. Il faudrait lui apprendre ce qui venait de se passer chez lui. Quelle crapule suffisamment ignoble avait fait cela ?

Soudain, il se tourna vers Morjiane et sa bouche se tordit.

— Où étaient-ils, ceux qui devaient te protéger ? Où ?

— Je…

— Je leur donnerai le fouet moi-même. Je verrai craquer leur peau.

— Non, je…

— Je les tuerai de mes mains, je le jure devant Dieu.

Ils avaient désobéi, tous les quatre. Gatien n'avait pas rêvé leur présence à Provins. Ils avaient pris part au banquet ; ils dansaient encore à cette heure, avec des filles jolies qui leur souriaient sans doute et avec qui ils feraient l'amour au bord de la nuit. Il serra les poings à se briser les os. Ces gars se foutaient bien de lui, de Mortery, de la roseraie et des roses.

Elle le regardait et elle répondit tranquillement que c'était elle qui leur avait conseillé de quitter le domaine et d'aller à la fête. Elle avait ajouté qu'elle ne craignait rien. Que rien ne pouvait arriver à une pauvre fille comme elle, les murs épais du manoir la protégeraient. Elle resterait là, assise à coudre ou à filer, attendrait le retour du maître et ses gens de la maison.

Elle était sortie une seule fois, était passée par la petite porte de l'office. Elle avait gagné l'entrée de la roseraie. Elle avait cru entendre l'un des chiens aboyer. Et un coup, violent, sur sa tête, l'avait projetée au sol. Elle ne se souvenait de rien d'autre. Elle s'arrêta de parler. Elle continuait à le regarder. Et puis, elle dit : *Pardon*.

Gatien ne sut pas quoi répondre.

Il ne dormit pas la nuit d'après.

Quand il se leva, il sortit, passa sa chemise sur son torse. Il avait bu beaucoup.

Le ciel avait la couleur céladon de celui de Syrie, griffé par endroits de filaments laiteux. Cette brume de chaleur annonçait un été brûlant. Gatien avança lentement vers la roseraie. Dans quelques jours, il dirait à Thibaut son naufrage. Pour une fleur perdue, la honte frappait le blason de sa famille. Le déshonneur, pour la première fois et à cause de lui. Il n'avait pas su, pas pu parer le coup.

Une main ennemie, invisible, osait plonger tant d'efforts dans le néant, sans pitié, sans rémission. Pourquoi ? La question muette et sans réponse martelait sa cervelle depuis la veille. Toutes les heures de nuit afin de tenter d'y répondre et deux flacons d'alcool de prune vidés, en vain. Il subissait la haine.

Qui le haïssait à ce point ? Isolde et sa fille, Alix. Elles étaient à Paris, il était à Mortery. Impossible ! Auraient-elles payé des gens, financé cette attaque, peut-être ? Mais comment auraient-elles su pour les roses ? Qui aurait trahi son secret ? À la cour, au palais, nul ne se souciait de lui. Sans ambition, sans désir de charges et d'honneurs nouveaux, il n'alarmait personne. Il n'appartenait plus à l'armée, n'avait jamais déçu un capitaine. Il l'était lui-même. Il était bon et juste avec les soldats, aimé de ses hommes, respecté.

Il pensa : *Je suis gris comme la poussière que les servantes cachent dans l'angle des chambres. Et pourtant, quelqu'un veut ma mort.*

Gatien aperçut au sol un scarabée, têtu et gras, qui marchait son train entre les herbes juteuses et vertes. Il se pencha, les mains à ses genoux. Ces insectes, ce petit peuple, grouillaient, se chevauchaient, s'ignoraient, s'entredévoraient parfois et sans pitié. Pire que des hommes, du moins pas mieux. Il s'accroupit, saisit un éclat de branchette, agaça de sa pointe le scarabée, lui barra la route. L'insecte noir contourna le petit morceau de bois, une fois, deux fois, trois fois, sans renoncer.

Gatien leva le front. Martin, le visage et les mains barbouillés de terre, était face à lui, découpé dans l'air par le soleil. Il dit : *Venez. Venez voir*. Il se releva, suivit le garçon qui frottait ses mains.

À la roseraie, les domestiques travaillaient depuis le lever du jour. Morjiane indiquait de sa main levée les allées. Les garçons et les filles replantaient. Méthodiquement, ils réparaient, reconstruisaient les pieux, les plants, la tonnelle. D'autres arrosaient, vidaient sur la terre des seaux entiers d'eau fraîche et Morjiane disparaissait entre les sillons déjà secs. Sans rien dire, Gatien saisit une bêche et se mit à travailler, à creuser de nouveaux trous. Sur sa bouche, s'esquissait parfois la forme d'un sourire.

Vers l'heure de sexte, Morjiane vint le rejoindre. Mélie apporta du jus de sureau, du pain, des fraises et du fromage à la crème. Ils mangèrent tous ensemble sous les arbres. Une fille se mit à chanter, bientôt suivie par un garçon.

— Les plants reprendront, n'est-ce pas ?

— Oui. Je t'en fais serment.

— Je veux bien te croire. Mais pas tous ?

— Non. Pas tous. Celui qui a fait ça a ouvert l'enclos des bêtes ; les vaches se sont égarées. Elles ont piétiné beaucoup et leurs traces sont là, un peu partout.

Elle avait adouci sa voix avant de lui répondre et il lui en sut gré. Il regardait la confiance illuminer son visage, ce qui la rendait jolie.

— J'ai conservé des graines. Je n'ai pas tout planté, je te l'ai déjà dit. Celui qui a fait ça, celui qui croyait nous nuire, ne connaît rien aux jardins.

— Et pour les fleurs ?

— Je plongerai leurs tiges dans l'eau et j'ajouterai ce qu'il faut.

— C'est-à-dire ?

— Mon secret.
— Tu es sorcière ?
— Peut-être.
— Dans mon pays, on les noie. Ou on les brûle.
— Chez moi, on leur tranche la tête, je l'ai vu de mes yeux, ce n'est guère mieux.
— Et tu n'as pas peur ?
— Non, tu es là.
Il leva le menton vers les rosiers à nouveau debout. Dans trois ou quatre jours, avec l'aide de Dieu, nul ne pourrait imaginer la tragédie de la veille. Mieux qu'un chasseur ou qu'un pisteur de plaine, la nature savait effacer les traces.

*

Il y avait toujours cette part d'ombre, elle grandissait encore, atteignait sa vie. Gatien pensa : *Je veux la paix, celle des hommes. Je ne l'obtiens pas, je ne l'ai jamais connue. Pourquoi ? Qui s'acharne ainsi contre moi ?* Le visage d'Aude, sa femme morte, grandit en lui. Ici même, sous le même arbre, il la prenait entre ses bras, contre son torse, là, il lui faisait l'amour, doucement.

Elle aurait aimé la roseraie, caressant chaque fleur de sa main, les respirant. Comparant leur forme comme leur parfum, lui parlant des progrès accomplis par les plantes, tellement heureuse de son bonheur.

On l'avait jetée dans un trou, après sa mort, sans messe chantée, sans personne à part lui et le père des jumeaux, qui avait creusé la fosse. Elle était là, pas si loin. Il s'était juré de fleurir sa tombe des premières roses écloses. Dans sa gorge, il sentit que montaient les larmes, il devina contre lui l'épaule de Morjiane, ferme et ronde, tendre aussi. Il avala sa salive en levant les yeux vers le ciel pur.

Les domestiques s'étaient remis au travail. Gatien entendait le bruit des bêches et de la terre remuée, les coups de maillet sur le bois des tuteurs. Les garçons reconstruisaient maintenant la tonnelle et les filles y nouaient d'un brin de chanvre les plus hautes tiges.

Morjiane apprit à Gatien que ce qui avait été marcotté avait donné de nouveaux plants. Sa terre était bonne, riche et généreuse, on pouvait en profiter sans peine et remercier ses ancêtres qui l'avaient bien amendée.

Il la vit balayer vivement une mèche de cheveux qui lui barrait le front. À son tour, il se mit à fredonner l'antienne que lui chantonnait sa mère quand il était petit. *J'aimerais que cet instant dure mille ans jusqu'à ce qu'on prenne la lune avec les dents.* Gatien répéta le second vers. Elle se redressa pour dire :

— Je n'aime pas quand tu es triste.

Il se mit sur ses pieds pour lui tendre la main.

Il lui demanda à nouveau :

— Comment feras-tu pour les fleurs fraîches ?

Elle l'entraîna vers le fond du jardin, en poussa la grille verdie de mousse qui grinça. Là baignaient dans des baquets en bois une trentaine de roses, jusqu'à leurs corolles. Certaines étaient déjà à demi ouvertes. L'eau était verte.

Il murmura :

— C'est cela ton secret.

Elle répondit par un sourire.

— Tu n'es pas une sorcière, non, tu es une fée.

Il n'était pas venu là depuis bien des années et nul ne s'était assis sur ce banc de pierres blanches. Il s'accroupit, tâta du pouce la tendresse d'un pétale, la rudesse d'une épine. Les roses étaient rouge sang, comme à Damas. Il plongea la main dans l'eau, la porta ensuite à son nez.

— Je connais cette odeur.

— Je ne crois pas.

— Tu n'es pas une fée, tu es une sorcière.

Elle se mit à rire et il aima cela.

— Dans moins de deux jours, elles seront ouvertes et monseigneur de Champagne sera content.

— Oui. Grâce à toi. Comment pourra-t-il les rapporter à Paris ?

Elle forma sur ses lèvres charnues un *oh* muet qui signifiait qu'elle avait son idée, et qu'elle la livrerait mais à un autre instant.

Pour l'heure, elle l'invitait à goûter cette minute précise, repue de toutes les saveurs du jardin, des odeurs des roses voisines et de leur couleur changeante. Il le comprit puisqu'il s'arrêta de parler. Le silence les enveloppa tous les deux comme un drap d'amants, ils étaient côte à côte. La nature allait rendre à Gatien ce qu'une main ennemie avait tenté de lui voler. L'eau rafraîchie par l'ombre, dispensée avec mesure, accomplirait son miracle habituel. Il suffisait d'attendre.

Il y eut d'abord ce flottement que la nature réserve parmi ses surprises. Les premières roses écloses paraissaient chiffonnées, hésitantes, leurs pétales trop minces et étroits. Aux regards courroucés de Gatien, Morjiane opposa sa foi inébranlable. Elle lui fit sentir la fleur la moins belle et il recula face à l'odeur envoûtante, aux harmonies bien dosées de vanille et de ses sucres. Un souvenir chaud et blanc de craie glissa, pareil aux murs de Damas.

C'est l'affaire de quelques jours. Les mots de Morjiane ricochèrent sur le parfum. Au sommet de sa tige, la corolle s'empourprait d'un rouge formidable qui enflammait tout.

— Seront-elles toutes comme ça ?

— Non. Elles seront plus grandes et plus charnues.

— De quelle taille ?

Elle ferma son poing, le leva à hauteur de ses yeux.

— Tu en es sûre ?

— Oui. Le soleil va se charger du reste.

— Thibaut sera là le prochain jour de Notre Seigneur.

— Tu seras prêt. Ici, l'eau est partout, ce n'est pas comme chez moi.

Il buta sur ses derniers mots. Morjiane ne parlait pas beaucoup aux autres, les servantes, les paysans. Elle n'avait pas l'air d'en souffrir trop. Il se dit qu'il se trompait peut-être sur son compte et que sa terre lui manquait. Il lui sourit encore, baissa le nez, avança vers la roseraie, s'empara d'un seau en bois et le remplit. Elle le laissa arroser. Sa chemise se mouilla vite ; elle dessinait les formes de son corps. Elle le rejoignit ; la fille s'était remise à chanter.

Les mots de Morjiane

Je n'ai pas tout dit à Gatien et j'en ignore les raisons, peut-être sont-elles d'ailleurs de peu d'importance. Le jardin a beaucoup souffert et j'ai peur que ce qui a été arraché ne reprenne jamais. Dans un premier temps, avec l'aide de Dieu, je vais m'efforcer de couper les rosiers une fois replantés afin de favoriser leur repousse. Je ferai travailler la terre autour des pieds pour l'aérer. Voilà qui vaut deux arrosages et ainsi nous gagnerons du temps.

J'ai demandé à Mélie et à Martin, et aux autres serviteurs, de ne pas blesser les rosiers, ce qui favoriserait l'apparition de surgeons stériles qui ne donnent aucune fleur mais épuisent la sève de la plante. J'en ai montré un : j'ai désigné du doigt ses feuilles petites, ternes, d'un vert bien laid, composé parfois de sept à neuf folioles ; un coup de serpette net et il tombe mort. J'ai dit aussi qu'il fallait se méfier des rosiers à hautes tiges car la sève alors trop abondante les fait croître en bois et non en fleurs. J'ai indiqué la technique de mon père et du père de mon père. Il suffit de donner aux hautes tiges la figure d'un arc de cercle et ainsi se répartit mieux la sève qui est comparable chez les plantes au sang des hommes. J'ai envoyé Martin couper des branches de noisetiers, souples et robustes, et y lier au chanvre les rosiers hauts de manière horizontale. Ce qui fut fait. Il faut aussi beaucoup arroser les plants repiqués et j'ai compté une dizaine de mesures d'eau par sujet. Il y a eu quelques soupirs et railleries car tous et toutes vont devoir charrier l'eau du puits. Je reconnais que cette besogne est lourde aux épaules mais elle est nécessaire. J'ai dit aussi qu'il fallait verser l'eau doucement, avec beaucoup de soin car si les gouttelettes tombaient sur les feuilles, le soleil en s'y projetant causerait bien des dommages. J'ai tenté d'expliquer ce qu'était une loupe et ses bons et mauvais effets. On me croyait à peine quand une grosse femme a assuré avoir déjà vu des lunettes, ce qui a provoqué des rires et des moqueries. J'ai parlé aussi de renforcer le paillage, de bien poser autour des tiges en terre du lin concassé, du fumier mou qui apporte davantage d'humus mais de ne jamais trop tasser et de laisser un petit cercle nu autour du pied afin qu'il ne souffre ni de pourrissement ni d'échauffement.

Mais j'ai gardé pour moi le secret de la potion destinée à conserver plus longtemps les roses coupées. Elle est simple et ne demande pas les trésors des rois. Il faut de l'eau fraîche et en quantité raisonnable, changée deux fois la journée, deux mesures de vinaigre d'alcool, ici nous nous contenterons de cidre et d'une tombée de miel. Ensuite, on coupe chaque tige en biseau bien propre et on plonge les roses dans un vase en terre. C'est moi qui en ai dessiné les formes, demandant au potier de suivre mon croquis. Quand viendra le prince, nous cueillerons, Mélie et moi, les roses tôt au matin, quand les fleurs sont bien fraîches et gorgées d'eau, et nous les placerons vite dans mon mélange.

Martin qui s'était blessé au doigt ne parvenait pas à retirer l'épine. Je l'ai soigné et, pour faire passer le mal, je lui ai raconté l'histoire inventée par les anciens Grecs. Le dieu de l'Amour respirait une rose et une abeille le piqua à l'épaule. Furieux, il se mit à tirer ses flèches dans un tel désordre qu'en retombant sur le rosier, elles créèrent ses épines. Le garçon m'a écoutée sans m'interrompre et il s'est mis à rougir si fort que je le crois bel et bien pris du mal d'amour. Je ne sais pas de remède contre lui.

Chapitre X

Vers le palais de la Cité
8 juillet 1242

Thibaut de Champagne avait passé les derniers jours à écrire dans son palais de Provins. Sous sa plume bien taillée, penché sur son pupitre en bois poli, il faisait naître de nouveaux vers. Sa besogne terminée, il plaçait les feuillets de parchemin dans un étui en cuir qui sentait vaguement la frangipane. Un page était habilité à le veiller comme un trésor. Chacun de ses vers chantait la rose et la femme, et sur ce thème ancien, déjà prisé par les poètes grecs, Thibaut s'évertuait à créer de nouvelles passerelles, unissant, sans toujours y parvenir, le pétale aux contours d'une bouche, la tige à la silhouette, sa souplesse à un port de tête, associant sa rareté à la noblesse d'un caractère. Cette besogne dévorait ses nerfs et son temps et le ramenait aux premières années de sa jeunesse. À l'heure de se mettre au lit, un soir mélancolique de juillet, le comte de Champagne décida qu'il était temps de gagner Mortery et de juger sur place l'étendue de ses succès.

Quand il parvint au manoir, entouré de sa suite, à peine lança-t-il un regard vers Morjiane et sa révérence. Il allait marcher vers la roseraie, mais un geste de Gatien l'arrêta. Les deux hommes s'éloignèrent, disparurent sous un auvent de branchages de sureau. C'était là. Les roses !

Au matin du jour, Morjiane et Mélie avaient coupé leurs tiges, laissant à chacune la taille d'un avant-bras. Les boutons n'étaient pas tous éclos. Ils achèveraient leur floraison durant les deux ou trois jours du voyage. À cet instant, elles trempaient dans deux baquets d'eau légèrement verdie, une trentaine.

— Est-ce tout ?

Gatien sentit le reproche suinter comme un grain de rosée.

— Oui.

Il ajouta :

— Il y en aura beaucoup d'autres.

— Bien. Je crois qu'elle aimera.

Sur un signe de Thibaut de Champagne, deux pages se précipitèrent. Ensemble, en levant leur menton, Gatien et Thibaut les virent se diriger vers le chariot bâché qui contenait les coffres clos sur les effets du prince et les porterait au palais. Le baron de Mortery aida Morjiane à y monter, ainsi surveillerait-elle les roses. On partait.

Gatien n'avait pas voulu la laisser au manoir. Il était décidé à ce qu'elle accompagne la suite comtale à Paris et qu'elle s'habille en femme. Thibaut de Champagne ne se souciait pas de ces détails. La veille, Gatien lui avait dit : *Tu vas connaître la grand'ville.* Elle avait répondu d'un soupir, sans qu'il sache tout de suite s'il était joie ou déjà regret. Il la regardait de profil, ses mots ricochaient sur son visage. Il lui décrivit les rues nombreuses, dit la couleur de la Seine, celle des murs en pierres, l'odeur des échaudés vendus par des enfants, suspendus à leur panier d'osier. Il raconta les étudiants et leurs chansons, le monde, la foule, les abords de la cathédrale. Il fallait se reculer pour la voir toute et apercevoir son vitrail, le triomphe de la Vierge et des couleurs vives, rouge, or, bleu, vert. La bouche sèche, il s'étonna de parler autant, avec cette fougue ; Morjiane ne l'avait pas interrompu.

Le sénéchal de Champagne leva le bras. Les chevaux tremblaient, libres de tracer la route. Morjiane serra contre elle les baquets de bois. Gatien assurait déjà son pied dans l'étrier de Calypso. Il jeta un sourire étroit à la jeune femme. Le manoir de Mortery se diaprait d'ombres aiguës dans la lumière du matin.

Ainsi paraissait-il invincible avec sa tour carrée, son toit de tuiles et ses pierres larges couleur de craie, piquetées çà et là de briques, à la manière des dominos.

La petite colonne de voitures poussées par des chevaux de trait passa les portes recouvertes de fer.

Au hasard des champs, les paysans, agenouillés, saluaient le comte, le bonnet entre leurs mains. Deux gardes se relayaient afin de porter à bout de bras la bannière bleue aux bandes d'argent.

Mises à tremper, les roses dodelinaient de la tête quand les roues croisaient une ornière ou un caillou. Parfois, un peu d'eau fraîche tachait la robe de Morjiane. À cheval, Gatien suivait Thibaut, parfois le précédait, vigilant toujours.

Le sénéchal avait prévu les étapes, demeures amies, monastères accueillants où la table était réputée pas trop mauvaise et le cellier, abondant. Morjiane y avait sa chambre qu'elle partageait parfois avec une autre fille de la suite.

Elle restait calme et attentive. Elle regardait les paysages changer, ne parlait à personne.

Le soir, le comte de Champagne venait voir les roses. Morjiane alors poussait les rideaux du chariot, lui en tendait une. Il la prenait. Avec douceur, il la faisait tourner entre ses doigts bagués, la respirait, les yeux mi-clos. Il s'en allait ensuite, pour manger ou dormir.

Gatien pensait à sa fille, à Isolde. Cette douleur si longue et qui ne passait pas.

La veille d'arriver à Paris, il s'était éveillé, glacé de sueur. Il se précipita au-dehors. La nuit balayée du blanc des étoiles semblait l'attendre, il avança vite vers le chariot bâché.

Les serviteurs du prince dormaient, chacun appuyé sur sa roue, les bras croisés. De son pied botté, il tapa dans ses flancs de bois et les deux hommes, éveillés, grognèrent.

Reconnaissant Gatien, frottant leurs yeux boursouflés par le sommeil, ils se mirent debout, gauches. L'un d'eux balbutia : *Tout va bien*. Ils pensèrent que l'homme qui leur faisait face allait les frapper.

Mais il était déjà dans le chariot, à compter les roses. Il n'en manquait aucune. Il recompta une seconde fois de l'index puis mémorisa le chiffre.

En reposant ses deux pieds sur l'herbe humide, Gatien écrasa un juron et les deux gars baissèrent le nez.

Dans le couloir de la commanderie de Saint-Jean, choisie à l'étape afin de reposer les hommes et les bêtes, il s'arrêta à la porte de Morjiane. Il tendit l'oreille, s'empêchant presque de respirer. Rien qui fût suffisamment troublant ne retint son attention. Il posa la main sur la poignée de la porte. Un demi-tour, elle s'ouvrirait, sans presque grincer, nul ne le verrait. Et puis ? Il n'osa pas répondre à sa question. Il refit les pas en sens inverse, rentra dans sa chambre, retira sa chemise et ses bottes. But à la cruche, vida ce qui restait d'eau sur ses aisselles et ses épaules. Il s'essuya d'un bout du drap et s'allongea sur le matelas de fanes.

Gatien eut envie d'elle ; Morjiane. S'unir à elle. Il se souvint de la première fois qu'il avait goûté au jus de grenade. C'était frais, désaltérant et bon. Elle lui avait présenté à Damas une coupe pleine, rouge comme du sang. En disant : *Romane !* Il pensa à sa main, au henné qui entrelaçait ses doigts, à une rose tiédie par sa paume et qu'elle lui avait tendue en offrande, à leur troisième rencontre. Il aurait aimé la lui rendre, émiettée sur ses seins. Qu'elle soit recouverte de pétales, ce manteau odorant. Qu'il y en ait dans ses cheveux, sur ses cuisses et son sexe rasé comme celui des femmes de son pays, sur son cou, même sur ses lèvres. Elle rirait peut-être. Ou elle dirait : *Sacrilège. Honte !* ou rien.

Il jouait avec son oreiller, à le pétrir de ses poings fermés. Avait-elle envie de lui, l'aimait-elle comme Aude l'avait aimé, à en mourir, jeune et fragile ? Morjiane baissait rarement le regard devant lui, elle n'était pas pareille aux autres.

Il se leva subitement, alla à l'unique fenêtre de sa cellule, s'accrocha aux barreaux de métal forgé et ses pieds quittèrent le plancher. Il contracta ses muscles, souffla fort de la bouche, pivota contre le mur, y enfonça ses reins jusqu'à la douleur. Au-dehors, la nuit cédait face au jour.

Ce que cette femme lui apportait, chacun de ces jours passés ensemble, allait de l'étrange vers l'inconnu. Il avait tenu à savoir ce qu'elle mettait dans l'eau projetée par elle sur les fleurs et les bourgeons à peine formés, sur les feuilles aussi. Ils revenaient alors tous les deux d'un champ fauché. Sur le bord du chemin, elle s'était baissée afin de cueillir une herbe verte, maigre, découpée en arête de poisson, qu'il n'aurait jamais remarquée seul.

Morjiane avait souri. Puis, elle avait dit : *Prêle*. Elle avait ajouté qu'elle était aussi bonne pour les os et les douleurs causées par l'âge aux coudes comme aux genoux. Il ne fallait pas la donner aux chevaux car ils en mourraient. Sur les rosiers, la prêle faisait disparaître les taches noires comme les taches de rouille. Il fallait doser, ne pas en abuser, un peu comme de tout. En cas contraire, l'herbe brûlait les jeunes pousses et flétrissait les fleurs.

Au réfectoire de la commanderie, devant son bol de soupe aux légumes, il entendit Thibaut prévenir qu'il se rendrait au palais. Il désigna Gatien de sa cuillère ; le comte de Champagne voulait voir Blanche en sa compagnie. Il savait pourquoi. Gatien inclina le visage, l'habitude d'obéir permettait parfois la tranquillité de l'esprit.

*

À Paris, au palais de la Cité, la résidence des rois, la salle était haute et quasi vide. La suite comtale venait d'emprunter l'escalier de pierre et de marbre, sonore et vaste. Chaque pas de ces hommes en armes faisait vibrer l'air. Il s'agissait de rejoindre les salles hautes et d'ignorer les salles basses où les domestiques et les pages grouillaient, se croisaient, se hélaient, pressés toujours. Une odeur de cuisine montait en bordure de Seine ; le fleuve permettait l'abondance des marchandises en pains, fruits, viandes et vins fins.

La servitude était le contraire d'*excelsior*. En bas, les serviteurs prenaient leur repas, travaillaient, recevaient les ordres comme les réprimandes possibles. Le pouvoir régnait au sommet : y accéder supposait de monter, de gravir un nombre certain de marches, le front haut. Des galeries, ponctuées de gardes, assuraient le passage vers les appartements du roi Louis et vers la chapelle où il priait tant et tant.

Non loin de ceux de son fils, la reine Blanche avait le sien. La salle haute, au plafond bleu ponctué des lys dorés, soutenue par sept piliers, était dévolue aux hôtes de marque. Le comte de Champagne et sa suite y patientaient.

Huit hommes et une femme, Morjiane. Thibaut avait dit : *Qu'elle se tienne avec moi.* Il s'était montré généreux, elle portait une robe nouvelle et ses cheveux étaient retenus par un cercle d'argent qui fixait son voile. Elle avait tôt au matin reçu ces présents de la main du sénéchal, ce paquet ficelé posé sur ses paumes ouvertes. Étonnée, elle avait salué et remercié, sans effusion, avec un sourire. Gatien lui avait expliqué ensuite ce qu'elle devrait faire devant Blanche. Ne parler que si elle la priait de le faire, ne pas oublier la révérence, le maintien. Se tenir les yeux baissés et avoir l'allure modeste. À mesure qu'il employait ces mots, il les pensa inutiles. Morjiane savait tout des palais. Le pouvoir ne changeait ni de forme ni d'allure, ici ou ailleurs, il était le même. Gatien lui sut gré de ne pas manifester d'impatience ou de lassitude à l'entendre.

Sur les genoux de la jeune femme, entourées par ses bras, il y avait les roses en bouquet, rouge et vert sombre. Chacune des fleurs était éclose et pleine, belle et forte. Dessinées comme sur le vélin des peintres, liées par une résille d'or. Leur parfum, si puissamment forgé, semblait une présence, ici.

Enfin, un moine apparut, silencieux, il glissait sur les dalles, il fit un signe. Thibaut de Champagne se leva et tous l'imitèrent. La reine Blanche l'attendait. À l'instant de franchir le seuil, il permit à Morjiane de le devancer, elle avança donc. Face à Blanche, elle ploya le genou et lui tendit le bouquet.

Et Thibaut dit :

— Mes roses pour la rose de France. Oh, dame de toute beauté, j'ai cueilli pour vous à la vesprée, de quoi se poser sur vous ce parfum qui est si doux. Puisse la rose, à peine éclose, s'étendre à vos pieds, dame…

Il se troubla, s'arrêta de parler.

Blanche vint à lui, saisit les roses et les porta à ses yeux, à son nez, à sa bouche. On eût dit qu'ils étaient seuls dans la chambre.

Gatien regardait Morjiane, puis il vit Thibaut se laisser guider vers l'oratoire de la reine. Blanche offrait les fleurs à Marie, reine du Ciel.

Ils restèrent là, invisibles aux yeux de la suite. Parfois, il y eut des rires, des chuchotements. Ils parvenaient, subtils, comme un souffle chaud. Une entière demi-heure passa, puis ils revinrent. Blanche demanda à Morjiane :

— Ainsi, c'est vous qui savez les plantes et leur culture ?

— Oui, dame.

— Mon fils aime les roses.

— Mon ancien maître les aimait autant.

La reine Blanche de France regardait celle qui s'était relevée et gardait le silence. Elle jaugeait les cheveux très bruns, les yeux noirs, la peau blanche, les poignets fins. Les mains épaissies par les travaux de la terre et les doigts rouges aux phalanges. À mesure, le visage de la reine mère s'était figé.

— Vous n'êtes pas chrétienne !

Le silence se fit, dura quelques secondes. Gatien frôla la poignée de sa dague. Sans qu'il en sache la raison, ce fut Thibaut de Champagne qui parla. Il assura que Morjiane le serait bientôt car elle suivait l'enseignement de la sainte Église et recevrait le baptême.

C'était faux.

Morjiane ne dit rien. Thibaut ajouta que cette fille l'avait aidé, à Damas, face au sultan. Elle les avait aidés, lui et les soldats du Christ, à comprendre chacun des mots de la langue arabe. Blanche fit un machinal signe de croix, puis elle passa à autre chose.

Elle regardait la plus belle des roses. Une servante avait placé le bouquet dans un vase, objet sans prix, cadeau du roi de

Saragosse. Pourtant, nul ici n'admirait la ciselure, les émaux aux fleurs de lys, les fins entrelacs du métal, les perles blanches et les améthystes couleur de prune mûre enchâssées dans l'or. Ici, tous suspendaient leurs yeux aux seules roses.

La plus incomparable semblait consciente de l'être. Morjiane l'avait fichée vers la gauche du bouquet. Elle n'attirait pas seulement l'œil, mais le corps entier, comme une femme, comme l'amour. Sa corolle, large, abondante et drue, cachait son cœur. On n'apercevait que le réseau dense des pétales, leur alignement, leur dessin et le velours de leur peau, plus épais que la soie, aussi léger pourtant.

Blanche murmura :

— Seul Dieu peut faire ce miracle.

Nul n'osa ajouter un mot.

La reine Blanche approcha sa main. Du doigt, elle fit le tour de la rose, alla de sa base à son centre, tenta de l'ouvrir, du pouce et de l'index. Elle eut peur de l'altérer, comme un visage.

Vint le roi Louis. Il salua sa mère qui l'embrassa au front. Puis Thibaut de Champagne, sa suite. Il n'eut pas un regard pour Morjiane. Il dit : *Ma mère…* Blanche ne lui laissa pas le temps d'achever.

— Mon fils, regardez !

À son tour, Louis pencha son corps si mince sur le bouquet de roses rouges. Il ferma les yeux et parut rajeunir comme un enfant qui dort. À son tour, il devina ce que la fleur imprimait dans son cœur. Un ordre lancé de ne pas mourir, de ne jamais se flétrir, éternelle. Alors, il parla, il parlait si doucement que tous durent tendre l'oreille afin de le comprendre.

— Elle est mon choix. Elle ferait merveille dans la maison que je désire pour Dieu. Je loue vos efforts et vous en remercie, messire de Champagne. La rose, siège des grâces, pour vitrail en Sa chapelle sainte, en deviendra le cœur si le veut Notre Seigneur.

— Mon fils, il faut qu'un de nos peintres la dessine, vite, avant qu'elle ne fane.

La reine demanda aussi :

— Doit-on attendre qu'elle s'ouvre encore ?

Thibaut indiqua Morjiane de son menton. La jeune femme hésita une ou deux secondes et répondit :

— Dame, j'ai besoin d'un bol et d'eau pure tiédie.

Des regards en croisèrent d'autres, mais l'ordre fut donné de contenter cette fille. Un des moines quitta la chambre et lorsqu'il reparut, il tenait un plateau. Avec précaution, les yeux baissés, il le tendit vers Morjiane. Elle prit la rose entre le majeur et l'index, et en rompit la tige. Blanche et le comte de Champagne, le roi, les hommes de la suite comtale, tous firent *oh !* en même temps. Morjiane plaça la rose dans le bol et la baigna dans son entier.

De ses doigts, elle la pétrit, toujours dans le même sens. Progressivement, comme si elle buvait de cette eau, la rose consentit à doubler de volume. Son cœur était désormais visible. Elle flottait dans le bol à présent et le recouvrait de ses pétales ouverts.

— Pour le bouquet, Dame, j'ose conseiller le jus de cédrat et un peu de miel. Ainsi, les fleurs se conserveront en santé bonne et jamais elles ne prendront le mal de la rouille.

— Que peut-on faire de plus ? demanda Louis.

— Couper les tiges en biseau et ne pas employer de l'eau trop froide mais la changer chaque jour. Ne pas oublier de garder le vase en propreté. Après, c'est l'affaire de Dieu.

— Oui, répéta le roi, c'est l'affaire de Dieu.

Le roi décida que la rose serait fixée sur le vélin par le meilleur de ses dessinateurs. Recopiée ensuite, donnée aux maîtres verriers, à ceux qui choisiraient les pièces de verre, assembleraient les couleurs, chaufferaient les barres de plomb.

Satisfait, le Ciel bénirait la France.

Chapitre XI

Palais de la Cité
Le même jour

Afin de célébrer la venue du comte de Champagne, Blanche avait décidé d'une fête. La cour, dans son plus intime, y assisterait pour le plaisir du roi et de Thibaut. Le temps permettait qu'elle fût donnée aux jardins. Ils jouxtaient la Seine. Précédés par le roi Louis, Blanche et Thibaut, la reine Marguerite et ses femmes, des moines et des seigneurs, suivaient Gatien et Morjiane. Les œillets blancs et mauves, les digitales, les lys, le chèvrefeuille s'obstinaient à se combattre, odeur contre odeur.

Dans l'herbularium, il y avait la sauge, bonne pour tant de choses, les menstrues des femmes, la lourdeur de l'estomac et la fluidité du sang, le millepertuis, l'achillée millefeuille, la consoude, la guimauve pour le mal de dents, l'angélique contre la peste, et l'armoise qui soulageait les pieds endoloris des voyageurs. Et puis la rue, le fenouil, afin de donner du meilleur lait aux femmes, et l'aneth qui éloigne les sorcières. Les parfums mêlés de ce qui fleurissait ou attendait d'autres saisons donnaient le sourire aux deux reines.

Des nappes blanches recouvraient les tables de bois. Il y avait de quoi tout juste nourrir l'assemblée. On eût dit la table d'un bourgeois : pas de prodigalité, pas d'excès de mets, ni de profusion. Des terrines de chapon avec une sauce à la sauge. Un plat de laitues au vinaigre et des tourtes au fromage et à l'ail.

Louis se lava les mains avec de l'eau bouillie à la marjolaine et à l'écorce d'orange. Tous l'imitèrent et les bassins d'argent circulèrent, portés par les pages.

Pour faire plaisir à sa femme, Louis avait aussi demandé à son cuisinier du flan aux amandes et des chaussons aux pommes car la jeune reine les aimait.

Un moine récita le bénédicité. Puis, il fit un vaste signe de croix en direction des tables. Les hommes s'en rapprochèrent avec un soupir d'aise. Gatien partagea de l'hypocras au même verre que Thibaut, ce qui était un grand honneur.

Il regardait aux alentours les visages inconnus de ceux et celles qui maintenant mangeaient et buvaient, cherchaient à ne pas s'éloigner des yeux du roi et des reines. Un essaim.

Certains hommes dévisageaient Morjiane, évaluaient ce qu'ils percevaient d'elle. Sous sa robe bleue de lin se dessinaient ses formes. Ses cheveux disparaissaient sous un voile teint de la même couleur. Elle était belle. Il n'y eut que la reine Marguerite pour l'approcher, la prendre par la main et la mener vers une corbeille de fruits frais. Elle lui offrit une pomme et sourit quand elle y mordit.

Des musiciens jouaient et des femmes esquissèrent un pas de danse. Elles relevaient leur jupe, laissant deviner la cheville. On ne voyait de leur main masquée par leur manche étroite que leurs dernières phalanges et leurs ongles polis. Morjiane pensa que ces mains n'avaient jamais travaillé.

Gatien regardait danser les plus jeunes seigneurs. Ils y mettaient un aplomb qu'il n'avait jamais connu à leur âge. Ils serraient de près les filles nobles et les moines baissaient le nez. Louis n'allait pas tarder à se retirer avec sa femme et sa mère.

Quand Thibaut le vit mêler d'eau sa sauce au vin, il lui en fit doucement le reproche. *Non, messire*, répondit le roi, *elle est meilleure ainsi.*

À l'instant où les musiciens occupés à boire faisaient silence, le corps de celui qui venait d'entrer dans le jardin tacha de son ombre le sol. Gatien n'eut plus qu'à remonter la silhouette de ses pieds à son visage. L'homme qui se tenait face à lui maintenant n'avait pas trente ans. Il était blond et grand, de cette beauté brute qui séduit les femmes. Prêt, toujours, à jouer du couteau, à sortir sa lame, juste pour l'audace et le plaisir acide de le faire par envie, par défi.

Il ne lui plut pas.

L'homme avança lentement, souple. Un serviteur s'empressa de remplir un verre et de le lui tendre. Il en fit trois gorgées puis reposa le verre de sa paume. Piqua un bout de terrine de la pointe de son couteau et l'avala. Il regardait Gatien, un sourire sur sa bouche épaisse, moite du vin bu. Il souriait en habitué, sûr de lui et de ses pouvoirs.

Il vint s'incliner, à peine un léger salut, devant la reine de France. Elle dit : *Je vous donne le bon jour, messire Ludger.*

Il venait donc du Nord.

Il répondit :

— J'ai de nouveaux présents, des objets rares, de belles et nobles choses qui vous plairont, dame. J'en ai un coffre plein. Je vous les montrerai, dame, à vous, à vos femmes, si la reine consent.

Il parlait vite, sa voix était grave, chaude. Il parlait sans geste, debout et fort. Marguerite l'écoutait, la bouche mi-close ; elle redevenait une petite fille, prête à jouer en cachette.

Elle dit quelques mots que Gatien ne comprit pas.

Gatien sut d'instinct qu'il avait face à lui son exact contraire. De cet homme pouvait naître le pire, la fatalité de la haine.

Il pensa à Alix et Isolde. Malgré ses efforts pour ne pas le faire, il pensa à elles deux, les absentes de ce jour de fête. Pourquoi ? Il but du vin, se répéta la question. Il n'avait pas cessé de penser à sa fille et sa belle-sœur durant ce voyage à Paris. À la violence engendrée, aux coups, à la blessure remâchée de tous ses sucs. À la vengeance possible, à la plainte adressée à la reine Blanche.

L'homme vint à Gatien. Il s'inclina à peine, lui dit :

— J'ai nom Ludger de Keers. Je viens de loin, du Nord.

La musique avait repris, Thibaut ne voyait plus que Blanche.

Ludger dit aussi :
— Je suis marchand et j'offre aux femmes de quoi être belles. Les velours de Gênes, la dentelle de Bruges, l'or et la nacre, le vermeil, les aumônières, les bijoux, les parfums et les onguents. J'ai tout, je peux tout, je les rends heureuses. Leurs maris me détestent.
Peut-être attendait-il l'habituelle complicité qui lie les hommes. Gatien ne répondit rien. Ludger dépliait en parlant ses mains, écartait ses doigts, le pouce très ouvert, avec une souplesse d'escamoteur. Il parlait. Ses yeux, très bleus, absorbaient tout, les hommes et les femmes, Gatien et Morjiane. Ils semblaient aller, venir, des mandibules d'insectes en guise de cils noirs, très fournis. Tout retenir, tout garder. Puis se servir de cette connaissance en bocal.
Il était parvenu à isoler Gatien du reste du monde. Il ne parlait plus qu'à lui, semblait n'être là que pour lui.
— Les roses, c'est vous. Le palais en est plein. Je croirais les respirer dans chacune des chambres du roi. C'est le parfum qui leur fait perdre la raison, aux femmes. Le mieux, c'est l'extrait de rose. Vous me comprenez ?
— Non.
— Oh si, baron, je sais que tu me comprends. Le jus de la fleur, son extrait, son absolu, son essence, un simple demi-verre vaut déjà un royaume, tant il faut de roses et de roses et de roses pour le créer. Vois-tu, c'est de l'or, de l'or pur et avec cela, tu peux tout. Tu es plus grand qu'un roi. Tu fixes ton prix sur tes tablettes de cire, sur ton parchemin, sur la paume de ta main si tu veux, tu l'indiques à voix sonore et ferme et le bourgeois s'incline. Que peut-il faire de plus, l'animal, que de te compter ses pièces, d'en ajouter au besoin ? Tu verras sa trogne rouge te sourire, babines ouvertes. Il est sûr de faire un grand bénéfice s'il le souhaite, car la revente est assurée. Le flacon passera de l'un à l'autre, de commerçant à revendeur et atteindra des montagnes d'or.

Tout, dans les mots dits, confirmait le marchand et l'orgueil de l'être. Le mépris à peine voilé pour le chevalier pauvre, seulement riche de l'honneur et du sang à verser. Gatien le sentit. Dans chacune des villes traversées au hasard de la guerre, une nouvelle race d'hommes y grandissait, crainte jusqu'à la peur. Ceux qui ne possédaient rien connaissaient la servitude. Le commerce déferlait sur tout. Les livres de comptes, des lignes et des lignes, ces rangs de fourmis, beuglaient le gain, jusqu'à l'obsession.

Posséder, plonger les mains dans les coffres, compter, recompter les pièces d'or et s'en repaître devenait la nouvelle loi du monde. Aimer le luxe à la folie, ne plus être capable de s'en passer et coucher sur les fourrures de martre et de zibeline, de louve de Sibérie, les doigts des mains enchâssés de bagues et d'anneaux d'argent fin.

Et vendre, surtout, en permanence, de quoi parer le cou, les poignets, les oreilles et le front des filles. Trouver les plus beaux émaux, les ciboires, les hanaps, les plats, les nefs aux épices, les talonner en Flandres, en Allemagne, en France, en Angleterre, pour les revendre à Paris. Redoubler le bénéfice, se gorger sans cesse, toujours plus et plus !

Les marchands prêtaient aux princes, prêtaient aux rois, prêtaient à l'Église du Christ. Les cathédrales se hissaient jusqu'aux nuages grâce à leur or. Avec eux, des bateaux chargés ras la gueule revenaient de plus en plus loin, là où les hommes étaient noirs ou jaunes. Des caravanes apportaient des épices, des tapis soyeux, des vins exquis et qu'on n'avait encore jamais goûtés ici. Ludger continuait de parler, se vantait. Il savait faire, il osait.

Avide de biens, de nouveaux trésors, le monde ne bougeait plus depuis les Romains. Il suffisait d'être du bon côté, de tendre ses filets pour récolter cette manne. Elle tombait en pluie épaisse, on s'en mettait plein les poches.

Gatien se sentait exclu, perpétuel errant. Loin des bruits de la ville, de ses places, de ses marchés, de ses changeurs, dont l'influence grandissait chaque année. L'or. Cette lèpre, sa couleur jaune et sale de faux soleil, rendait fous les hommes.

Ludger se retourna, saisit un verre plein sur la table et le but d'une traite, comme s'il éteignait sa soif de brûlé. Il dit, vite :

— Enfin, quand l'essence de rose parfumera les cheveux ou les fesses de telle ou telle, tu seras devenu si riche que même ta fille t'aimera en retour.

Gatien grinça des dents.

L'autre se taisait maintenant. Sa bouche était prise d'une trémulation, comme s'il suçait un berlingot. Il jouissait de tous les pores de sa peau et sa jeunesse semblait indestructible.

Il savait le nom d'Alix. Comment le savait-il et depuis quand ? L'avait-il rencontrée ? Où ? Avec quelle complicité ? Gatien se sentit au bord de la haine. Il évalua Ludger en ennemi, torse contre torse, prêt à lui enfoncer ses doigts dans sa gorge. Ce genre d'homme était à vomir. L'or, dont il faisait religion, sentait plus fort que le cul du diable.

— Tu ne réponds rien, Gatien de Mortery. Tu vois, je connais ton nom et ce qu'il reste du clan. Veux-tu me rejoindre, je te le demande ? Ce que tu fais est bien, mais tellement modeste. Moi, Ludger de Keers, je te propose de faire dix fois, cent fois plus, et mille, peut-être !

Gatien sentit la fièvre venir, la mauvaise, celle qui envoie les rêves noirs. Un écœurement le prit, à se vider les tripes sur les tapis de laine. Ludger continuait de parler.

— Imagine seulement des arpents et des arpents, toujours plus nombreux et des roses, des centaines, des milliers de roses ! Et puis des dizaines de manouvriers pour les cultiver, les arroser, les faire croître, plus belles, plus denses, plus odorantes, plus fournies en pétales et en épines ; qu'en sais-je ? À côté de chez toi ou ailleurs, ça, c'est à voir, une fabrique : tout ce qu'il faut afin d'extraire le suc, l'essence. Tu comprends maintenant ? Dis ! Tu vois les alambics des sorciers : cela chauffe d'un côté, cela refroidit de l'autre. Ce qui sort des tuyaux de verre soufflé n'a l'air de rien, ça n'a pas de couleur, c'est tout blanc, huileux. Tes servantes le mettront en petites fioles bien scellées. Mais imagine seulement la suite, baron !

Ludger fut secoué par un rire de ventre formidable. Il restait beau en riant, fourrageant dans ses boucles. Deux ou trois femmes se retournèrent.

— Tu connais ma fille.

— Oui. Et que nous importe. Il y a plus essentiel. Aujourd'hui est l'annonce de demain.

Il plaçait dans ses mots une forme de souplesse. L'inverse du métal qui avait si souvent recouvert les chairs de Gatien.

— Tu connais ma fille.

Gatien ne trouva pas d'autres mots qu'il eût pu dire en ce moment. Il butait sur le visage d'Alix, sa voix et ses gestes. Il était capable de répéter la phrase, comme une sentence, inlassablement.

— Par le sang du Christ, ce n'est pas l'essentiel. Je parle de puissance, j'invoque l'avenir de ta terre, ses villes, ses foires, son commerce ! Les roses lui apporteront une infinie richesse. Il n'est pas question d'une pucelle.

La lassitude semblait ralentir Ludger. Il trouva la force d'ajouter :

— Je te propose une alliance, toi et moi. Il désigna Morjiane d'un coup de son visage entier. Avec elle. Je ne dis pas non, on pourrait se l'adjoindre et travailler avec elle.

— Mais comment…

— Je le sais ? C'est aisé à deviner. Ici, je suis chez moi, ou presque. Tout se dit, se répète ; crois-tu pouvoir garder un secret longtemps ? Ton gros Thibaut est plus bavard qu'une femme, ses rimes ricochent sur nos murs ; elles enflent. Elles sont si énormes qu'elles ont du mal à passer les portes. Et vois-tu, baron, elles tombent dans nos oreilles. On n'a qu'à se baisser pour les ramasser. Le palais entier connaît tes efforts à les faire pousser, ces garces de roses, plus capricieuses que des filles. Tu ne peux imaginer ce que Champagne attend de toi ! Seul, tu végètes, tu ne croîs pas, donc, tu recules, c'est la loi. Mais avec moi, tu grandis, et tellement que nul ne pourra plus te chercher noise. Pense à ce que je te dis, baron, penses-y. Ne m'oublie pas dans tes rêves.

Gatien fut sur le point de sortir sa dague. Derrière lui, il y avait Morjiane, sa présence douce, son odeur. Ludger lui décocha son œil de lévrier. Elle tint bon, face à lui, sans se troubler, forte, si droite.

Il devait partir, les quitter, ne plus revenir, il était menace. Gatien pensa au visage du diable. Le plus beau des anges séduisait les hommes avec ses promesses et ses mots bien choisis. Il parlait de richesses à obtenir, d'un pacte conclu qui garantissait les bonheurs. À entendre Ludger, à le croire, l'or coulerait à flots épais.

Quel était le prix à payer pour lui, pour Morjiane, pour les manouvriers qui s'épuiseraient à cultiver les roses dans les champs ? Il serait formidable, écrasant, indigne de l'honneur de la chevalerie, du serment juré entre lui, Gatien de Mortery, et Thibaut de Champagne.

L'or n'était pas la clé de tout. Il ne rendait pas libre, mais entravait, et plus férocement que le lien dont les bourreaux garrottaient les suppliciés. Le mépris coula dans ses veines.

Face à Morjiane, Ludger serra les maxillaires. Presque étonné que les mots dits aient sur Gatien ou sur cette fille à la peau brune si peu d'effet. Cet homme était à se damner.

Ludger pensa qu'il perdait pied. Un mépris coula dans ses veines comme un torrent violent. Il regarda mieux le couple étrange qui se serrait maintenant face à lui. *Ils damneraient un saint, ces deux-là ! J'en perdrais le peu de foi que ma garce de mère m'a transmis*. Il agit comme à son habitude, avec le sourire et l'aplomb qui avaient fait de lui l'un des meilleurs marchands de Paris. Les comptoirs qu'il ouvrait à Londres, comme à Bruges, à Gand ou à Lyon commençaient à lui rapporter gros. Il s'agissait d'attendre un peu, d'en parler au comte de Champagne. Mieux valait toucher à la tête du prince que séduire son valet. Le pauvre hère qui portait sur son blason trois trêfles ne leur devait sans doute pas une grande chance et c'était pitié que de le croire capable d'un destin. Ludger se reprit vite.

— Baron, je vous quitte. M'appelle le service des princesses, elles sont femmes, elles sont reines, leur exigence est double. Le bonjour, messire.

Gatien le vit s'incliner, les reins souples. Une anguille de rivière.

Les mots de Morjiane

J'ai vu le roi de France. Je l'ai vu en son palais de Paris, qui se nomme palais de la Cité, qui est beau, vaste, froid et construit de pierres blanches de haute taille. Ses jardins ne sont pas les nôtres. Ils sont plantés d'herbes bonnes pour soigner le corps. Non pour guérir l'âme, l'esprit ou favoriser le pur plaisir des yeux. J'ai apporté mes roses ; le roi Louis veut la plus belle pour orner sa chapelle. Je ne sais trop ce qu'en penserait le dieu de mes pères et de mon peuple, que la rose née en pays de Cham orne une chapelle dédiée à ce Chrestos adoré des chrétiens.

Au palais, j'ai vu que la jeune reine qui porte un nom de fleur enfouissait son nez au cœur des pétales et les respirait les yeux clos. Le sourire posé sur sa bouche en disait long sur son contentement ; j'ai remarqué que la reine Blanche en avait froncé le sourcil. Gatien et Thibaut veulent que les rosiers sentent bon, que leur parfum réchauffe les cœurs. Je sais comment on peut exprimer davantage d'odeur d'un rosier. Mon grand-père me l'a appris. Il faut déjà l'installer en plein soleil et le laisser fondre, ainsi disait-il, à ses rayons. Après l'avoir bien nourri de fumier de cheval et d'un mélange de terre et d'eau ajouté à un mélange de feuilles mortes broyées, il faut moins l'arroser et ainsi cette sécheresse voulue le fera souffrir. Il pleurera de ce mal qu'on lui inflige et exprimera davantage sa fragrance. Il y a mieux encore. Le parfum de la rose attire les abeilles, ce qui est bon pour tous les jardins du monde.

L'été s'achève. J'ai demandé que l'on fasse encore un grand nombre de boutures car c'est d'elles que s'opérera la multiplication de la roseraie exigée par Gatien. Quand le bois des plants s'est renforcé de sa sève, qu'il apparaît plus dur et plus sombre, que ses épines sont cruelles aux doigts, c'est alors qu'il faut les couper à la hauteur d'une main. Il faut conserver seulement deux feuilles supérieures dont on aura soin de retirer la moitié de leurs folioles, c'est-à-dire des petites et jeunes sœurs de la feuille principale.

Ensuite, on trempe la bouture dans un mélange d'eau et de branchettes de saule qu'on aura pris soin de faire macérer une nuit pleine dans un grand baquet. Si le saule manque, on peut aussi le replacer aisément par un grain de blé. C'est plus long et s'accorde mieux avec des mains petites de fillettes. On incise soigneusement la base de la bouture et on y place le grain de blé. J'ai indiqué aux garçons une autre façon de procéder : c'est de cracher au pied de la branchette juste avant de la planter. Enfin, reste la dernière méthode, celle de mon père, qu'il pratiquait en secret sans que le sultan et ses courtisans le sachent. Je peux dire que c'est la meilleure manière que je connaisse, la plus efficace. Je la livre ici : une mesure d'urine pour dix mesures d'eau. Lorsque j'ai commencé à en parler, les garçons ont bien ri, et lorsque je les ai quittés, j'ai vu qu'ils étaient prêts à s'exécuter. Conduits par Martin, ils cherchaient déjà des baquets et les filles gloussaient en se moquant d'eux.

Le rosier n'est pas un solitaire ; il aime la compagnie des autres plantes et se comporte toujours mieux avec la sauge, le thym, la camomille, le fenouil, le romarin et la mélisse, celle qui sent le cédrat confit.

Afin de lutter contre les pucerons, ce fléau qui boit le lait de la rose et la condamne, je conseille aussi de planter des lavandes dont usaient les Romains pour parfumer leur linge et les bains. Les pucerons en sont si friands que ce leurre leur fera épargner les rosiers, en les attirant. En cas d'invasion massive, les rosiers seront abondamment mouillés d'une décoction d'ail. Mélie m'a demandé si l'on pouvait parfumer la demeure de notre maître avec des roses qui n'auraient pas besoin de l'eau de la cruche pour tenir davantage. Sa question m'a paru juste. Je lui ai promis d'y réfléchir. Je ferai des essais et je consignerai et dessinerai ce que j'aurai trouvé.

Chapitre XII

Comté de Champagne

Abbaye de Jouy
19 septembre 1242

Celui qui serait entré dans la chapelle l'aurait aperçu de dos et à genoux. La tête inclinée vers le sol, vêtu de la bure noire et blanche de l'ordre de Cîteaux. L'homme priait. Voici environ vingt-cinq ans, Paul de Launet avait rejoint la communauté de ceux qui se vouaient au silence et au froid des pierres. Tout pour Dieu. La pauvreté, l'indifférence à tout ce qui n'était pas Lui. La nudité de l'âme, les yeux baissés, toujours.

À genoux sur les pierres, Paul de Launet priait la Vierge à qui l'abbaye était consacrée. Sur les cellules, le réfectoire, les granges et l'église, avait plu la manne des comtes de Champagne. Thibaut n'avait pas manqué d'imiter la générosité de ses aïeux.

Par humilité, Paul avait refusé d'être prieur et venait de renoncer à la fonction d'abbé. Même l'intervention de l'évêque n'avait pas fait plier cette âme droite. Il n'aspirait à rien, ne demandait rien pour lui.

Il consentait du bout des lèvres à la présence des autres frères et avait obtenu de ses supérieurs la permission d'être seul le plus souvent. Sa naissance considérable, son intelligence un peu sèche, le préservaient du trop humain et le mettaient à l'abri.

Les journées de Paul glissaient comme les grains du chapelet que ses doigts maigres connaissaient un à un. De sa chambre à l'oratoire, de l'oratoire à sa chambre. La prière, ce corps-à-corps avec Dieu, brûlait son âme et quand les chants s'élevaient, il titubait de faim, de fatigue. Il respirait l'encens, s'en gorgeait comme d'un cordial, se nourrissait de la seule hostie. Les yeux grands ouverts face à l'infini du Ciel, il attendait le signe qui ferait de lui un saint, un exemple pour la chrétienté.

Il attendait. L'âme remplie des prouesses des pères de l'Église. De l'exemple vivifiant d'une vierge dépecée par un lion, ou celle dont les seins d'enfant avaient subi des tenailles chauffées à blanc. Il en vibrait toujours.

Bientôt serait son tour ; ne portait-il pas le nom de l'homme de Tarse, foudroyé sur le chemin de Damas ? Il lui faudrait seulement savoir décrypter le signe, qui viendrait. Il s'en persuadait lentement : il était l'élu. Celui capable de porter la chrétienté à bout de bras. Mieux que le pape. *Vocare* : être appelé à, le sens même du mot.

Comment mieux souffrir ce péché d'orgueil, avoué en confession, répété, à demi-mot, comme un mensonge ? Pire qu'une faute. Sa peau, blessée par un cilice porté chaque jour, cicatrisait trop vite à son goût.

*

Un matin, avant prime, vint une fille à l'abbaye. De la fenêtre de sa cellule, Paul l'aperçut marcher dans le jardin des simples. Tout contre son ventre, elle serrait une rose rouge et se dirigeait vers l'église. Il tendit mieux son cou maigre, se hissa sur la plante de ses pieds nus. Il ne sut pas ce qui l'intriguait en elle ; le forçait malgré lui à quitter l'Évangile de Jean. *Comme le Père, en effet, relève les morts et les fait vivre, ainsi le Fils, lui aussi, fait vivre qui Il veut*. Il répéta la phrase, déjà debout.

L'air était vif. Il chaussa ses sandales, passa une mante, quitta sa chambre et la suivit. Il la vit entrer par une porte latérale. La fille longea le transept, parvint à la chapelle consacrée à Marie. Elle posa sa rose au pied de la statue, se signa. Elle allait repartir. Il se demanda la vraie raison de sa présence ici, affermit sa voix et dit : *Que fais-tu ?*

Elle répondit simplement que son galant ne se décidait pas et qu'il hésitait encore à la demander en épousailles ; elle attendait de Notre Dame un coup de pouce. Puis, tranquille, elle s'en alla.

Il pensa avoir déjà vu son visage banal de gamine bien nourrie, replète sous son sarrau de toile. La fille travaillait pour les Mortery, comme ses parents avant elle. Elle venait du manoir, avait dû cavaler dans la campagne, passer les haies et les petits bois. À son affaire. Paul de Launet regarda fixement les voûtes. Lui revint en mémoire ce qu'il avait jusqu'alors écouté de sa manière distraite. Les paysans prétendaient qu'une sorcière venue de loin, de l'autre côté de la mer, de ces pays des sables, une femme dont les cheveux étaient noirs comme l'aile du corbeau, savait les plantes. Elle parlait dans une langue étrange ou elle ne parlait pas. Le seigneur de Mortery ne pouvait plus se passer d'elle et, pour sûr, c'était diablerie.

Paul, à son tour, s'agenouilla. Aux pieds de la Vierge, là où la pierre était grasse de la cire coulée des cierges, brillait un éclat rouge, comme une gemme. Il avança le doigt, hésita, caressa les pétales, crut effleurer la peau de la Mère du Ciel. C'était doux, si tendre. Il sentit les larmes mouiller sa gorge, sa poitrine se soulever, pareil au jour de son ordination, quand il avait adjoint à son prénom celui de Marie.

Il n'avait jamais vu fleur semblable, et puis, son parfum l'entourait, maintenant. Il crut ne plus devoir bouger afin de le saisir, de le comprendre comme un langage étrange, inconnu encore. De le lui voler à Elle, la reine du Ciel. Il ferma les yeux.

Dans la chapelle, il était seul. Il prit la fleur entre ses mains, la tint par sa tige, appuya le gras de son pouce contre la plus grosse épine et une goutte de sang germa. La rose était plus rouge encore que ce qui sortait de son doigt.

La fille avait simplement posé la rose. Il se dit qu'elle allait mourir, faute de soin. Il lui fallait un vase et l'eau la plus pure. Une fiole destinée aux saintes huiles avait été oubliée sur une chaise paillée. Il la remplit d'eau bénite et y plongea la rose.

Pour la première fois de sa vie, il devinait un monde inconnu, la volupté des sens au bord de ses trente-sept ans. Le Ciel s'ouvrait enfin pour lui, écrivant entre les nuages le signe attendu.

Il en eût dansé de joie. Il serra ses mains l'une contre l'autre, à se briser les phalanges. C'était une révélation, la réponse à ses attentes, à ses prières, à ses macérations, à son jeûne perpétuel, à son ensevelissement d'homme.

Les roses, cultivées à Mortery, devaient l'être pour l'usage exclusif de Notre Dame ! Toutes les roses seraient promises à l'Église du Christ. Cette fleur divine ne connaîtrait jamais la souillure d'un regard profane mais serait sarclée par des mains pieuses, récoltée par les mêmes.

Ce miracle incarné, odorant, était voué à Dieu seul. Sa beauté chanterait Ses louanges, son parfum exhalait l'haleine des anges. Cette croisade était sainte, elle en valait d'autres.

Paul étendit sa main droite vers la statue de Notre Dame. Il crut voir le début d'un sourire dans son visage de marbre. Marie acquiesçait à sa demande muette, à cette prière tant de fois recommencée. Chaque rose née sur les terres de Champagne lui serait consacrée et à jamais. Dans toutes les églises, les monastères, les chapelles, les abbayes. Partout où la Vierge était, la rose serait et nulle autre femme ne méritait don semblable.

Paul de Launet jura d'y vouer sa vie.

Il se précipita dehors, prit la direction du cloître. Il lui fallait parler à l'abbé.

Il le trouva, somnolent, à gauche de la bibliothèque, dans la plus vaste cellule de l'abbaye. C'était là qu'il recevait les hôtes de marque.

L'abbé Raoul s'était assoupi après la soupe aux fèves du matin. Frère Paul toussota légèrement. Raoul ouvrit un œil et bâilla. La vue de Paul de Launet n'emplit pas de joie cet homme mesuré, dont la placidité, l'économie de mouvements, comme le mal de poitrine, étaient ici devenus proverbiaux. Sans aucune ambition, vite rassasié des soins du monde, gourmand de tourte aux mûres comme de faisselle au miel, catarrheux comme un vieillard, l'abbé Raoul ne gênait personne. Aussi fut-il élu à l'unanimité, reconnu par le comte de Champagne comme le chef de sa communauté. Il reçut la mitre et la crosse avec sa bonhomie habituelle. Certains se demandèrent s'il comprenait ce qui lui arrivait. Celui qui désormais avait rang d'évêque serait pourtant regardé à l'image d'un apôtre.

Depuis un peu plus de deux années, il évitait les conflits et laissait à d'autres les réponses à trouver aux questions de théologie. Il suffisait de durer, jusqu'à une mort qu'il espérait paisible, et pas davantage.

L'abbé Raoul bâilla une fois encore, toussa beaucoup, sortit son mouchoir pour cracher et consentit à opiner du chef. Il se prépara malgré lui aux paroles qui allaient le distraire de sa sieste.

Paul se dit qu'il n'avait pas trop de temps pour le convaincre et lui tendit la rose. L'abbé s'en saisit de ses doigts potelés et dit : *C'est une rose.*

Paul se mordit les lèvres. Serrant ses mains l'une contre l'autre, il insista sur sa beauté, le velouté de ses pétales, la longueur ferme de sa tige. Sa rareté était gage d'excellence et de prospérité. Elle était unique, cultivée au manoir de Mortery à deux heures de marche, peut-être moins.

Les mots parvenaient à l'abbé Raoul comme épaissis d'un brouillard. Sans l'interrompre, il le regardait, les yeux et la bouche ronds. Paul pensa à une tanche mise hors de l'eau. Il croisa quelques secondes ses doigts derrière sa nuque, pencha le visage, respira plus lentement et affirma combien ce miracle de la nature était béni par le Ciel.

La bouche de l'abbé Raoul continuait de s'ouvrir, découvrant des dents jaunes. Maintenant, ses yeux roulaient dans leurs orbites. Il soupira, éternua deux fois, chercha puis déplia son mouchoir. Enfin, Paul l'entendit murmurer :

— En quoi cela nous concerne-t-il, cher frère ?

— Révérend père, avec humilité, je vous prie de m'écouter encore. Ne pensez-vous pas que la rose, fleur sacrée, soit dévouée à Marie et dans son entière beauté ? Ne serait-il pas vanité de songer autrement ? Et nous savons, très révérend père, que le diable inspire ces tentations trop humaines qui éloignent les femmes du chemin étroit de la vertu et de l'honneur. La rose, dans son essence, est le parfum du paradis. Non de celle qui s'en pare, au matin comme au soir, ajoutant à sa coquetterie naturelle ces grâces périssables. Dans Sa passion, Notre Seigneur nous a montré la voie du renoncement. Que notre Champagne se couvre de roses, mais pour la seule gloire de Dieu. Non pour le profit insensé de quelques-uns, détournés de la voie du Christ sauveur et égarés par le vice, le fléau de l'argent.

— Ah, déclara Raoul.

— Si Votre Grandeur le permet, je me rendrai à Mortery. Là, je le pressens, le baron a commerce avec une femme qui n'est pas chrétienne. Il est de notre devoir sacré de savoir, de comprendre jusqu'où le Malin étend ses griffes.

— Mais Mortery est au comte.

— Certes.

— Il pourrait nous quereller si nous cherchons noise à ses vassaux.

— Je vous l'accorde. Mais…

— Je crains la colère de notre sire.

L'entretien se terminait. Paul de Launet sentit la rage lui tordre les boyaux. Cet homme gras et mou était à battre. C'était à regretter de ne pas avoir voulu être abbé. Paul avala le peu de salive qui lui restait entre les dents, plutôt que de la lui jeter dans sa face en cire fondue.

— Mais notre prince, que Dieu le préserve, demeure le féal de notre sainte mère l'Église. Laissez-moi visiter le baron de Mortery et parler à cette femme. S'il faut la confondre, je le ferai sans peine.

— Montrez-vous prudent, susurra l'abbé Raoul.

Prudent, songea le frère Paul. *Dieu hait les tièdes. Je connais tes œuvres, je sais que tu n'es ni froid ni bouillant. Si seulement tu étais froid ou bouillant. Ainsi parce que tu es tiède et que tu n'es ni bouillant ni froid, je vais te vomir de ma bouche*. Il sortit des appartements du père abbé en se répétant les mots de l'Apocalypse et les scandant chacun de deux doigts sur sa cuisse.

Il s'enferma dans l'église, s'agenouilla au pied de la Vierge et s'en voulut d'avoir abandonné la rose à cette grasse andouille. Il réfléchit, tenta de calmer la veine qui battait à sa tempe. Avant tout, il s'agissait d'aller à Mortery et de convaincre le baron, cet ours. Cela ne serait pas aisé et les paysans, comme les nobles, assuraient dans la région qu'il ne prononçait pas quatre mots par jour. Faire entendre les paroles suaves du Christ, leur faire pénétrer cette couche épaisse, cervelle dénuée d'esprit et de sens, semblait épuisant. Mortery était un soldat, pas davantage, et fait pour obéir sans poser de questions. Juste un peu au-dessus du soudard. Les princes disposaient de ce type d'hommes selon leur humeur. Quand ils tombaient morts sur un champ de bataille, quand ils étaient trop vieux pour servir, ils les remplaçaient. Ils finissaient leur vie aussi muets qu'ils l'avaient commencée.

Paul soupira et pria à nouveau, longuement. La nouvelle lutte à mener était-elle digne d'un lieutenant du Seigneur ? Assurément oui.

TROISIÈME PARTIE

Chapitre XIII

Manoir de Mortery
15 septembre 1242

Pleine de promesses, une deuxième floraison s'annonçait au manoir de Mortery. Morjiane était parvenue à décupler les plants, et des dizaines et des dizaines de rosiers s'alignaient désormais et prospéraient. L'eau de source, celle tombée du ciel à point nommé, la terre et les engrais changeaient la vision. Plus d'arbres, mais ces arbustes à épines, recouverts de fleurs et non de fruits. Et puis l'odeur qui perdurait, le matin, différente le soir ou au cœur de la journée, selon l'inclinaison du soleil et la température des heures. Les paysannes des alentours venaient là pour aider à bêcher et sarcler, arroser, nourrir les roses de fumier de cheval, et pour voir aussi. Gatien ne chassait pas les curieux.

Morjiane le sentait sur le point d'être heureux et fier, de parvenir au bonheur, du moins à son équilibre. Elle le voyait, chaque matin, les mains sur les hanches, regarder fixement le champ entier. Elle le devinait se souvenir de la route parcourue depuis Damas, des embûches évitées. À la veillée, ils regardaient ensemble le livre des plantes, volé dans la chambre de Chajar ad-Durr. Elle s'amusait de le voir suivre du doigt la forme d'un hibiscus ou d'un figuier puis d'un grenadier. Comparer la rose syrienne avec celle qui poussait ici et en compter les pétales, vérifier l'épaisseur de la tige ou des épines.

Un soir où la chaleur d'été ne baissait pas, elle lui raconta la fabrication des jets d'eau. Elle décrivit leur pression nécessaire ; la forme liquide, dessinée dans le ciel clair. Il se souvint des jardins du palais ; il lui dit que pour elle, un jour prochain, il construirait un kiosque tout pareil, avec une chambre close dont elle seule aurait l'usage. Il la vit sourire.

Elle avait pris l'habitude de cueillir trois ou quatre roses et puis une autre qui n'était pas tout à fait ouverte. Tous les deux la laissaient mûrir, sur le rebord de la fenêtre, dans la fraîche épaisseur du mur de granit des cuisines, entre les pots et les écuelles en terre cuite. Mélie, prévenue, en changeait l'eau chaque jour. Gatien et Morjiane les comptaient soigneusement. Parfois, Gatien se risquait à un pari ; il assurait que la rose serait éclose et que son bouton s'ouvrirait avant la fin de la semaine. Cœurs qui palpitent.

Frère Paul arriva au manoir de Mortery le surlendemain. Au pas de son mulet, il avança, accompagné d'un novice, franchit la première puis la seconde enceinte. En l'apercevant, trois ou quatre paysannes se signèrent. L'une d'elles vint prévenir Gatien ; une autre voulut le faire entrer dans le manoir, l'accompagner jusqu'à la haute salle, celle réservée aux invités de marque.

Non. Le frère Paul de Launet prit la direction des roseraies, lui en avant, le novice qui le suivait à petits pas. Face aux fleurs, écloses ou en boutons, il s'arrêta. C'était au-delà de ce qu'il avait imaginé, plus beau et plus grand, immense de couleurs et d'odeurs. Une éternité, un bain de pétales rouges. Il respira, sentit ses poumons se gorger, porta sa main à son front trempé. Il suait, titubait, fut pris d'un long vertige et le novice, surpris, tenta même un geste vers lui.

Paul craignit d'être submergé. Il eut peur, c'était trop, car tout ici croissait, se multipliait, comme mû par une main invisible qui n'était pas celle de Dieu. La nature brutale en lieu et place de la pensée du Christ coulait en torrent. C'était l'inverse du paradis, de sa douceur sereine, de son ordre sacré.

Le soleil jaillissait, découpait les plants comme avec une lame et créait des taches d'ombres sur la terre remuée. Paul de Launet ne vit plus ici qu'une danse infernale, pire que le sabbat des sorcières. Elles voulaient l'entraîner et le perdre, le détourner de sa mission. Tout devint clair, ce qu'il voyait ici n'était qu'illusions. Les roses servaient à des philtres, à ces jus rouges que l'on faisait boire aux jeunes filles, aux jeunes hommes. Repus, ils devenaient suppôts, dansaient nus aux solstices et copulaient.

Le frère Paul se signa à plusieurs reprises et le novice l'imita aussitôt. Il eut, comme dans la chapelle Notre-Dame de l'abbaye, la vision de son rôle. Il lui fallait prendre le contrôle de Mortery, au nom de l'Église.

À grandes enjambées, les deux religieux entrèrent au manoir. Paul en poussa lui-même la porte épaisse et se dirigea vers la salle haute.

Mélie vint, porteuse d'un plateau sur lequel tenaient en équilibre un gobelet et une cruche de vin frais. Il y avait dans la salle deux cathèdres de bois, des pliants, un coffre sculpté des armoiries de la famille et des tapis. Paul de Launet et le novice ne s'assirent pas, ne se parlèrent pas, le premier fixant le sol et le second l'imitant.

Entrant à son tour, Gatien vit le moine de dos. Malgré lui, de la roseraie, il avait pressé le pas et son visage s'était tendu. Quelque chose déployait ses anneaux dans son ventre. Les deux hommes, aussi grands l'un que l'autre, se regardèrent dans le silence. Gatien fit un signe, Paul but un peu de vin. Enfin, il dit :

— Baron, je vous salue au nom du Christ.

— Ainsi fais-je de même.

Il y eut encore un silence.

— Il y a une raison à ma présence chez vous.

— Je n'en doute pas.

— Je viens du monastère voué à Notre Dame, reine du Ciel.

Gatien se taisait et Paul de Launet poursuivit seul.

— Je voulais les voir. Vous comprenez. Pouvoir les toucher, les sentir.

— Voir quoi ?

Paul eut sur ses lèvres le rictus des impatients.

— Je parle des roses.

— Et ?

— Je voulais les voir, voir la roseraie.

— Pourquoi ?

— Rien de ce qui se crée sous le ciel n'est indifférent à Notre Seigneur.

— Ah !

— Ici, comme ailleurs, Il est tout. Depuis toute éternité, l'auriez-vous oublié ?

— Et ?

— Ce qui est beau, noble, pur, revient à Dieu. Il est de votre devoir de chrétien de remettre à l'Église de Rome, dont notre abbaye dépend entièrement, le fruit de votre travail. Chaque rose sera désormais vouée à la très Sainte Vierge.

— Ah.

— L'Église se montre toujours généreuse. Vos largesses, votre patiente bienveillance, vous seront comptées au Ciel. Peut-être pourrez-vous conserver une brassée, raisonnable, de ces fleurs. Elles vous indiqueront, à chaque floraison, combien est doux le charisme du don.

Cela débuta dans son ventre avant de remonter dans sa poitrine et de sortir de sa bouche. Un rire d'homme, formidable, à se tenir les côtes comme à une farce d'étudiants. Devant le frère Paul, décomposé, Gatien riait. Puis il toussa, se racla la gorge, faillit cracher, se gratta la tête, releva le menton, l'abaissa et dit :

— Je sais à peine lire, j'écris encore plus mal. Je n'ai pas ton savoir mais je suis chez moi. Alors écoute, le moine ! Jamais tu ne toucheras à ce qui ne t'appartiendra jamais. Tu m'entends, le frère ? Jamais.

— Mais…

— Sors. Sors vite. Ou c'est moi qui m'en charge. Avec ta robe par-dessus cul.

— Fou !

— Peut-être.
— Vous insultez l'Église.
— Je ne pense pas.
— Mais…
— Tu vois, je te regarde bien en face. Ce que tu portes autour de ton cou ne te sauvera pas de mes poings. Sors !
— L'évêque ! J'informerai l'évêque. Sa Grandeur…
— Sors.

Le novice avait la bouche ouverte. Il sautillait d'un pied sur l'autre, puis il se précipita, quitta la salle haute, poussa la porte entrebâillée pour Paul de Launet.

Gatien, seul, but au goulot le reste de la cruche. Reposant le pichet, il tourna ses paumes vers ses yeux. Il pensa à ce qu'il lui avait fallu de temps, de travail, de terre retournée, d'eau charriée au puits, d'heures de nuit éveillées, blanches toujours, pour… pour que ce, ce, cette… Il ne voulut pas achever les mots.

*

Dehors, accroupi, Paul arrachait de rage des touffes d'herbe, la bouche excisée, et la haine lui coulait dans les veines.

Comment ce paysan s'était-il permis de lui parler, à lui, un soldat du Christ ? Comment osait-il se comparer aux mystères immenses qui modelaient la terre, à son ordre éternel ? Qu'était-il, lui qui comprenait moins que rien à rien ? Il n'était pas pauvre en esprit, mais était riche d'orgueil, boursouflé, un misérable fou. Il s'agirait de faire plier cette âme vide, de l'arracher, malgré elle, au monde. *Soli Deo !* La Vierge aurait les roses.

Le frère Paul refusa l'aide du novice pour se relever. Il titubait encore, claquait des dents. Il avança, se trompa, marcha plus vite. Ces allées fleuries étaient ce labyrinthe où se perdaient les vrais chrétiens, des pièges maudits, nés de l'illusion et de l'orgueil d'un homme. Le soleil chaud l'aveuglait, le gênait dans ses pas, bousculait sa carcasse maigre. Il mit son avant-bras sur ses yeux. Quand il le retira, Morjiane était là, en face de lui, le visage nu.

Elle eut le réflexe de poser son voile sur sa bouche, d'incliner vite la tête. Il se figea, comme devant une apparition, comme devant un vitrail éclairé où le corps des saints bouge à la lumière.

Dans sa main, il y avait une rose, elle eut le réflexe de la lui tendre. Il eut celui de la saisir. Ils restèrent ainsi. À chaque seconde qui passait, tandis que son regard s'irisait davantage sur les cheveux longs et bruns, la peau fine, les grands yeux incisés en amande, les poignets si fins, l'attache des seins, il pensa distinctement : *Je coule à pic.*

Il pensa aussi à la fauvette qu'enfant, il nourrissait de pain trempé dans du lait. Il pensa à ses études, longues, ardues, menées à Oxford : théologie, droit canonique, dialectique, grammaire, mathématiques. À ses maîtres, à ce qu'ils pensaient, attendaient de lui dans l'école de la rue du Clos-Bruneau, à Paris. Il était un étudiant qui ne parlait pas, chauffait ses doigts en hiver pour tenir le calame. Brûlant de fièvre dès l'été. À son cadet, à ce frère distant, il avait abandonné sans regret son droit d'aînesse comme les terres, le château, les titres et même l'épouse à venir et la descendance. Le nom assuré, les honneurs acceptés, Paul était libre d'aimer le Christ.

Il travaillait, le front baissé sur le papier. Après le grec et le latin, il demanda sans surprise à ses maîtres d'étudier l'hébreu. Il disait non, toujours, aux étudiants qui voulaient lui payer chopine au cabaret. Il prétextait qu'il n'avait pas l'argent suffisant pour leur offrir à boire en retour, ce qui était faux. L'alcool rendait fou, violent, et la nourriture, prise en excès, conduisait à la tombe.

Les femmes jetaient des sorts, elles aveuglaient ; d'ailleurs les maîtres dénonçaient leurs actions, leur perversité devant des étudiants rigolards. Comme les bohémiennes, les tireuses de cartes et d'horoscopes, les nécromanciennes, les sibylles, les magiciennes. Toutes à fuir.

L'escolier qu'il fut, logé et nourri par une parente de légumes bouillis et de pain bis, la nuit, rejoignait son lit. La règle était formelle. Il s'agissait de se coucher sur le dos, jamais sur le côté ou sur le ventre, ce qui inspirait de mauvaises pensées et mettait la fièvre à la peau. Se lever en silence, à l'aube, se laver à l'eau froide les yeux fermés, par décence et mépris du corps. Prier. Se coucher à la nuit tombée, en silence. Prier. Travailler le reste du jour à la gloire du Seigneur.

Lorsque par malheur, on apercevait une femme sur le chemin, il fallait ne pas croiser son regard, mais se signer, vite. Réciter à voix basse trois *Ave Maria* puis le *Pater Noster*. Sinon, le démon dont elle se nourrissait passait de son corps à celui de l'escolier, malheur et fléau.

La femme n'apaisait ses sens que devenue mère. Alors, veillant à sa progéniture, elle ressemblait à la reine du Ciel, enfin chaste.

Le frère Paul savait tout cela. Il l'avait écrit dans ses carnets, répété comme une prière. Mâchonnant ces principes pour en tirer la moelle.

Pourtant, à Mortery, en ces instants, tout se délitait comme les châteaux de sable, grignotés lambeau après lambeau, face à la mer montante. Une femme maintenant le frôlait. Il la sentait, proche de lui, vivante, en ignorait le nom, ne savait quel était ici son rôle. Elle était brune, avait les yeux noirs, bordés de khôl. Elle n'était pas née ici, venait de ces pays chauds, déréglés par le soleil en excès. Elle n'était pas chrétienne, ne pouvait pas l'être.

Une autre question vint : les liens tissés avec Mortery. Qui était-elle ? Il buta dessus, perçut un sentiment inconnu qui l'envahissait entier. Il en fut plein en quelques secondes. C'était amer et rance ; cela focalisait son esprit, l'aspirait, le forçait à trouver une réponse rapide. Était-elle sa servante, son esclave ? Consentait-elle à faire davantage pour lui, à dormir avec lui, chaque nuit ?

Il se secoua, comme après le bain. Elle dit : *J'ai nom Morjiane.* Sa voix. Il la reçut comme de l'air chaud sur une plaie, entre grave et aigu. Le dessin d'une âme qui s'offrait peut-être. Il recula d'un pas, puis de deux et d'un troisième encore. Il la quittait sans réponse, sans se nommer, à la minute où pour la première fois il avait entendu le son de sa voix. Il fuyait maintenant. La haine à venir remplacerait le désir qu'il se forçait à taire. Il talonna son mulet qui, surpris, brailla. Paul se jugea grotesque, ridicule, indigne de la robe qu'il portait. Gauche avec.

Il rentra à l'abbaye, laissa les guides de l'animal essoufflé au novice. Courut à sa cellule, se vautra sur sa paillasse et ce fut pis.

Il lui sembla qu'elle ne l'avait pas quitté. Tout se chevauchait dans son esprit : le corps de Morjiane, le parfum des roses, leur forme charnue, la verdeur de leurs tiges. Autant que la savante ordonnance des allées, la clarté dessinée de la roseraie. Ses pas, pressés, effectués sous la lumière aveuglante qui l'avait contraint à abriter ses yeux sous son coude replié, le menaient encore droit à Morjiane.

Elle était la plus belle femme qu'il eût jamais vue. Elle avait été face à lui, inaccessible pourtant à tout ce qu'il était et souhaitait devenir. Impuissant à pousser son esprit à tarir cette image et si faible.

Il tenta de prier mais les mots ne vinrent pas. Il plongeait dans un désert de sable, la langue sèche, c'était à se cogner la tête contre les murs de la cellule, à se fouetter au sang, sa chemise à ses reins. Il enroula son chapelet à ses doigts, jusqu'à ce qu'ils blanchissent sous les grains noirs. Il embrassa la petite croix d'argent, la prit entière dans sa bouche, comme une hostie. Cela ne suffit pas à le calmer. Il suait. Il quitta sa paillasse, tomba à genoux ; les yeux levés, tournant la tête de gauche à droite. Un égaré.

Cette femme était le diable. Il se souvint des vagues rumeurs, ces bribes de paroles entendues çà et là, au monastère. Des filles de salle, des paysannes prétendaient qu'elle savait trop de choses. Elle était étrange parfois avec ses doigts peints parfois et ses yeux trop sombres pour y voir une âme claire.

Elle avait envoûté ce pauvre Mortery avec des philtres venus de son pays, ces déjections du diable. Ce niais inculte ne savait rien de ses sortilèges ou alors, il était son complice, lui aussi adorateur de Satan, de Baphomet. C'était cela. Tous les deux, nus, lors des nuits de pleine lune, faisaient brûler des herbes magiques et sacrifiaient aux démons immondes des animaux, peut-être pis encore. Il n'y avait pas d'autres explications à donner, le baron protégeait sa garce. Un enfant s'était bien évaporé voici quelques semaines, disparu ! Sa mère pleurait. Les chiens avaient perdu la trace du gamin pas si loin du manoir et à n'en pas douter, c'était une preuve irréfutable.

Évidemment, ils forniquaient, avaient commerce de chair, des heures et des heures, sous les étoiles. Elle était vouivre ou sirène et sa peau gardait les signes de sa race de vipère. Il s'agirait de lui arracher ses vêtements. Il serait aisé de s'en rendre compte. Les traités de démonologie, lus et annotés par Paul aux écoles des pères, demeuraient formels. Afin de reconnaître une âme damnée, il suffisait d'un examen minutieux. Il existait des traces, sur les épaules, au creux de l'aine, en bas du dos, sur le ventre. Un spasme nouveau le jeta au sol. Il vomit, se releva, les paumes à plat. S'aidant d'un chiffon, il racla cette boue puante, la poussa dans le seau d'aisance et se mit à pleurer. Il dit, à plusieurs reprises : *Oh Seigneur, oh Seigneur.*

Il fallait que cette agonie cesse, il devait pour son salut en terminer avec cette abomination, cette honte.

Aucune fleur n'était comparable à ce qui poussait là-bas. Ce signe sonnait comme une évidence, il n'était pas concevable que la main de l'homme puisse s'affranchir à ce point de celle de Dieu. La roseraie était l'inverse du saint paradis.

Le corps de Morjiane, sa voix, son odeur de femme jeune, le parfum de ses cheveux prolongé par le vent, revinrent le frapper, une gifle. Si forte, qu'il tomba sur le côté, le poing sur la bouche pour ne pas hurler. Il lui faudrait tout à l'heure se traîner à l'infirmerie mendier une tisane de passiflore, un peu d'extrait de jusquiame. Inventer une raison pour que le frère infirmier ne roule pas davantage ses yeux de pigeon. N'importe quoi pour que la nuit ne ressemble pas à un enfer.

À qui en parler ? Qui pourrait l'entendre en confession, à qui avouer ce qui consumait ses chairs comme l'acide des graveurs ?

Une seule rencontre et tout chavirait comme un vertige, dans le basculement des cauchemars.

Sur une petite table, il y avait son psautier. Frère Paul tendit la main, comme un naufragé tente d'agripper le morceau de bois qui pourrait le sauver de l'eau salée. Il parvint à l'ouvrir. Au hasard, il lut : *Dieu se lève, ses ennemis se dispersent et ses adversaires prennent la fuite devant Lui. Comme la fumée se dissipe, Tu les dissipes ; comme la cire fond au feu, les méchants disparaissent devant Dieu. Mais les justes se réjouissent. Ils sont transportés de joie.*

Il relut une seconde fois ces lignes, répéta les mots ses yeux fermés. Dieu lui permettrait de vaincre. Il fallait prier davantage. Il dit : *Ô Seigneur, que ma vie soit une perpétuelle oraison.* L'apaisement ne vint qu'à l'aube.

Chapitre XIV

Paris
3 octobre 1242

— Et que vous a-t-il répondu ?

Isolde, les mains jointes, semblait morte. Seule sa bouche s'animait sur ces quelques mots. Elle était au-delà du réel et cependant présente à ce qu'il lui répétait.

— Rien. Il n'a rien dit.

— Mais il écoutait ?

— Oui, apparemment. En vérité, c'est une bûche, ou alors il est stupide.

— Il ne l'est pas.

Isolde tourna son visage très blanc vers Ludger de Keers. Le marchand de Liège ne broncha pas. Celle qui l'avait introduit à la cour, présenté aux reines Blanche et Marguerite, à leurs femmes, pouvait le détruire, sans remords et d'un claquement de doigts. Sa richesse la parait de ces vertus qui corrompent les hommes.

— Vous avez dit le profit à tirer de l'eau de rose ou de son hydrolat ?

— Assurément. Je n'ai parlé que de cela.

— Bien.

— J'ai ouï dire que les roses avaient proliféré comme la vérole sur nos moines. On en compte des centaines et des centaines et des centaines de pieds. Voilà trois bonnes années qu'ils ont semé, planté, arrosé, que sais-je encore, et cela fleurit de tous les côtés.

De la bonne fleur épaisse, lourde à la main et dont le parfum, dame, dépeuplerait le paradis. Un page du comte Thibaut à la bonne renommée assurait au palais qu'il n'avait jamais vu cela autrement que dans les livres pieux. Le gamin peinait à trouver ses mots tant il semblait dans l'admiration béate. Savez-vous que l'on en parle jusqu'aux marches de Bretagne et que la nouvelle s'est répandue même au-delà ? Ma crapule de père m'a fait savoir de sa bonne ville de Liège qu'il fallait s'en préoccuper pour les prochaines foires de Champagne. Quand on sait, dame, ce que vaut en espèces sonnantes un flaconnet d'essence de rose ! Et je pense, moi, Ludger, marchand, et j'assure face à mon saint patron, le bon Victorien, que c'est à se ronger les sangs de tant de…

— Je vous entends.

Isolde le regarda croiser puis décroiser ses bras. Serrer davantage son menton, plus jeune encore dans sa colère.

Elle détesta le lourd accent de Liège, sa vulgarité. L'esprit circonscrit à une bourse d'or. Elle ne put s'empêcher de comparer Gatien à ce garçon beau qui ne comprenait rien. Elle renonça à lui confier les mots qui évoqueraient la naissance, la fierté des blasons, les lignages de sa famille, si ancienne qu'aucun parchemin n'aurait su en témoigner l'origine. Couché depuis longtemps sous les dalles blanches, chaque ancêtre lui rappelait le mépris constant qu'il lui faudrait tenir face à lui. Comme une frontière.

Il la regardait toujours. Son pourpoint bordé de fourrure, ses chausses ajustées, révélaient face à elle le garçon nourri de morceaux choisis. Mais la fixité de son regard ainsi que l'angle rude dessiné par son menton assuraient qu'il avalerait bien plus gros qu'une part de tourte à la frangipane. S'en servir, oui. Pas davantage. Il se remit à parler ; sa voix semblait plus rauque. Âpre.

— Le Mortery ne sait pas compter. L'or l'indiffère comme les noirs païens de l'Afrique qui vont tout nus. Dame, il s'en moque. Il ne recherche pas les honneurs. En vérité, je ne sais ce qu'il aime.

— Et elle ?

— La Morjiane ?

— Oui.

— Elle est belle. Si on a du goût pour les cheveux et les yeux corbeau, et ce genre de fille née sous un soleil chaud. Elle parle encore moins que lui. Elle se tient à l'écart, une vraie taiseuse. Ils se sont bien trouvés tous les deux, je l'affirme. Dame, si la nature vous avait créée homme, j'en dirais davantage.

— Je vous écoute.

— Je ne parviens pas à comprendre s'il en a fait sa femme. Saisissez-vous ? Ils sont proches, certes oui, mais rien n'indique qu'ils aient commerce de chair, sur ma foi, sans vous offenser, je ne vois pas le Mortery jouir d'elle suffisamment comme un homme peut le faire quand il aime ce plaisir-là et…

— Je vous entends.

La dernière visite de Gatien avait été pour Isolde un effondrement. Elle comprit qu'elle n'était pas la seule à savoir haïr. À en savourer les reliefs jusqu'à son goût de vomi. Jadis, son corps eût vite effacé les traces des coups reçus. Elle en ressentait aujourd'hui une fatigue qui ne passait plus. Le dégoût, la répulsion formidable qu'elle vouait à son ancien beau-frère n'en étaient pourtant pas affaiblis. Elle les économisait comme on le fait d'un alcool rare. Isolde les distillait, polissait l'arme ultime.

Elle pensa l'avoir trouvée dans ce garçon qui maintenant mangeait ses pâtes de fruits, la bouche arrondie par les friandises. Chez Ludger, au palais de la Cité, elle avait décelé le potentiel d'indifférence à ce qui n'était pas lui. Ses volontés tenaces de parvenir à plus encore et son intelligence mesurée mais suffisamment épaisse pour qu'il ne renonce pas. Un peu comme l'animal à qui on dit seulement : *Va !*

Elle en ressentit un violent bonheur. Entre eux deux s'était nouée une sorte de pacte, sans qu'il use son esprit à en comprendre les raisons ou les conséquences. Il sentit qu'il y avait grâce à cette femme-là de l'or à empocher. Elle n'exigeait rien pour elle ou sa nièce. Ne réclamait aucune part, n'avait rien signé qu'elle eût pu lui montrer, aucun acte devant notaire, aucun parchemin, même raturé. C'était étrange, rare en affaires, mais cela suffisait.

Depuis, Ludger trouvait dans la haute maison des bords de Seine son couvert mis et parfois aussi le gîte. Une servante bassinait son lit et remontait jusqu'à l'oreiller de plume les couvertures de martre. Il crut un temps que cette femme encore belle voulait de lui davantage. Il comprit qu'il se trompait. Isolde ne lui accordait jamais plus qu'une heure de paroles et moins encore de gestes. Rien qui présageait une complicité de femme avec l'homme sur qui elle fixait son choix.

Avec Alix, ce fut différent. La gamine trop tôt grandie avait de ces impatiences de vierge, de ces colères vite apaisées qui la faisaient trembler comme une feuille au vent d'hiver. Il s'amusait de la voir rougir quand il la fixait à hauteur du ventre. Elle vibrait alors, serrait les poings. Mais, prudent, il ne tenta rien.

— Enfin, dame, sachez que je ne renonce pas, j'en ai maté de plus retors. Je suis patient. Mon père m'a appris à flairer l'animal, à renifler ses traces, à le conduire là où je veux qu'il croupisse. Il finira par céder, le Mortery, tout baron qu'il est, sauf votre respect. Nous ferons du bon commerce ensemble. Il gagnera moins que moi. Mais, baste, il faut croire qu'il n'a pas mes besoins.

Isolde voulut en finir :

— Que pensez-vous de lui, Ludger de Keers ?

Il avala une dernière bouchée de coing sucré. Lissa ses cheveux blonds du plat de sa main et tenta de trouver la plus brève des réponses.

— Je dirais que c'est un soldat.

— Et ?

— Il ne s'embarrasse de rien. Il obéit, c'est tout.

— Dans toute cuirasse, son défaut. Ne pensez-vous pas ?

Il sourit.

— Peut-être, dame.

— Le trouveriez-vous ?

— Je pense.

— Je sais la reine Marguerite friande de parfums.

— Je connais son goût.

— Mais vous n'avez pas convaincu Mortery de s'allier à vous.

— Pas encore.

— Certains hommes se dispensent de raisonnement. Là où le mot échoue, il faut…

— La ruse.

— Ou la force.

— La contrainte ?

— Pour le moins.

D'un geste elle l'autorisa à se servir à boire.

Quand il eut reposé le gobelet, il pensa qu'il valait mieux l'entendre.

Elle se tut d'abord. Puis doucement, ajouta :

— Il faut prendre ce qui ne se donne pas.

Il feignit de ne pas comprendre et, avec soin, écarquilla les yeux. Mais elle ne répéta pas la dizaine de mots. Il la vit quitter la pièce, sans rien ajouter sur ce qu'il devait faire ou taire. Froide, comme à son habitude.

Il se servit un nouveau gobelet de vin. Gorgée après gorgée, par ces jeux d'homme un peu sournois, il tenta d'imaginer ce qui ne palpitait plus sous la robe de soie verte, ces formes encore belles, ce corps long et souple. Elle avait dû être prompte au désir, brûler comme un morceau de glace au creux d'une paume. Quel homme avait pu la faire jouir et pleurer la première fois ? Il se reprocha d'avoir trop parlé.

Il tourna autour de la table, mesura des doigts en marchand l'épaisseur du chêne sculpté. Il observa mieux les cathèdres, le buffet sans doute plein ras la gueule d'écuelles et d'aiguières en argent, les deux coffres, le vaisselier où luisaient les cuivres de Cologne et les faïences de Rouen. Chaque objet rangé à sa place, frotté au chiffon de laine ou au gros sel. L'air semblait manquer dans la salle. Il pensa à Isolde, aux bagues lourdes qui ornaient ses doigts.

Il sortit de la maison, en évadé. Il eut l'envie immédiate d'une femme. Il se dit qu'il allait rejoindre le *Pot d'Étain* pour y boire une chopine de mauvais vin et culbuter Clervie ou sa sœur. Hésita sur le nom de la cadette, à moins qu'elles ne fussent jumelles. Il ne le trouva pas. Il se dit que ce n'était pas bien grave et qu'il prendrait les deux.

Ludger longea la Seine, cherchant à gagner le cœur de Paris, vers la Maube, là où ça grouillait. Il marchait, une vieille chanson sifflée à la bouche, bousculant les passants, regardé par les filles. Et puis, il se dit qu'il connaissait cette silhouette, recouverte d'un manteau sombre qui tombait plus bas que les chevilles. Ainsi que la servante, empressée, moche, qui trottinait autour. Il pressa le pas, parvint à sa hauteur. La vieille s'inclina. À ses côtés, était Alix. Il comprit qu'elle devait prendre le chemin de son satané couvent. Là où elle avait ses habitudes, réciter ses prières, donner du pain aux pauvres et méditer sans doute sur les oscillations du monde.

Elle s'arrêta de marcher, elle n'était pas seule. Il avait le loisir de la saluer, de dire : *Le bonjour, damoiselle.* Elle baissa le nez, rougit et répondit : *Le bonjour, maître Ludger.* Tout semblait dans l'ordre des choses ; la pucelle se troublait face à l'homme fait. Il bomba le torse par réflexe.

Cela ne lui suffit pas. Sa manière de relever le visage, de se tenir droite, indiquait le calcul, et la maîtrise qu'il suppose. Ludger la regarda mieux. Elle devait avoir seize ou dix-sept ans.

À cet âge, toute femme qui n'était pas destinée à Dieu se trouvait épouse et mère. Pas elle. Elle était grande, brune autant que sa tante était blonde. On devinait l'éducation ainsi que les leçons bien apprises. Le savoir qui met à égale distance une fille d'un garçon. Non. Qui la rend supérieure par la rareté de son savoir, impressionnant.

Alix était de celles pour qui l'humilité est une imposture, une pose gratuite et vaine. Elle savait juger vite. La servante dit à voix basse : *Nous allons faire nos dévotions au couvent des Mathurins.* Il fut surpris d'entendre Alix ajouter simplement :

— Si vous le souhaitez, vous pouvez nous accompagner.

Il accepta avec un empressement qu'elle jugea servile.

Elle le vit la précéder dans la rue et les ruelles à venir, écartant les gêneurs, les mendiants, les estropiés, ceux qui puaient. Il tint à pousser seul la porte épaisse des Mathurins. Là, elle avança en habituée. La servante, essoufflée, s'assit sur le premier banc rencontré, sembla s'endormir et se mit à ronfler. De temps en temps, glissait l'ombre d'une nonne.

De sa cape, Alix sortit un panier rempli de pains ronds et de la moitié d'un jambon fumé. Elle déposa le tout devant une fenêtre basse, toqua au carreau. Une main en agrippa l'anse et la fenêtre se referma. Elle frotta ses paumes l'une contre l'autre, ajusta les plis de son manteau, le referma avec soin sur son torse étroit. Elle ne sentait rien, n'avait pas d'odeur, ni de sueur ni de parfum. Il avait pourtant écarté les narines comme à chaque femme rencontrée. Rien.

Elle lui demanda s'il avait l'envie de la suivre à la chapelle. Comme il manifestait un bruyant acquiescement, elle plissa les coins de sa bouche, ce qui la vieillit. Dans la pénombre, sous les voûtes basses, elle se mit à genoux et joignit les mains, sembla l'oublier à un tel point qu'il ne sut quoi faire durant tout ce temps. Enfin, elle tourna son visage blanc vers lui comme on sort du sommeil.

Il lui reconnut à peine cette voix rauque qui cependant s'adressait à lui. Elle frottait maintenant ses deux pouces l'un contre l'autre. Elle parla d'abord de la reine Marguerite, assura qu'elle était proche d'elle. Elle ne s'en vantait pas, mais le constatait. La jeune reine prenait soin d'elle, suivait ses conseils, acceptait ses avis sur tout, son époux, la religion, le respect, la fidélité, l'honneur, sa belle-mère, la reine Blanche. Rien n'aurait pu les séparer.

Il la vit s'animer davantage lorsqu'elle évoqua la beauté de ses traits, la blondeur de ses cheveux, son cou, sa finesse, la blancheur de la Marguerite qui régnait sur la France. Il n'aurait pas cru qu'Alix fût capable d'utiliser ces mots, précis, presque crus, ceux que les amantes réservent à ceux de leur choix.

Elle s'arrêta de parler, buta, le front têtu, sur ce qu'il prit pour un souvenir. Elle leva puis abaissa le visage. Il la vit soudainement se rembrunir, au bord des larmes. À l'instant de se lever, elle eut une sorte de vertige. Il tendit son bras vers elle. Elle se raidit, se dégagea de lui.

Dehors, elle respira mieux, tournant son visage vers le soleil. Elle marcha vers le jardin des simples, passant parfois la main sur les topiaires et les carrés de lavande piquetés çà et là de papillons blancs. Et puis, elle lui dit ceci :

— Écoutez-moi. Donnez-moi votre attention. Je ne répéterai pas ce qui va franchir le seuil de mes lèvres. C'est à vous d'agir, et je jure que le palais vous sera ouvert, entier. À vous d'abord et ce, de la reine aux femmes des barons, aux femmes des chambellans, aux femmes des valets. Vous deviendrez leur seul marchand, comprenez-vous ? À vous le pouvoir et l'or.

— Comment ?

Elle ne répondit pas. Ludger vit glisser sur son visage un sourire qu'il ne parvint à éclairer. À chaque parole dite, cette fille lui échappait, filait en douce. Au bord du mépris pour l'homme qui tentait de la retenir.

Elle s'impatientait, sans raison apparente, agacée et laide. Elle récupéra son panier vide, redonné par la même main anonyme, et il s'obligea à la suivre, à quitter le couvent avec elle. La servante le fixait, méfiante. Il n'aima pas son obstination de vieille.

À la croisée de la deuxième ruelle, sans un mot, avec une rapide inclinaison du menton, Alix le laissa seul. Il battit le pavé, évita de justesse un seau de pisse, jura. Il se perdit, retrouva son chemin, changea de rue, se trouva sans trop savoir comment devant le *Pot d'Étain*. Il en perçut les rires rugissants, les chansons hurlées. Puis, l'odeur des buveurs, des viandes rôties, des omelettes frites, lui donna le sourire.

Clervie l'attendait à l'étage, c'était certain, dans sa chambrette fermée, vautrée sur sa couche, déjà saoule. Il connaissait le code, le nombre exact de coups qu'il fallait taper à sa porte, du poing ou de son genou replié. Elle ouvrirait, à moitié nue. Il l'entendrait répéter : *Tu es beau, tu es beau, tu es beau !*

Comme à son habitude, après l'amour, il oublierait de la payer. Il s'assit, un peu à l'écart. Le patron le servit, en habitué des lieux, d'une cruche de bière brune. Il but. Chaque lampée le rendait lucide sur son avenir. La partie qui s'annonçait plaisait à ce joueur de dés.

Chapitre XV

Abbaye de Jouy
9 novembre 1242

Du frère Paul-Marie à Pierre de Cuisy, évêque de Meaux.

Monseigneur,

Il est de mon devoir de chrétien de porter à la connaissance de Votre grandeur des faits qui choquent gravement la conscience d'un croyant.

À moins d'une journée de cheval, ici dans votre diocèse, est un lieu dont l'apparence approche de celle du paradis. En ce domaine de Mortery, il y a des roses, nombreuses, à perte de vue. Belles et ensorceleuses. Je m'y suis rendu, j'ai vu de mes yeux, senti de mes narines, touché de mes mains, foulé la terre de mes pieds. Je ne peux croire que l'homme soit capable de cela. Un démon agit. Sournois, païen et venu de loin. Il est le serpent enroulé autour de chaque tige de ces fleurs, il commande, nargue, induit. Il est la honte. Je sais qui exécute, je devine qui lui obéit. Incubus et succubus. *On sait la femme, pécheresse éternelle, capable de ces abominations. J'ai le nom de celle qui se cache, comme le serpent parmi les fruits défendus. Morjiane ! Retenez ce nom hérétique, car il sonne comme la trompe de l'Apocalypse. C'est elle, elle, en vérité ! Si elle est endiablée, monseigneur, vous devez à vos vassaux de la livrer à la sainte Église.*

Aussi, je demande à Votre Révérence que soit conduite une enquête. Si les éléments trouvés concordent comme je le suppose, que soit instruit un procès en sorcellerie selon le droit canon et tel que le souhaite Sa Sainteté le pape.

Monseigneur de Champagne, généreux bienfaiteur de l'Église, à la juste renommée, aimé de Dieu, ignore ce qui se noue sur des terres qui sont quasi siennes. Sauvons-le, sauvons son âme en péril. Car la pestilence s'attaque à tous, prince ou manant.

Je vous supplie de prier pour moi, monseigneur, et je reste, de Votre Grandeur, l'obéissant et très fidèle serviteur en Christ.

Frère Paul-Marie, de l'abbaye de Jouy.

*

Gatien regardait la neige tomber sur ses toits. Elle n'y tenait pas. Un soleil blanc et très rond allait percer bientôt. L'hiver hésitait encore, capricieux. Les vieux assuraient qu'il serait froid et que l'eau gèlerait au fond des cruches. Il haussa les épaules. Morjiane, avant le jour levé, avait demandé aux domestiques de la suivre à la roseraie. Rien ne devait altérer la beauté des fleurs à venir.

Mélie, en avant, marchait sur la terre dure. Martin râlait contre le froid, soufflait sur ses doigts rouges ce qui faisait rire sa jumelle. Les autres ne disaient rien, la binette à l'épaule. Ils étaient une bonne douzaine, du domaine et aussi venus du village ; certains travaillaient aux roses depuis les premières plantations. Ils avaient l'habitude. Morjiane leur disait ce qu'ils avaient à faire, avec sa voix douce, voilée.

Elle les attendait au début de la première allée. Elle leur sourit, les saluant chacun par leur nom. Ils l'aimaient bien, tous. Elle dit qu'il fallait s'inquiéter de l'hiver, plus encore que les années précédentes. Elle avait pris le soin de cesser de faire couper les fleurs fanées. Quand une fille s'en était étonnée, elle avait répliqué que cela favoriserait la reprise des jeunes pousses et qu'elles mourraient à cause du gel. Il fallait couper aujourd'hui les pousses trop longues : si la neige tombait dessus par paquets entiers, elles casseraient.

Le printemps verrait la taille courte. On avait bien le temps. On pouvait quand même supprimer les branches mortes, les trop grêles, les pas très saines. Sans oublier de passer les lames au vinaigre sinon, les maladies se mettant dessus, elles infecteraient tous les plants. Pire qu'une lèpre. On aurait moins de besogne pour mars ou avril. Morjiane demanda si tous l'avaient bien comprise. Ils répondirent par un hochement de tête.

Et puis, elle se baissa. Elle désigna de son index le point de greffe, là où démarrent les branches. Elle dit que c'était comme un nerf, un cœur fragile, la partie à protéger davantage du froid, du gel, des maladies. Elle emprunta la binette de Mélie, et leur montra. Elle buta les mottes bien autour du pied, l'ensevelissant sous la terre noire.

Elle avait choisi volontairement ce jour. Martin se risqua à lui demander si c'était parce que c'était le jour de la Saint-Théodore, un bonhomme comme ça, il l'avait entendu dire par le curé, il ne savait pas qui il était. Morjiane sourit. Elle dit qu'elle ne connaissait pas non plus Théodore mais que ce jour était beau et sec. Les jours de pluie, les jours humides n'étaient pas bons pour travailler aux roses l'hiver.

Un gars vint avec une brouette de paille. Il soignait les chevaux de Gatien. Il ajouta qu'il y en aurait beaucoup d'autres et que les palefreniers étaient aussi prévenus qu'il fallait lui en donner. Morjiane la fit disposer autour des plants ; les filles la tassèrent au sabot. La paille protégeait les roses du gel. On avait mal paillé l'année dernière. Des arbustes étaient morts, raides de froid.

Des feux furent allumés. Les valets y brûlèrent les feuilles et les branchettes mortes, les bourgeons secs, le feuillage marqué par la rouille et les taches brunes que les garçons agenouillés coupaient d'un seul coup de lame.

Au cœur de la journée, après un déjeuner de pain bis et de viande de porc séchée, après la goutte qui échauffait le corps, un peu moins de la moitié de la roseraie avait été travaillée. Restaient les rosiers en pots. Morjiane veillait sur eux. Elle assurait souvent à Gatien qu'ils étaient espérance. Avenir. Ils patientaient à l'abri des vents coulis, dans l'ancienne porcherie en torchis. Posés à touche-touche.

Gatien avait ordonné au potier du village de ne pas chômer. Les mains grasses, le gars bougeait son tour du matin au soir. Les volumes lui étaient indiqués par Morjiane. Il y avait des petits, de la taille d'un bol, et des très grands pots, capables de contenir des livres de bonne terre, pas trop épaisse, tamisée par les enfants. Juste avant maturité, les tigelles rejoignaient la roseraie au printemps.

Il s'agissait sans relâche de planter et de planter encore. La rose de Damas devenait champenoise. La nature consentait à ce miracle. La terre amendée par le fumier de cheval garantissait l'épanouissement des fleurs.

Avant la nuit de ce premier jour, Gatien vint voir. Il coucha sur les épaules étroites de Morjiane une mante de laine. Elle était jolie et douce. Épaisse. Morjiane ne l'avait encore jamais vue. Il mit dans son geste une nouvelle, une étonnante délicatesse. Il entendit le souffle de sa bouche. Elle comprit que l'étole devait appartenir jadis à celle dont il parlait si peu, dont il ne parlait presque plus. Elle sentit ses larmes. Elle croisa ses mains sur chacun des plis, s'emmitoufla avec. Un parfum flottait là, inédit, de fleurs, de petite fille. Tendre. Elle lui sourit. Il sourit aussi. D'un geste, elle lui montra. Tout ici, la roseraie, ses allées, ses bosquets semblait encore plus fort, robuste, capable d'affronter l'hiver, sa neige et son froid coupant, la bise. Les maladies qui frappaient les bêtes, les hommes, les plantes, ne menaceraient plus tout ce qui vit. Les rosiers et leurs feuilles étaient d'un vert dru d'agate.

Gatien regardait Morjiane vivre. Dès le matin, lorsqu'elle descendait dans la haute salle, le visage encore humide de l'eau fraîche versée entre ses paumes. Elle souriait, face à son écuelle de brouet. Elle y plongeait sa cuillère et se forçait pour terminer. Mélie retirait l'assiette et la journée commençait.

Quand il était à Mortery, que le service dû à Thibaut lui en laissait le loisir, il avait pris l'habitude de l'emmener. Il faisait seller Calypso et puis sa fille, née à son retour de Terre sainte, baptisée Babouche. Morjiane avait ri. Il lui montrait la campagne, les hameaux, Saint-Hilier, Frétoi, Saint-Bri, où les filles fleurissaient Rigobert. Ils couraient jusqu'à Courcelles, sur les domaines de l'archevêque de Reims, celui qui sacrait les rois de France.

Là, les paysans cultivaient les poireaux. Les femmes en faisaient une bonne soupe grasse, avec du pain beurré. Un jour, ils poussèrent jusqu'à Saint-Loup. L'ordre de saint Benoît y avait fondé un monastère. L'aïeul de monseigneur de Champagne, le comte Henri, s'était montré généreux pour les moines en noir et blanc.

Entre les murs, les pèlerins venaient adorer des morceaux d'os de Loup, évêque de Sens. Quand il était enfant, la mère de Gatien lui en avait fait apprendre par cœur les vertus nombreuses. Le garçonnet récitait, les mains jointes. Défenseur de la justice, célèbre pour sa continence. Généreux dans ses aumônes. Bon avec les pauvres, zélé dans l'évangélisation de la sainte doctrine, implacable envers les impies. D'une traite, il répéta les mêmes mots pour Morjiane. Elle le laissa dire, sans l'interrompre ; il lui confiait ainsi des morceaux de sa vie, comme autant de chemins à emprunter afin d'aller vers lui.

Ils regardèrent la châsse qui dansotait sous la lumière des cierges. Elle valait son pesant d'or en champs cultivés, forêts épaisses et noires, fermes encerclées de leurs murs. Des femmes et des hommes l'entouraient à genoux, les yeux clos. Deux ou trois fredonnaient un cantique qui louait la Vierge. À Damas, Morjiane avait chanté pour le sultan, commandeur des croyants, très haut et très puissant seigneur, infiniment aimé de Dieu, le très miséricordieux, très sublime, très affectueux, très généreux, Malik al-Salih Najm ad-Dîn Ayyûb.

Assise dans la salle du trône, sous les colonnes de marbre, sur le sol festonné de mosaïques, jambes croisées, elle avait saisi le oud, faisant frémir une corde et chanté des paroles qui disaient l'amour : *Les larmes coulent sur les roses de ses joues. Malheur à moi lorsqu'il sortira de son sommeil. Moi qui suis la poussière sous la frange de son manteau. Et que le vin renversé assèche. Me tuera-t-il à son réveil ? Je lui donnerai l'eau pure du fleuve versée. Un pétale de ma rose posé. Ainsi peut-être me sourira-t-il. Que ne suis-je ce pétale ! Ô bien aimé.*

Gatien se souvenait de ces mots qu'elle lui avait traduits à sa demande après leur retour en France.

Ce fut à l'instant de quitter la nef qu'il osa lui prendre la main. Comme un homme le fait pour la femme qu'il aime. Ils en franchirent le seuil large ainsi. Un ange sculpté dans la carrure de la porte semblait leur sourire.

Le soir, à Mortery, elle s'aperçut que sa chemise était déchirée. Il lui avoua comme une faute qu'il avait dû scier une branche basse et que, mauvaise, elle s'était retournée contre lui en tombant, le cinglant à l'épaule. Il mima le geste de son bras. Un peu de sang séché tachait encore l'étoffe de lin.

Elle lui demanda de la retirer et de s'approcher du feu, ce qu'il fit, gêné. Elle ouvrit le tiroir du buffet en chêne sculpté, retira le nécessaire à couture, choisit une aiguille et y passa un fil blanc. Il la regarda incliner le front sur le tissu, réparer, le coudre point à point. Il aima la pureté de ses gestes, ses doigts, son efficacité. Il aima surtout la manière dont elle posa sa bouche sur la dernière couture. De ses dents, elle sectionna le fil.

Morjiane redressa le visage, vit son torse. Elle suivit des yeux le contour d'une ancienne blessure, une ligne bistre qui descendait sur la gauche, vers ses reins, et elle eut mal pour lui. Gatien était assis sur un escabeau, les jambes serrées, les mains sur ses genoux. Un peu voûté, il fixait le feu. Parfois, il passait deux doigts sur son flanc.

Un long moment s'écoula. Elle avait rangé l'aiguille et le fil dans le pochon de toile, terminé de réparer la chemise. Elle ne la lui tendait pas. Ils restèrent ainsi, face aux flammes, au bois translucide, orangé. Durant ces minutes, chacun pensait à l'autre, à ces parcelles de vie déjà communes et partagées. À ce qui resterait en mémoire.

Sur les épaules de Gatien germaient des gouttelettes salées, sur son front aussi. Il se recula un peu de la cheminée ; son dos restait dans la pénombre. La nuit posée sur la maison.

Morjiane quitta sa chaise paillée, s'agenouilla, vint poser sa tête sur ses genoux. Il écarta d'abord les mains, leva lentement les bras, comme pour mieux voir. Il regarda sa nuque, ses cheveux qui maintenant masquaient ses cuisses. Il ne manifesta pas de surprise. Celui pour qui le hasard se confondait parfois avec un destin n'écarta pas celle qui enserrait ses hanches. Lorsque son visage fut prêt du sien, il ne fut pas sûr de comprendre si ses yeux pleuraient. Il garda les siens ouverts. Il ne pensa pas le mot amour.

Le désir vint, avec la saveur de sa bouche dans la sienne. Il ne sut pas comment elle s'était mise nue face à lui et il oublia comment il le fut à son tour. Sur le tapis ocre et rouge venu de Damas, ils tombèrent et il la prit contre lui pour qu'elle n'eût pas mal.

Il entendit qu'elle parlait ou qu'elle chantonnait, ses doigts croisés aux siens. Peut-être priait-elle.

Au matin, à l'aube blanche, Gatien écarta les bras, Morjiane était proche de lui. Un entrefilet de ciel passait par le volet. Il y eut entre eux un regain plus âpre, une volonté de se confronter. Trois années étaient passées, non que ce moment en fût l'acmé ni la suite logique, mais leur peau exigeait peut-être cette tension identique.

Ensuite, elle répéta son prénom, *Gatien*, trois fois. Il répondit : *Oui*. Il n'y avait pas d'inquiétude dans sa voix, pas de peur.

Quand le soleil fut haut, il indiqua de la main sa chambre. Ce fut suffisant pour qu'ils prissent la commune décision de dormir ensemble. Sans un mot ajouté, Mélie, prévenue, ferma à clé la porte de Morjiane.

Le lendemain, le surlendemain et puis les autres jours furent identiques aux précédents et rien ne sembla changer. Le beurre continuait d'être baratté. Les châtaignes récoltées par les mômes cuisaient sous la cendre. Les valets fourraient de paille leurs sabots de bois et la dizaine de chevaux quittait moins l'écurie. Au soir venu, l'alcool de poire échauffait les corps et les esprits, agitait les langues et les pieds. Tous attendaient le printemps avec la même confiance mise à espérer l'été.

Mais les roses qui somnolaient sous la neige tombée produisaient une impatience nouvelle. Des garçons pariaient déjà sur la récolte à venir. Combien de sacs pleins de ces pétales charnus ? Vingt, trente, quarante, plus encore ?

Ils assuraient que le maître était parti pour s'enquérir du matériel nécessaire à la création de l'eau et de l'essence de rose. Il avait acheté à Reims alambics et cornues, tubes en verre de Venise, pinces en fer forgé, serpentin tournicoté comme la queue d'un porcinet, flaconnets bouchés de liège, nombreux, déjà entreposés dans l'une des granges. Tout cela cher. Et sur ordre du comte Thibaut et avec son or remis pour cela, abondant et en excès volontaire. Ils se poussaient du coude, rigolards. Bientôt le parfum de l'essence de rose jaillirait, pareil à une corne d'abondance, de quoi savoir occuper les heures. Alors, les garçons se tournaient vers Morjiane comme vers un oracle.

Un de ces soirs semblables de veillée, Martin s'enhardit à lui demander si elle savait. Elle le regarda mâchonner son quignon de pain trempé dans du cidre chaud, la bouche pleine. Elle répondit vite qu'il ne fallait pas se tromper sur les temps de chauffe, les dosages, la bonne température, le choix du bois qui cuirait l'eau. On verrait, on avait le temps. Elle le montrerait à ceux qui le voudraient bien, afin de leur apprendre les bons gestes, sans danger. Comme elle leur avait appris celui pour cueillir les roses pour ne jamais blesser la trentaine de pétales qui la composaient.

Dans la grange réservée, sous les poutres de châtaignier, des tables avaient été dressées. Là étaient disposés des objets de métal ou de cuivre que Gatien n'avait jamais vus de sa vie. Une bâche de toile les protégeait encore. Il ne pouvait s'empêcher de la retirer à demi. Silencieux, il passait le pouce sur le poli d'un godet ou la panse de l'alambic. De l'ongle, il faisait tinter ce verre qui portait sur sa colonne étroite des mesures en degrés incisées. C'étaient des jouets pour grandes personnes, la preuve du génie de l'Orient. Morjiane le sachant là, le matin tôt ou à la tombée de la nuit, venait l'y rejoindre. La porte feulait doucement, elle apportait une seconde lanterne. Il la savait présente à la toucher.

Un soir, après le souper, elle vint. Elle cita le nom d'Avicenne. À la question muette de Gatien, elle dit qu'il avait été médecin, jadis, et aussi philosophe. Elle redit son nom, dans sa langue. *Abu 'Ali al-Husayn Ibn Abd Allah Ibn Sina*. Il essaya de répéter, se trompa, recommença et elle l'aida à l'articuler mieux.

Il demanda encore qu'elle murmure le nom de cet homme, ce qu'elle fit. Et puis, comme on charme un homme, elle le raconta.

— Imagine-le, Sina n'a pas douze ans. Il travaille déjà à vendre des herbes, des épices, des tisanes. Il aime les chiffres, il les mange comme des bonbons. Sa mémoire est vaste comme la mer. Il sait par cœur le saint Coran, les livres grecs qui enseignent la philosophie. Quand j'étais petite, mon grand-père me le donnait en exemple. Il lit les traités de médecine, apprend Galien et Hippocrate, il a trouvé son chemin.

— Comment sais-tu tout cela ?

Il avait posé sa question habituelle, sa joue contre la sienne, alors qu'il la tenait par les épaules, son dos lové contre lui. Elle continua à parler, plus vite.

— Il a sauvé la vie d'un prince et sais-tu comment ?

— Non.

— En s'apercevant que sa vaisselle peinte contenait du plomb. En mangeant dedans, le sultan s'empoisonnait lentement et ça lui donnait la colique.

Gatien rit. Elle rit aussi.

— Tu connais sa phrase ? Elle est célèbre chez nous.

— Non.
— *La médecine est l'art de conserver la santé.*
— Ah.
— Il explique comment ne pas tomber malade. Grâce à des soins bien choisis, il inverse la courbe. Moi aussi, j'ai voulu devenir médecin.
— Et ?
— Dieu en a décidé autrement.

Morjiane se rembrunit soudain. Tourna le visage vers la gauche et Gatien le caressa.

— Sina a écrit beaucoup de livres, j'en ai lu quelques-uns. Le sultan les avait presque tous dans sa bibliothèque. Parfois, je lisais en cachette.

Gatien désigna l'alambic qui profilait sa silhouette de moine gras sur le mur chaulé.

— Et ça, c'est lui aussi ?
— Je pense, oui. Il a lu Jâbir inb Hayyan, lui aussi persan, lui aussi savant. Il avait reçu l'alchimie des Grecs. Jâbir a utilisé l'alambic, en a décrit la forme et les usages. Que Dieu veille sur leur mémoire.

Gatien éteignit l'une des lanternes. Il était l'heure du repos. Tous les deux sortirent de la grange. Il fut heureux de pouvoir dormir encore contre elle.

*

De Pierre, évêque du Christ, au frère Paul-Marie, en l'abbaye de Jouy.

Bien cher frère,

C'est avec une âme contrite et une tristesse infinie que nous avons pris connaissance de votre lettre. Ainsi donc, selon vos dires, le diable s'acharne contre le diocèse que Dieu nous a confié. Un péril pire que la mort menace nos brebis. Ma bouche sèche quand j'y pense.

Je saurai défendre le Christ. Ce combat sera beau car nous résisterons aux tentations. Ainsi, nous célébrerons Notre Seigneur, chaque fois qu'Il sera vainqueur ! Je regardais Satan tomber du Ciel comme l'éclair, *nous dit Luc.*

Mais mon étonnement croît ! Le lieu de la perdition serait Mortery.

Or, nous connaissons bien Gatien dont la réputation d'honneur et de probité est sans tache. Seul un esprit bien noir a pu détourner cette âme droite des justes chemins qui mènent à Notre Seigneur.

Aussi j'ordonne une enquête. Je remets entre les mains de notre frère Gil de Rossano les soins zélés de mener une enquête et de détruire si elle existe cette secte hérétique des adorateurs de Satan. Que la sainte Inquisition agisse. Amen.

Pierre, évêque.

Chapitre XVI

Église de Saint-Ayoul
Provins
18 décembre 1242

La nouvelle éclata dans l'azur du ciel.

Elle fut dite un dimanche ordinaire, par un prêtre si jeune que l'on crut d'abord à un enfant de chœur. Dans l'église à demi pleine, il monta en chaire, rouge comme un coquelicot des prés. Petit, pas beau, il déplia méticuleusement un papier devant lui. Il ferma les yeux, les rouvrit, tenta d'affermir sa voix, de la rendre grave. Il toussota un peu, puis il lut.

L'assistance bougea lentement, hésitante d'abord, comme si elle ne comprenait pas les mots articulés par ce nain.

Des femmes se regardèrent, des hommes aussi, et certains gardaient la bouche ouverte. Cela ne dura pas plus de deux minutes, comme une sorte de regain.

Puis, le prêtre se tut. La messe débuta, selon les mêmes rites, avec les mêmes chants, l'encens brûlé et la distribution d'hosties pour la communion vers la fin. Puis le prêtre dit : *Ite missa est.*

Pourtant les gens ne sortaient pas encore, ils se parlaient à voix basse, secouaient leur tête. Le même nom glissait sur les lèvres. Et puis, par petits groupes, ces femmes et ces hommes, bourgeois, artisans, paysans, domestiques de maisons nobles ou valets de ferme, passèrent les uns derrière les autres par la porte double de l'église.

Sur les marches du parvis, ils continuèrent à se chuchoter des mots aux oreilles. Un soudain coup de vent froid les balaya.

Ce qui venait d'être dit en chaire par ce prêtre inconnu la veille, tombé de nulle part, allait secouer la région durant des semaines.

Un mot, jamais employé jusqu'alors, ricocha de bouche en bouche.

Un mot qui faisait peur, étrange, comme une malédiction, collé au nom de Morjiane. On allait bientôt pouvoir le lui lancer au visage, pire qu'un crachat.

Des gens d'armes vinrent un matin au manoir de Mortery, porteurs d'épées et de lances, des jeunes et des vieux conduits par un sergent. En tout, une quinzaine d'hommes accompagnaient, en rangs serrés, un religieux dominicain qui portait l'habit de son ordre. Le sergent qui commandait cette troupe demanda à voir le baron de Mortery. Et Martin courut le prévenir. Gatien eut le temps d'entendre son cœur accélérer. Il contracta les épaules, baissa le front. Sentit la fièvre, les questions qui montaient de ses talons à sa bouche. Que lui voulait-on ? Combien de fois l'empêcherait-on encore de vivre, d'être libre d'agir ? Gatien ceignit son épée et boucla son baudrier.

Il aperçut de dos ce prêtre grand et très maigre. Il le laissa se désigner de sa voix grave, disant :

— Je suis le frère Gil de Rossano, dominicain, inquisiteur du pape, reconnu par Pierre, évêque de Meaux. Je suis porteur d'une citation. Elle désigne une femme et cette femme vit ici, en votre maison. Parmi vos gens.

— Et ?

— Cette femme se nomme Morjiane El Saadawi. Elle est citée à comparaître devant le tribunal de Dieu.

— Pourquoi ?

— Hérésie et commerce avec le diable.

— Qui l'accuse ?

— Je ne puis vous le dire.

— Pourquoi ?

— C'est la loi.
— Qui l'édicte ?
— Sa Sainteté.
— Elle n'ira pas.
— Elle viendra. Elle répondra à nos questions.
— Non.
— J'ai toute autorité pour la contraindre. En cas de refus avéré, c'est l'excommunication provisoire.
— Elle n'est pas chrétienne.

Gatien se mordit la lèvre au sang. Le piège s'ouvrait sous ses pieds, il s'engouffrait dans cette chausse-trappe.

Le moine le regardait, semblait attendre, indifférent aux mots de Gatien, à sa colère d'homme qui s'élevait, poings serrés.
— Elle n'a fait aucun mal.
— C'est au Tribunal d'en juger.
— J'en réponds sur ma vie.

Il titubait. Il se força à respirer lentement. Il pensa à son père, aux règles du duel qu'il lui avait apprises, enfant. Ne jamais perdre l'équilibre, attaquer en premier, parer les feintes, épuiser l'adversaire. Mordre s'il le fallait et ne jamais reculer.

Ce maudit moine voulait lui prendre Morjiane, la voler, l'emprisonner. Pis sans doute. Le coup venait de l'autre fou, celui de l'abbaye de Jouy, cela ne pouvait être que lui. Gatien eut la claire image de sa mort. Lui planter un seul coup de dague dans le ventre, pour le voir crever, lui faire vomir son sang à cette charogne. Lentement.

Il se passa les doigts sur ses yeux brûlants, répéta qu'il répondait d'elle.

Gil de Rossano ajouta calmement les mêmes phrases avec le même mot : *Citation*. Celui que les fidèles n'arrêtaient plus d'ânonner jusqu'à plus soif dans les églises de la région.
— Je suis là.

Les hommes se retournèrent.

Morjiane se tenait au bord de la salle haute. Si droite qu'elle en paraissait grandie. Gatien eut l'envie immédiate de la prendre dans ses bras et de partir, c'était simple. Il était rapide, efficace, seuls le sergent et deux de ses hommes pouvaient lui opposer résistance. Le reste était jeu d'enfançon. Tous giraient bientôt sur les dalles, la gorge ouverte. Il se réserverait le moine pour la fin, il lirait la trouille dans ses yeux, l'entendrait supplier de l'épargner, le verrait ramper dans sa robe de femme. La chiasse au ventre, puant.

Morjiane devina, fit doucement non de la tête. Il répondit par une question muette. Pourquoi ne pas le laisser agir, qui saurait ? Nul à Mortery ne dénoncerait le maître. On n'aurait qu'à enterrer les corps ou à les déplacer pour les abandonner en lisière de forêt. À faire croire à une tuerie de brigands, de détrousseurs. Ils pullulaient dans le royaume, c'était connu. On les jetterait dans un lac, un étang, pour les laisser pourrir dans la vase. Elle souriait presque maintenant. Elle lisait en lui. Il se jugea bête. Mais il articula précisément :

— Je suis au comte de Champagne. Je préviendrai Sa Grâce.

Ce fut le sergent qui baissa le nez.

Avant de partir, frère Gil dit rapidement qu'il attendait Morjiane au palais de monseigneur l'évêque. Il l'entendrait répondre à ces accusations, qui seraient notées ainsi que ses réponses. Il entendrait également les témoins, tous ceux qui travaillaient sur le domaine seraient aussi convoqués, les uns après les autres. Il ajouta qu'il avait le pouvoir de faire arrêter Morjiane si elle ne se présentait pas devant lui à la date fixée par lui.

Puis, il regarda longuement la jeune femme et partit, et ses hommes le suivirent. La porte se ferma sur eux.

De rage, Gatien balaya d'un revers de la main la cruche et les gobelets d'étain qui l'entouraient. Il tourna sur lui-même, blême, les yeux trop grands ouverts. Soudain, il se précipita au-dehors et Morjiane ne tenta pas un geste.

Il savait où aller, avancer vers la rivière. Il courait presque maintenant. L'endroit, toujours paisible, inconnu, semblait l'attendre, comme à son habitude. Un des coudes du ruisseau, bordé d'herbes folles, formait une mare pansue. Là, enfant, il pêchait les écrevisses. Il avait tenté d'y tarir ses larmes, à la mort de son père, il n'avait pas encore ses seize ans révolus.

Gatien s'assit sur son tronc d'arbre, à sa place. Il y avait jadis incisé les initiales de son nom, tenté d'inscrire dans la chair du bois le dessin du blason familial. Il s'était blessé à l'index. La cicatrice courait encore jusqu'à l'ongle.

De sa main, il fit le tour du tronc, en ôta le lierre qui, têtu, s'acharnait à l'encercler de ses franges épaisses, immuablement vertes. Il chiffonna une feuille, une autre.

La vie lui prenait tout, pire qu'une fatalité ou un sort pareil à celui que jettent les vieilles femmes aux hommes. On ne sait trop pourquoi.

Il pensa à Aude, la tant-aimée. À Isolde. À Alix. À Morjiane. Il aimait cette femme, aurait pu jurer qu'elle lui rendait son amour. Il avait dormi à ses côtés, joui de son corps, caressé ses seins, dit les mots qu'elle souhaitait entendre de lui. Mis ses paumes à plat sur ses cuisses, goûté à la tiédeur de son ventre.

Il tenta de prier, joignit les mains, entrelaça ses doigts. Il se souvint d'une vieille comptine qui évoquait saint Martin, le chevalier généreux au manteau, destinée à endormir les enfants après qu'ils ont bu au sein. Il essaya d'en trouver les premières paroles mais rien ne vint.

Il sentit la colère, immense, lui secouer l'échine et l'envie claire de hurler face au monde, de gueuler à pleins poumons : *Je ne veux pas. Non !* Il pensa distinctement : *Qu'on me foute la paix.* Il répéta à haute voix : *Foutez-moi la paix. Tous !*

La fièvre lui battait les tempes, comme s'il avait bu de l'eau des marais. Il faudrait répondre aux questions des prêtres, se mesurer à eux et jurer sur leurs bibles de dire leur vérité. Éviter les pièges, supporter les phrases marmonnées par leurs babines gercées car eux savaient le latin, les textes. C'était perdu d'avance. Il envisagea la mort de Morjiane, son désespoir à lui, le trou noir dans lequel on s'enfonce. Il tapa des talons, fouailla la terre meuble.

Il avait songé à la mort. En soldat et pas seulement au soir des batailles. Par jeu, par bravade, comme ses compagnons, il avait lui aussi posé sa dague sur sa peau nue, là où l'artère s'affole. Il fréquentait la mort. Avant chaque embuscade, chaque attaque, il l'avait envisagée, mesurée soigneusement, avec calme. Il laissait volontiers aux philosophes de quoi nourrir leurs questions qu'il jugeait inutiles. Il l'avait vue bien en face, la Camarde, menti aux mourants, fermé les yeux du jeune garçon qui s'abîmait vers ce néant, à Gaza. Mais là ! La mort de Morjiane, la simple horreur de cette pensée supposait l'arrêt immédiat de sa propre vie ! Il se retint de vomir et plaqua sa main sur sa bouche.

Il n'avait fait qu'obéir aux ordres et cultiver ces foutues fleurs, été comme hiver, à chaque saison, sans ménager sa peine. Ne plus penser qu'à elles, les traiter comme des pucelles pour leur éviter les maladies, les grains noirs piquetés sur leur peau verte, ponctuait ces mois écoulés qui formaient déjà des années. Pour Thibaut et sa gloire. Les roses !

Il pensa à la fuite, la solution. Il lui faudrait seulement seller en secret Calypso puis Babouche et fuir le plus loin possible. Prendre la direction de Marseille, trouver un bateau, payer le capitaine et s'embarquer. Retourner dans le pays de Morjiane. Et si cela n'était plus possible, aller en Égypte ou rejoindre Jérusalem. Certains barons y vivaient déjà, concubins de femmes arabes. Si ceux-là ne s'en vantaient pas, tous le savaient. Il fallait agir pour sauver leur vie.

Il ne le pouvait pas, c'était pire que lâche. Et déjà le mot vibrait à ses oreilles comme une insulte. Non, c'était scellé, cacheté comme la cire rouge des princes sur leur parchemin. Il lui faudrait supporter cette lie, les minuscules, les nains qui depuis si longtemps lui mordaient les chevilles, ces chiens. Isolde, Ludger, Paul de Launet, ce moine de malheur, des dépeceurs. La duplicité, l'hypocrisie révulsaient cette âme droite. Il fuyait depuis ses quinze ans ce qui lui paraissait courbe et trop arrondi, ce sinueux labyrinthe où le cœur s'enfonce pire que dans la vase.

Sur sa terre champenoise, au bord de sa rivière aux truites, il songea qu'il devrait se battre à armes égales. Répondre aux prêtres de l'Inquisition non seulement avec ses mots mais en forger d'autres, des plus subtils et des plus souples. Il se souvint du sultan de Damas, et de son visage impassible. Ce masque de pierre cruel cachait des entrelacs tors, des desseins variables assaisonnés par le vice. Malik al-Salih continuait à cacher dans les plis de ses lèvres combien par sa faute le sang avait déjà coulé. Dans sa propre famille, nul n'était à l'abri du poison ou de la dague. Tuer avant de l'être, et chaque alliance était trahie, toujours. Cette logique des hommes fourbes serait la sienne.

Les paroles de la chanson de saint Martin, le bon légionnaire romain, lui revinrent. Il la fredonna, comme seule capable de lui donner la tranquillité avant la lutte. Il pensa à Jérusalem. La ville sainte occupée par les uns puis les autres, pillée, rasée, rendue, oubliée, venait de ressusciter par un étrange miracle. La haine, recuite depuis des mois, la rivalité rance qui perdurait entre le sultan et son oncle et que rien n'était parvenu à calmer, s'était dénouée à Damas sur un nouveau pacte de paix. Al-Salih Ismaël, l'oncle tant haï par son neveu le sultan, venait de proposer à Thibaut de Champagne alliance et garanties de territoires ! Il lui offrait Nazareth, Safeh et Tibériade. À la seule condition de s'allier contre Malik al-Salih. Ainsi permettait-il que le royaume des Francs, l'antique royaume de Jérusalem, se reconstitue pour une paix éternelle et sans coup férir. L'armée franque avait quitté ce pays de sable et d'eau rare sur une victoire.

Les clercs et les nonces avaient ordonné alors de prier afin de pouvoir un jour prochain remonter les murs détruits de Jérusalem, les places fortes rasées, en espérant que les tours chancelantes protègent encore les populations.

Ces retournements de situation, ces issues soudaines qui réglaient des conflits perpétuels n'étaient pas si rares. L'Histoire en était pleine. Rien n'était impossible aux hommes et peut-être même à Dieu. S'arc-bouter sur ce passé proche, y récolter ses exemples, les analyser en stratège, calma Gatien en lui redonnant de la force. Il quitta son tronc et, droit sur ses jambes, étira ses bras ; dans son esprit se dilua le visage creusé du sultan dont les yeux s'ouvraient et se fermaient comme certaines fleurs à la nuit.

Morjiane l'attendait à Mortery, peut-être inquiète pour lui. L'angoisse montait à son cœur dans ce pays étranger pour elle, où elle n'avait pas de famille ou d'amis. Gatien la savait forte mais de cette force qui emprunte à l'insecte son réseau de muscles et de résistances et qu'une simple pression de doigt anéantit. Il se souvint de l'horreur lue sur son visage alors qu'elle regardait au camp des Francs, en Syrie, des moines chanter sans relâche des hymnes chrétiens tandis que certains d'entre eux se fouettaient le dos au sang pour imiter les souffrances du Ressuscité. Elle avait placé son voile bleu tout contre ses yeux et détourné le regard.

C'était peu de temps avant qu'il ne demande audience auprès de Thibaut de Champagne. Ramener Morjiane en France exigeait de dire la vérité, de donner les raisons qui le poussaient à ce choix ; avec l'aide de Dieu, Gatien s'était persuadé que Sa Grâce la reconnaîtrait, lui accorderait sa confiance. Elle allait désormais vivre dans ses États, la Champagne, l'autorisation était nécessaire. Un mot du comte garantirait sa sécurité.

Quand Morjiane fut devant Thibaut, il accepta de la considérer comme une alliée. Il exigea que jusqu'à la France, elle reste ainsi, habillée en garçon, qu'elle se fasse discrète, qu'elle se taise. Il fallait éviter les soupçons, fuir les gens d'Église. Celle qui ne priait pas encore le dieu des chrétiens serait suspectée. On verrait plus tard pour sa conversion. Entre les deux hommes il y avait eu des mots dits avec la nonchalante impatience des puissants.

— Elle sait y faire, me dis-tu ?

— Oui, monseigneur.

— Et je peux lui faire confiance ?

— Oui.

— Nous verrons. Je n'aime pas l'échec.

— Je sais.

— Et je ne suis pas patient.

— Je sais aussi.

Ce fut tout. Morjiane partait en France avec comme seul blanc-seing le vague souvenir d'un prince ayant croisé un visage vite effacé. Sortant de la tente comtale, Gatien attendit qu'elle dise un mot sur Thibaut. Il craignait peut-être qu'elle ne l'aime pas, mais elle ne dit rien et ne laissa rien paraître. Il pensa que son habitude des puissants la rendait circonspecte. Depuis, après leur retour commun en Champagne, le prince la considérait comme l'un de ses domestiques, ni plus ni moins nécessaire à la bonne marche de sa vie qu'un cuisinier habile à clarifier une sauce. Accepterait-il de l'aider quand il faudrait l'arracher à la prison comme aux flammes ? Que faudrait-il faire de plus pour le convaincre d'intervenir selon les droits de la vassalité, ces liens de mémoire qui unissaient le soldat à son suzerain ? À y bien réfléchir, Thibaut s'était montré généreux. À deux reprises déjà, une trentaine de pièces d'or avaient été comptées pour le baron de Mortery. Grâce à cette manne, l'abondance revenait.

Gatien pressa le pas en direction du manoir. Les heures qui s'annonçaient allaient connaître leurs lots de doutes, de silences et de questions. Les serviteurs et les domestiques, les paysans, celles et ceux qui travaillaient pour lui seraient interrogés. Il faudrait leur parler, les rassurer, leur expliquer ce qu'il faudrait dire pour ne pas éveiller les soupçons. Innocence ! Le mot serait désormais celui-là à employer, répéter, écrire, jurer, s'en badigeonner la langue comme d'une cuillerée de miel.

Lorsqu'il parvint sur le seuil de sa maison, ce fut Martin qui ouvrit la porte. Le jeune homme avait les yeux rougis et il reniflait encore. Gatien crut bon de ne rien ajouter. En entrant chez lui, il trouva Morjiane dans la petite pièce froide qui servait depuis des années de laboratoire aux roses. Ces deux êtres se regardèrent dans la demi-pénombre. Elle lui tendit un pot en terre cuite qu'il plaça sur l'étagère du haut, puis un second.

— Il ne faut pas avoir peur.

— Je n'ai pas peur.

Face à lui, elle avait conservé ce visage calme qui l'avait ému depuis la Syrie. Sur son corps, il ne lut rien qui indiquait la peur moite, une ligne qui aurait barré son front ou marqué les cernes de ses yeux. Il la quitta tandis qu'elle continuait à empiler d'autres pots vides, soigneuse et vigilante.

Chapitre XVII

Mortery
Un peu avant la Noël 1242

La vie continua. Ce qui était affaire juridique et concernait désormais l'Église prendrait le temps nécessaire. Gatien sut d'instinct que rien ne se passerait avant Noël. L'attente. Il s'agissait de feindre le bonheur quand, debout face à elle, il regardait la roseraie recouverte du manteau dru de la neige tombée. Les derniers pieds à peine visibles s'éloignaient dans la journée finissante. Parfois, Morjiane posait sur ses épaules une couverture de laine et sa taille alors rejoignait son bras ouvert. Il calait sa respiration à celle de la jeune femme, s'apaisait et il suffisait d'un lé de soleil glissant sur sa joue pour que s'éloigne l'incertitude. Mais chaque matin et chaque soir, à l'instant de faire ouvrir ou fermer ses portes, Gatien surveillait l'entrée de la maison forte, le regard fixe, se préparant à voir entrer des sergents d'armes contre lesquels il ne pourrait rien.

Morjiane semblait indestructible. La violence à venir, le procès dans ce qu'il aurait de plus sournois flottait autour d'elle, de trop loin pour qu'elle s'y attarde. Gatien la jugea forte, arrimée dans cette terre qu'elle aimait, peut-être plus digne encore que ses ancêtres champenois, nés et morts ici. Cette bile amère déversée bientôt par les prêtres et leurs témoins, les injures et les coups bas qu'il faudrait parer n'avaient sur elle aucune prise. Ces poignées de haine, ces mots qu'il lui faudrait répéter à s'écorcher les lèvres seraient pourtant bientôt réalité. Il pensa que la confiance qu'elle avait placée en lui demeurerait définitive. Il était là pour elle. Cela suffirait peut-être à éviter le mal.

Gatien la regardait cueillir les dernières poires d'hiver, les rares pommes consenties par le verger. Elle en arrondissait son tablier et elle s'amusait de les voir dégringoler sur l'herbe roidie par le froid. Il tapait alors dedans d'un coup de botte et elle riait de bon cœur en voyant le fruit dur s'écraser contre le tronc d'un chêne. Chaque nuit, elle s'endormait à son flanc. Un matin pourtant, alors qu'elle tisonnait le feu, empêchant une bûche de rouler sur le sol, il vit qu'elle tremblait. Il hésita à se rapprocher, à murmurer dans son cou les paroles utiles.

Elle le devina et, sans se retourner, elle étendit sa main ouverte ; Gatien comprit qu'elle ne souhaitait rien d'autre de lui, aucune parole, aucun effort de plus. Fidèle à leur pacte à peine formulé, il s'était tu. Trois fois la semaine, Martin amenait Calypso à son maître et ils partaient tous les deux au petit trot, apaisés de voir la campagne fumer au soleil d'hiver, les terres grises badigeonnées de brume épaisse. Gatien revenait avant la tombée de la nuit, et parfois Mélie trouvait dans l'une de ses sacoches de cuir un lièvre encore tiède poissé de sang.

Autour de Morjiane et de Gatien, les domestiques, les servantes, les palefreniers, les paysans du domaine composaient un cercle invisible, ce maillage bienveillant et protecteur qui garantissait encore la paix. Le même silence régnait ici comme avant que ne pèse sur eux tous une menace commune. Mélie et Martin semblaient plus calmes, oublieux de leurs querelles de gamins, chacun occupé à mieux servir les maîtres, et le garçon ne quittait jamais longtemps le baron du regard.

Vint un jour, où, respirant l'aube à son lever, il eut l'idée de demander conseil à ceux qui savaient et sauraient les aider. Le premier nom qui lui vint à la mémoire fut celui du frère Germain et, si son âge maltraitait la chair de cet homme pieux, son esprit restait vif. Gatien l'écouterait avec gratitude. Il voulut que Morjiane l'accompagne. Elle parut étonnée qu'il la veuille auprès de lui chez un prêtre chrétien mais elle consentit sans poser de question. Le village de Chenoise était distant de moins d'une matinée de cheval. Ils y furent tous les deux avant l'heure de sexte. Une petite maison de pierre au toit chaumé et fumant par un étroit conduit tenait lieu de cure.

Son seuil franchi, il fallait laisser ses yeux s'habituer à la demi-pénombre avant de deviner le frère Germain chauffant ses rhumatismes à l'âtre. Une statue de Marie en cœur de chêne veillait sur le buffet bas. Cela sentait la soupe aux légumes et le marron chaud. En face du fauteuil où siégeait l'abbé, une main amie avait placé deux escabelles en bois qui servaient par commodité pour traire les vaches. Ce fut là que prirent place Gatien et Morjiane. Chacun se tut durant une poignée de secondes et le prêtre tenait ses mains déformées contre ses genoux. Ce vieux corps raidi par l'arthrite, habillé de l'inévitable robe de drap noir, sembla se rétrécir mais la voix qui en sortit, claire et solide, remplit la pièce entière.

L'abbé dit qu'il savait la raison de leur présence, qu'il attendait depuis plusieurs jours leur venue. Il était là pour eux. Le combat qu'il s'agissait de mener comprenait des périls. Rome avait eu un pape rappelé à Dieu depuis un peu plus de deux années. Sa Sainteté Grégoire le Neuvième, connu pour sa piété insigne, connaissant mieux que quiconque le droit canon, avait œuvré toute sa très longue vie à expurger de l'Église l'hérésie, cancer de la foi. Les croyants devaient au défunt pape l'extraction forcenée de la racine du mal. L'abbé ajouta :

— *Inquisition* vient du latin *inquisitionem* et signifie *enquête* ou *recherche*, et Gatien vit Morjiane répéter le mot sur un souffle très bas. Comprenez-vous ? Je connais la réputation du frère Gil de Rossano ; même l'évêque craint sa piétié abrupte, cet homme tout d'une pièce ne s'embarrasse de rien. Mais son honnêteté est sans tache. Il ne trouve rien, n'invente rien qui n'existe déjà.

— Qui pourrait se dépêtrer de ce fatras ?

— Gatien, écoute-moi.

Le frère Germain tourna sa tête blanche vers Morjiane.

— Il faut que tu te convertisses au Christ. Tu m'entends, au plus vite, tu dois venir dans le giron de l'Église. Te montrer docile, soumise, douce et obéissante. Si tu refusais d'obtempérer, le frère Paul de Launet aurait sur toi une si grande emprise que nul ne pourrait plus rien.

— Pourquoi me hait-il ? Qu'ai-je fait à cet homme que je n'ai vu qu'une seule fois ?

Renaud Germain fixa un instant le visage pur de la jeune femme qui se tenait droite face à lui. Il eut un sourire d'homme qui n'excluait pas une part de nostalgie.

— Il est des êtres qui brûlent ; la tension qui bat dans leurs veines est telle que le feu qui les dévore consume tout. Je crois sur mon salut que le frère Paul est de ceux-là. Il te hait, dis-tu, et c'est le mot. Il hait le péché qui peut-être déjà croît en lui. Convertis-toi, Morjiane, abjure la religion de tes pères, tombe à genoux devant la croix. Fais-le publiquement, clame-le, hurle-le à la face du monde et de Dieu. Couvre-toi la tête de cendres froides, les juges t'en seront reconnaissants et ainsi se montreront-ils indulgents.

— Indulgents pour quelle faute ? Où est le péché ? Qu'a-t-elle commis pour que ce fou vienne nous chercher noise ?

Et Gatien tapa de sa botte sur le sol. Un coup sec.

— Paix, Gatien. Calme ton humeur ou sors ! As-tu oublié à quoi t'ont conduit tes excès, ces débordements qui sont les tiens, dis, à quels malheurs ? Ici, tu as un ami, pas un juge et tu le sais.

Gatien, levé, marcha vers la cruche et but au goulot. Il revint s'asseoir, le visage au plafond.

— Le droit vassalique me permet de demander aide à mon suzerain, Thibaut, notre sire. Je vous jure sur mon sang que je saurai me faire entendre de lui pour juste et bonne réparation.

— C'est ton droit.

— Je vous le répète et le répéterai, c'est monseigneur de Champagne qui m'a confié la mission des roses. C'est à lui que nous obéissons à Mortery, comme le père de mon père de mon père le faisait déjà pour ses aïeux.

— Je ne l'ignore pas.

— Pourtant, voilà qui ne guérit pas votre peur.

L'abbé se signa par deux fois. Il ferma les yeux, les ouvrit à nouveau et les vrilla posément dans ceux de Gatien.

— Comprends bien ce que je dis. Il y a eu dénonciation. Le frère Gil ne vous présentera pas le texte écrit en bon latin ou, si tu préfères, vous n'en aurez pas connaissance…

— C'est inique !

— C'est la loi.

— Ce n'est pas celle des hommes.

— C'est celle de Dieu et c'est la seule qui compte. Je te le répète : l'acte d'accusation ne vous sera point soumis car le dénonciateur peut être aussi un hérétique qui veut se faire passer pour un bon chrétien. Ou aussi un mari qui veut se débarrasser de son épouse, un fils qui souhaite voler l'héritage de son père, une femme qui désire s'unir à son amant et se débarrasser d'un mari vieux et impuissant. L'homme, ce sac d'horreurs, est capable de tout. Sa Sainteté défunte, le pape Grégoire le Neuvième, a exigé toutefois que l'hérésie ne fût pas un prétexte pour condamner un adversaire. Malgré tout, la prudence s'impose. Il existe un remède et je n'en vois pas d'autres.

Renaud Germain se tourna vers Morjiane et de ses yeux doux posa la question qui demeura muette. Elle répondit : *Je consens*. Et le prêtre proposa qu'elle revienne le lendemain, à la même heure et qu'il lui donnerait sa première leçon de foi, tous les jours que Dieu ferait sauf le dimanche. Il lui raconterait la *Vita Christi*, celle de la Vierge, des grands saints de l'Église et des martyrs. Quand Morjiane serait prête, elle recevrait le baptême qui ferait d'elle une fille du peuple chrétien. Morjiane répéta : *Je consens*.

Dehors, après avoir quitté la maison étroite, quand Gatien l'aida à monter Calypso, il lui dit, la tenant contre lui, qu'elle n'était pas obligée de le faire, qu'il allait demander audience au comte de Champagne dès son retour et que, par la mort du Christ, il faudrait bien que le Thibaut lui donne de l'aide. Elle ne pourrait jamais retourner dans son pays, sinon elle y serait lapidée. Changer de foi n'était pas chose aisée, cela demandait constance et courage, cela ébranlait l'âme. Elle répondit avec calme que son pays était ici, qu'elle n'en avait pas d'autre et que c'était bien. Elle avait vu souvent le visage de Marie dans les chapelles des villages et elle le trouvait doux et bon. Elle aimait apprendre, elle savait lire et écrire, au besoin, elle lui demanderait de l'aide et il se força à lui sourire tandis que Calypso se mettait déjà au trot.

Gatien ne dormit pas de la nuit. Les mots de frère Germain lui tournaient dans la tête, ricochaient sur sa mémoire. Il devrait encore se frotter aux puissants et cela supposait des fléchissements de genoux et son dos trop courbé. Toutefois, leur fréquentation permettait des avancées brusques, des aides inespérées, mais c'était parfois pactiser avec le diable : on se brûlait souvent à ces cimes. Cette fois, c'était différent, une question de vie ou de... il se refusa à penser le mot. Morjiane ne risquait pas seulement le bûcher mais la prison, l'enfermement à vie. Il la vit soudain à demi morte, enchaînée, les chairs transparentes à cause des privations de nourriture, d'eau ou de lumière. Au bord de la tombe, par sa faute à lui qui n'avait pas su la protéger et la sauver.

Au matin, ce fut pis, Gatien ne cessa de se retourner sur sa couche. Peu avant l'aube, il s'écroula, fut pris d'un mauvais rêve, comme une fièvre. Démultipliées, les tiges des rosiers épaissies, de plus en plus larges, enserraient ses chevilles, ses poignets, écartelaient son corps, rampantes. Et les épines venimeuses entraient dans ses chairs, aiguës. Il tentait de combattre et elles étaient plus fortes, prêtes à le terrasser. Elles atteignaient son cou, sur le point d'entrer dans sa gorge, de l'étouffer. Son corps était une plaie, il saignait, cela coulait entre ses cuisses, de ses veines ouvertes, en rigoles sur le sol. Il se réveilla trempé et seul.

De toutes ses forces, de toute son âme, il souhaita la mort au frère de Launet, immédiate, le voir s'écrouler la bouche ouverte. Il se jura aussi que, quelle que soit l'issue de ce procès de damnés, il tuerait ce foutu moine de sa main. Il n'aurait aucun remords quand sa main s'abaisserait d'un coup, à tourner et retourner sa dague dans son ventre. Il quitta le lit froid à la place de Morjiane, s'aspergea le corps et le visage d'eau, s'habilla vite, la peau encore humide.

Il descendit à la cuisine, trouva les femmes d'ouvrage en train d'éplucher des navets et des carottes pour la soupe du soir. Une autre pétrissait du pain. Elles chantonnaient et riaient, évoquaient l'une des leurs dont le galant ne se décidait toujours pas à la demander en épousailles malgré ses prières à la Vierge et ses visites à la Grimaude qui passait pour sorcière et rebouteuse ! Le nigaud ne bronchait pas et restait là à la regarder sans vouloir lui passer la bague au doigt. Elles cessèrent leur caquetage à la vue de Gatien. Il demanda où était Morjiane. Mélie répondit qu'on l'avait vue faire seller Babouche et était partie. Qu'elle reviendrait avant l'heure de sexte et que le maître connaissait la raison, il n'y avait pas à s'inquiéter. Gatien n'insista pas.

Morjiane devait déjà ânonner des noms de jeunes Romaines, ces fillettes martyres, que l'on priait à convenance pour guérir ou imiter leur courage sous la patte d'un lion. *Ave Virgo Maria !* Si cela pouvait permettre d'éviter le pire, il serait le premier à l'encourager dans ses invocations. Il sortit, marcha vers la roseraie, et le froid vif, immédiat à ses épaules comme à ses mains, ne calma pas ses impatiences. Il se demanda s'il serait bon d'aller à l'abbaye de Jouy rencontrer le père abbé et lui demander audience. Peut-être obtiendrait-il rémission ou annulation de ce procès insensé. Il se reprocha de ne pas avoir soumis l'idée au frère Germain qui l'aurait sans nul doute réprouvée. Son art consommé de dire et d'imposer ce qui devait être fait ou pensé sans délai demeurait proverbial dans la région. L'homme serait un allié sûr et fidèle, suffisamment madré pour parer les coups, même les plus vicieux. Cela pourrait peut-être ne pas suffire, la question perpétuelle ne comptait pas encore de réponse.

Gatien se vit forcer la porte de l'abbé Raoul et secouer cet homme au ventre de poussah jusqu'à ce qu'il crache une signature au bas d'un parchemin qui exonérerait tout. Il songea à la peur de ce loukoum, aux hurlements effrayés des moines, à la réaction du frère Renaud Germain, à celle de l'évêque. Il leva le regard vers le ciel. Au cœur des nuages, visibles par à-coups, volaient en ligne incurvée des oies sauvages. Elles devaient filer vers l'Afrique et la chaleur, habituées à se laisser porter par les courants. Gatien envia leur liberté. Le ciel gardait l'empreinte de ce dessin en fer de lance, souple et aigu.

Ses yeux retombèrent sur la roseraie ; l'absence de vent lui donnait un faux air de toile peinte, pareille à celles qui décoraient les Miracles, ces saynètes édifiantes qui ravissaient le peuple sur le parvis des églises. Une silhouette se détachait au fond d'une allée, il reconnut Martin qui venait à lui. Quand le jeune homme l'eut salué, après avoir retiré son bonnet et bien trituré sa laine tricotée, Gatien comprit qu'il avait une question, de celles rabâchées longtemps avant d'être posées. Le menton au sol, il dit :

— Fêterons-nous la Nativité de Notre Seigneur, comme avant, je veux dire avant…

Il n'alla pas plus loin.

— Pourquoi demandes-tu cela, Martin ?

— Messire, tout le monde se pose la question.

— C'est qui, tout le monde ?

— Les servantes, les paysans, les manouvriers, les façonniers du village et jusqu'à Mélie, qui ose rien dire mais qui piaille.

— Et toi, tu oses ?

— Oui, messire.

— Tu as raison.

Gatien se vit au même âge, aussi gauche et sincèrement bon, poussé vite, incapable de ne pas dansoter d'un pied sur l'autre, les bras et les mains trop grands.

— Nous célébrerons la naissance du Sauveur. Ce ne sera pas comme les autres années. Ce sera beaucoup mieux, nous ferons bombance et mènerons joyeuse vie, que tous le sachent et le répètent ! Tu as ma parole, Martin.

Le garçon releva le visage, découvrit ses dents blanches sur un sourire qui en disait long sur les réjouissances à venir. Il pourrait manger, boire et inviter des filles à danser. Le cœur lui battait si vite qu'il ne sut que répondre et fila droit vers les écuries.

Gatien attendit le retour de Morjiane et la jeune femme arriva, comme elle l'avait promis, avant le repas, et il réunit celles et ceux qui étaient là, en cette heure, et qui se tinrent devant lui, silencieux. Il assura que rien ne changeait ni ne changerait. Il restait leur seigneur, lui, baron de Mortery, de Saint-Loup et du Mesnil, d'Haudicourt et de Saint-Hilliers. À cette occasion, tous ici présents demanderaient au Ciel égale protection de tout ce qui vivait et respirait sur ses terres, sans oublier le seigneur Thibaut, comte de Champagne, bien-aimé suzerain. Il y eut des soupirs d'aise, des regards contents, d'autres plus circonspects, des clins d'œil adressés par les filles aux garçons et des visages tournés vers Morjiane qui souriait, les mains croisées sur son ventre. Quand les servantes et les paysans les eurent laissés seuls, Gatien l'entraîna dans sa chambre, de son long pas rapide, la pressant contre lui, avide de son corps, l'embrassant à pleine bouche, fier d'elle. Morjiane ne le repoussa pas mais elle plaça simplement ses mains sur ses joues, caressant son front et ses cheveux, et sa douceur était telle qu'il cessa. Il s'aperçut que brillait à son cou la petite croix d'or qu'il lui avait offerte jadis.

*

Ils étaient assis maintenant. Il comprit qu'elle voulait lui parler car elle commençait souvent ses phrases par un silence et la même inspiration profonde qui faisait se soulever ses seins. Elle hésita peut-être un peu plus que les autres fois. Elle trouva la phrase la plus simple et lui dit avoir avoué au prêtre ce qu'ils avaient fait ensemble, quand ils avaient eu commerce de chair. Morjiane se souvenait de la formule de l'Église, et elle le vit buter sur ce mot d'aveu. Elle le sentit blessé, elle ajouta alors que le frère Germain ne lui avait rien demandé de plus et que ses yeux ne trahissaient aucun jugement, rien qui la fasse se sentir coupable. Elle avait pris l'habitude de confier à Gatien toute vérité, elle continuait.

Depuis la mort d'Aude, Gatien n'avait jamais pensé à une autre femme, moins encore à s'unir à elle, dans un lit, nus tous les deux jusqu'à la jouissance. Conduire une vierge à l'autel, se remarier, consistait à informer sa parentèle, à la réunir, à donner à manger et à boire en quantités suffisantes, à rire et à danser ! Il n'en avait eu ni l'envie ni le goût. L'incommensurable ennui d'un autre corps collé au sien s'était estompé avant de ne disparaître qu'avec Morjiane. Voilà qui repoussait au loin ces limites qu'il s'était longtemps imposées.

Tout en lui tenant les mains et en l'écoutant raconter les conseils du frère Germain et ce morceau d'Évangile de Marc qu'elle devait apprendre et lui réciter bientôt, il se demanda s'il serait capable de s'unir avec elle devant Dieu. La question lui parut moins grave quand il eut la certitude que sa conversion n'y serait pour rien. Il lui suffisait de penser à elle pour que son cœur s'éclaire et qu'il sache cette fois mieux que par instinct quel chemin allait prendre sa vie. L'Église n'aurait pas le dernier mot. N'importe quel prêtre, soudoyé au besoin, bénirait leur union. Il ne tint pas à confier ce désir possible à Morjiane, non par crainte d'un refus, mais par une superstition de paysan dont ce baron ne parvenait pas à se défaire.

*

Le manoir entier préparait Noël. On eût dit que le soleil, complice de cette joie, abondait en rayons bienfaisants, dardant sa chaleur sur les bêtes et les gens. L'émerveillement n'en était que plus grand face à la roseraie qui semblait d'un verre lisse. Chacun était pris par un vertige, une joie bruyante comme après un excès d'alcool. Les hommes allèrent couper de longues branches de sapin que les femmes disposèrent dans la maison entière, ajoutant du houx, du lierre, du romarin et des branchages de gui saupoudrés de leurs boules blanches rondes comme des bonbons. C'était vert à piquer les yeux et cela sentait fort.

Morjiane fit disposer dans la plupart des chambres et dans les salles des écuelles en terre cuite de la taille d'une jatte. Elle y répartit ce qui restait des pétales de roses séchés. Chacun, à peine rentré au manoir, s'arrêtait, cherchait d'où venait l'effluve si doux et repartait content. Gatien donna ses ordres à Marthe, la cuisinière. Pour le repas de la Nativité du Seigneur, il voulait de l'oie rôtie, des fèves au lard, des nèfles, des vins rouges et blancs ; elle saurait faire pour le reste. Puis il décida du lieu de la messe célébrée dans la nuit sainte. L'église de Saint-Loup accueillerait les siens et ceux de sa maison car elle était de son fief. Le frère Germain célébrerait l'office et tout serait bien.

Gatien songea au temps qui filerait après la Noël, ces jours sans cesse recommencés jusqu'à celui du procès. Les mots du frère Renaud résonnaient parfois en lui car il savait cet homme bon. Mais le prêtre connaissait si bien les procédures inquisitoriales, il en donnait tant de précisions que leur rigueur glaçait l'âme. Comment éviter l'horreur à Morjiane, qu'elle ne soit pas broyée entre ces herses de textes et d'alinéas recopiés par des clercs ? Alors qu'il la voyait disposer les branches de sapin, les coudre l'une à l'autre à l'aide d'un ruban écarlate, rire parfois avec Mélie de la maladresse d'une autre fille, il se demanda souvent si elle mesurait l'abîme qui s'ouvrirait bientôt face à elle. Le frère Germain avait été formel : tout serait fait, dans cette procédure, pour obtenir des aveux dûment notés. Et l'on aurait recours à la preuve testimoniale. Gatien avait fait répéter ce mot qu'il n'avait jamais entendu depuis sa naissance, il sentait le vomi.

L'abbé, d'une voix plus lente, avait répété : cet élément de connaissance personnelle distinguait la preuve testimoniale de la preuve par commune renommée, qui consistait en ce que des personnes rapportent, non plus ce qu'elles avaient constaté elles-mêmes, mais ce qu'elles avaient su par ouï-dire, à propos de tel ou tel fait. C'était pire. N'importe qui pouvait assurer avoir entendu n'importe qui prétendre, assurer, confier, et à mesure qu'on s'éloignait du suspect, ces phrases creuses, ces mots mal choisis prendraient au contraire une force supplémentaire : leur éloignement ne les affaiblissait pas. Le nombre seul suffirait.

De plus, le frère Gil de Rossano pouvait à convenance accepter les témoignages de ceux jugés infâmes par l'Église, les prostituées, les excommuniés, les voleurs, ceux mis au ban du peuple sans qu'on sache jamais leur nom. Morjiane attendrait l'issue du procès, toujours à la discrétion de l'inquisiteur, dans un lieu désigné par lui. Cela pouvait être à Mortery comme dans une prison de Provins. Le cachot était réputé pour délier les langues tant il était froid, sombre, humide. Sa petitesse de réduit, l'horreur qu'il suscitait, poussaient le malheureux à des aveux pour en finir avec ce supplice. Dans cette escalade que rien ne semblait arrêter, l'ultime marche fut révélée par Renaud Germain alors que Morjiane était déjà sortie de la cure. Le séjour dans cette nuit éternelle qu'était le cachot se combinait souvent à un jeûne imposé qui réduisait le prévenu, de semaine en semaine, à l'état d'épave. Ce fantôme impuissant, privé de volonté, ne pouvait parfois même pas se tenir debout dans une prison en forme d'œuf ou de cage. Enchaîné aux chevilles et aux poignets, il était souvent attaqué par les rats. Souffrir dans ses chairs ne lui épargnait pas la torture ordonnée par l'inquisiteur en cas de refus d'avouer. Les hurlements entendus dans ces prisons de l'Inquisition s'expliquaient : les fers chauffés à blanc, l'eau versée par rasades entières à l'aide d'un entonnoir ou l'estrapade qui exigeait des cordes souples et fermes, présumaient un monde noir qui avait ses codes et ses habitudes. Sur cette vision de cauchemar régnait, tout-puissant, Gil de Rossano. La mort n'était pas donnée encore, et Gatien imagina malgré lui les doigts du bourreau arrachant la chemise de Morjiane, mettant les chairs douces à nu, posant sur son ventre ses mains calleuses, palpant, fouaillant, faisant mal.

Il se cala à la fenêtre dont il ouvrit le panneau de chêne. Le vent hurleur cornait l'hiver. Étrangement, ce bruit d'apocalypse qui sifflait dans les cheminées, ricochait sur le toit, giflait les murs, l'apaisa, lavant ses pensées, les soulevant comme des fétus de paille. Ce crépitement ne cessait pas. Il pensa à la roseraie ; ses branches, arrimées à la terre, tiendraient bon. La nature venait à son secours.

Gatien sentit que Morjiane lui prenait la main, l'entraînant voir les premiers décors voués à la Nativité. Une partie de la salle haute était déjà tapissée de branchages verts et cela sentait la forêt au petit matin. Un peu de sève coulait des troncs coupés et Gatien en récupéra une larme sur son index et le porta à son nez. Morjiane sourit de le voir faire. Elle lui montra aussi des couronnes tressées et piquetées de rubans, des bougies de cire d'abeille disposées par ordre de grandeur. La joie s'invitait chez lui.

Les mots de Morjiane

Ce que je viens de faire a causé grand bruit dans la maison. Pourtant ce qui fut fait de mes mains et de celles de Mélie est simple. Il est vrai que cela donne aux âmes la joie et le bonheur d'aimer être en santé bonne. Cela peut être employé durant les jours de fête comme lors des jours bien ordinaires. Cela combat les humeurs grises et la mélancolie, l'heure étrange où les lumières d'ici déclinent trop vite, quand le ciel est si bas qu'on le pressent tomber sur notre vie. On craint alors les dangers, on les devine partout, on pense que les spectres rôdent, que la mort guette.

Voici la recette de ce que certains nommeraient philtre et ils auraient tort. Je ne l'ai pas inventée, je l'ai améliorée en modifiant ce que mon père et le père de mon père en avaient fait. On ne trouve pas ici en quantité suffisante les épices ou les herbes de mon pays et elles sont bien trop chères chez l'apothicaire de Provins. Voilà ce que je conseille. Voilà ce qui a été composé à Mortery et que j'appelle bol de senteurs.

Il suffit de disposer dans une écuelle bien creusée une tasse de boutons de roses, une cuillerée de clous de girofle et autant d'anis étoilé. Si on le peut, des graines de poivre bien rouges et venues de Chine. On doit y mêler en outre deux tiges de menthe, une paumée de thym, trois feuilles de laurier, trois bâtons de cannelle. Le merveilleux serait d'ajouter plusieurs gouttes d'essence de rose. Nous attendrons des jours plus sereins pour la fabriquer en utilisant ce qui dort encore dans la grange, je veux parler des cornues et des alambics, dont le dessin de gros crapauds m'enchante depuis toujours.

Il existe une variante de ce premier mélange. Je le pense destiné aux plus doués d'entre nous car cet autre bol de senteurs est plus délicat à obtenir. Il ne faut rien ajouter ou soustraire aux ingrédients que je viens de citer. Il s'agit de les faire sécher suffisamment en évitant que branchettes, roses ou herbes en deviennent cassants. On prendra soin alors de bien les mélanger. Puis on passe à l'eau bouillante un bocal de verre. Alors qu'il est encore brûlant, mais bien séché, on y place le mélange et on ferme d'un bouchon de liège ou d'étoupe. On l'ouvrira trois semaines ensuite. Placé dans des coupelles en terre cuite, on peut en raviver le parfum en ajoutant une cuillerée d'alcool de pomme ou de poire ou de cerise. L'alcool de datte ou de figue convient bien mais ces fruits de mon pays ne sont pas cultivés ici. L'odeur que répand le bol de senteurs est merveilleuse ; je l'ai respirée souvent à Damas. Elle est celle de mon enfance.

Chapitre XVIII

Paris
Un peu avant la Noël 1242

Isolde attendait Gil de Rossano. L'homme qui franchirait bientôt le seuil de sa maison et s'assiérait en face d'elle, sur un fauteuil confortable ménagé à cet effet, lui avait demandé de la rencontrer. Ce qui se disait à voix basse au palais exigeait une entrevue. Prévenue par un des moines de la reine Blanche, Isolde avait fixé le jour et l'heure. Recevoir l'inquisiteur, celui qui avait l'oreille du pape, comblait la chrétienne et excitait la femme. Isolde savait que la conversation porterait sur les relents soufrés qui empuantissaient Mortery. Tant vantée voici quelques mois, élevée au rang de chef-d'œuvre par le roi Louis en personne, la rose cultivée sur les terres de Gatien sentait désormais le fumier du diable. La reine Blanche, circonspecte, encore calme, demandait une enquête en stipulant qu'elle fût discrète. Le procès d'Église à venir s'en verrait renforcé par de nouveaux témoignages. Isolde était la belle-sœur du baron de Mortery. Elle le connaissait, saurait en parler, évoquer sa nature, ses travers ainsi que ses qualités. Gatien appartenait au comte de Champagne. Il s'agissait de garder son sang-froid et de préserver une alliance nécessaire à la couronne. Blanche s'en était expliquée au palais avec Rossano. De ces jeux de réflexion, de ces idées projetées dans un oratoire, dépendait l'avenir d'un homme.

Nul ne vit alors l'éclat fauve qui traversa les yeux d'Isolde de Vernay. Elle relut, avec une avidité de recluse, le billet de quelques lignes, plié en deux, transmis par le moine. Elle lui répondit et quand il fut parti, obole en main, elle se précipita sur la carafe de vin de Brouilly. Ses nerfs qui battaient ses tempes se calmèrent lentement.

Depuis, durant quatre jours, elle avait réfléchi aux mots qu'il lui faudrait employer, aux phrases courtes ou longues qu'elle saurait dire à Gil de Rossano. Aux gestes à faire ou à ne pas faire, à la juste inclinaison de son visage comme de ses yeux. Dans le miroir d'étain fiché au mur de sa chambre, elle jugea de ses expressions, les modelant, composant un visage digne et modeste, avançant, se reculant, apercevant ses traits grossis ou rapetissés sur la surface polie du miroir selon la distance qu'elle leur prêtait. Elle se demanda si la présence d'Alix était ou non nécessaire. Devait-elle la tenir informée de ce procès en inquisition ? Si Isolde choisissait qu'elle fût là, elle songea qu'il serait judicieux qu'elle parlât le même langage, employât les mêmes mots avec une dose comparable de retenue et de pudeur. Cela supposait avec sa nièce des répétitions de gestes et de paroles, un jeu de théâtre à mettre au point avec soin. Le naturel souffrirait peut-être de ce trop d'artifice. Il s'agissait de laisser aller un caractère entièrement dévoué, de récolter les fruits d'une éducation savamment ordonnée.

Le sourire pâle qui modela les lèvres d'Isolde cessa vite. Ce n'était pas encore le Mortery qui était incriminé directement mais cette femme, brune de peau, de cheveux et d'âme, qui risquait sa vie. La Morjiane dont le nom seul respirait le péché. La haine vint, comme à son habitude, rampante, se nourrissant des détritus tombés çà et là de conversations entendues dans les couloirs. Isolde recueillit ce miel, prête déjà à s'en servir contre Gatien face à ce prêtre, fût-il inquisiteur, et qu'elle se sentait capable de mener à sa guise. Les reflets que prenait la mort à certaines heures lui paraissaient les plus beaux.

Elle attendait, ayant revêtu une robe longue couleur de suie dont les manches étroites masquaient ses mains jusqu'aux doigts. Choix longuement pensé et discuté ainsi que sa coiffure, ses cheveux lissés, attachés, qui laissaient voir un front blanc. Isolde ne portait aucun bijou. L'hiver rendait plus austère encore la haute salle éclairée par une lumière avare. Les deux fauteuils de pareilles dimensions, placés devant l'âtre, se faisaient face. Un feu, allumé du matin, achevait de consumer une bûche de châtaignier et répandait une chaleur égale.

Gil de Rossano fut introduit dans la salle haute par la plus vieille des servantes et Isolde se leva à son approche. Il lui tendit la main qu'elle baisa à son anneau d'or, fléchissant un genou.

— Chère fille, je vous souhaite la paix du Christ.

La voix de cet homme presque maigre était douce et grave. Elle en fut surprise. Peut-être attendait-elle une autre sonorité, plus sèche ou plus acide, une voix qui déjà condamnait. Elle répondit : *Signum pacis*. Elle fit servir un peu de vin d'Arbois et il laissa monter le vin rouge dans les coupes d'argent sans rien dire. Puis, il parla.

— C'est à notre reine douairière que je dois de me trouver face à vous. L'enquête que l'on mène en ce moment ne m'empêche pas de me forger une opinion qui n'engage que moi. Je la construis avec l'aide de Dieu et saurai l'utiliser si le besoin s'en fait sentir.

— Je suis la servante de l'Église.

— Vous connaissez Gatien de Mortery.

— Il fut l'époux de ma sœur cadette, jadis.

— Quel genre d'homme est-ce ?

— Je ne sais que répondre.

— Répondez la vérité.

— C'est un homme.

— Certes, et…

— Il en a les qualités comme les défauts.

— Mais encore, ma fille ?

— Je le crois courageux et fort. Profondément attaché à sa terre, comme l'étaient ses ancêtres.

— Voici de nobles qualités.
— En effet.
— C'est aussi un soldat.
— C'est surtout un soldat.
— C'est-à-dire ?
— Il en a la froideur et l'orgueil. Il obéit aux ordres, sans parler. Cet homme tuerait sur un mot lancé.
— N'est-ce pas justement ce qu'on attend d'un soldat ?
— À la guerre, oui.
— Mais pas en temps de paix. Vous ai-je bien comprise ?
— En effet.
— Le pensez-vous mauvais ?
— Je suis femme, monseigneur, qui suis-je pour juger ?
Gil de Rossano regarda plus attentivement celle dont la respiration passait du souffle infime à l'apnée. Il pensa aux gisants immobiles sur leur lit de pierre.
— Gatien de Mortery est entré dans votre famille.
— En épousant ma sœur, oui.
— Cette union fut-elle heureuse ?
— Je ne le crois pas.
— Pourquoi cela ?
— Son caractère parfois violent s'accordait mal à celui de ma pauvre Aude.
— Violent, dites-vous ?
— L'excès de vin, peut-être. Il n'aide pas à calmer un caractère facilement irritable.
— Vous ne l'aimez guère, n'est-ce pas ?
— Je réponds aux questions de Votre Grâce.
— J'entends. Votre sœur a été rappelée à Dieu très jeune.
— Oui.
Le silence rôda dans la salle haute. Gil de Rossano s'était arrêté de parler. Son visage sembla vagabonder, allant du vaisselier à la fenêtre croisée. Enfin ses yeux s'arrêtèrent à nouveau sur ceux d'Isolde.
— Ce fut sans doute pour vous une perte immense.

— Assurément. J'aimais beaucoup ma sœur.

— Gatien en a-t-il été affecté ?

— Je l'ignore. Il n'a guère témoigné de sa peine. Il fuyait le monde, la rumeur…

— Quelle rumeur ?

— Je ne sais s'il faut porter attention à ce que disent ou pensent les gens.

— C'est à moi d'en juger.

— Beaucoup l'ont tenu responsable de la mort d'Aude.

— Beaucoup ?

— Oui, ses gens, mes parents, notre confesseur, les paysans.

— Voilà des mots terribles, ma fille.

— Je sais, Votre Grâce.

— C'est un acte abominable.

— En effet.

— Une accusation.

— Je ne l'ignore pas.

Gil de Rossano marqua un temps d'arrêt. Évaluer l'âme humaine le rapprochait du médecin qui sonde une plaie à l'aide d'une lancette. Le pus en sortait souvent.

— Rien, pourtant, ne m'a été confirmé en ce sens.

— L'histoire est déjà ancienne et la mémoire des hommes passe.

— Mais comment aurait-il pu attenter à une vie, celle de son épouse, de la mère de sa fille unique ?

— J'étais si jeune à l'époque. J'ai entendu dire qu'il était égoïsme et vanité, animé par une colère perpétuelle. Sa violence terrifiait ma sœur.

— Le croyez-vous capable de nuire sciemment ?

— Je ne sais pas.

— De faire le mal pour le mal ?

— Peut-être.

Il y eut un troisième silence entre elle et lui. Gil de Rossano regardait Isolde de Vernay qui ne cillait pas. Sa pâleur ne variait pas. Rien en elle ne semblait bouger ou se troubler quelque peu.

— Votre sœur a rejoint Notre Seigneur avant sa vingtième année.

— Oui.

— Les circonstances de sa disparition sont connues.

— Elle est morte noyée ; les branches basses de la rivière, emmêlées à ses cheveux, ont retenu son corps.

— Ce n'est donc pas un meurtre.

— Peut-être en effet. Je sais simplement que notre confesseur s'était persuadé du contraire. Selon lui, ma sœur avait commis l'irréparable pour une chrétienne. Elle s'était tuée de ses mains.

— Je ne vois pas ici la responsabilité du baron.

Les yeux d'Isolde se mouillèrent.

— Deux ou trois mois après la mort d'Aude, mon père…

— Oui ?

— Je ne sais si…

— Allez, ma fille !

— Mon père m'a assurée que Gatien de Mortery l'avait forcée à mourir, à ruiner son salut, à mentir dans son cœur.

— Mais comment ?

— En la détruisant jour après jour, lentement, sciemment, exténuant son âme, lambeau par lambeau. Il l'a épuisée de sa jalousie, de sa bestialité, de ses grossièretés d'homme pris de vin. Ma sœur était tendre et pure.

— L'avez-vous cru ?

— Son chagrin était tel qu'il a pu brouiller sa vue, altérer son jugement. Il est vrai que mon père ne mentait jamais.

— En avez-vous déjà parlé à un prêtre ?

— À mon confesseur, aujourd'hui rappelé à Dieu, oui.

— Que vous avait-il conseillé ?

— De prier. Et de ne pas causer de désordre. Les certitudes de mon père devaient demeurer enfouies. Il a prétendu qu'elle avait glissé le long de la rivière. Il a menti. Sinon ma sœur n'aurait pu avoir de messe des morts ni de sépulture chrétienne.

Gil de Rossano but un peu de vin et ainsi fit Isolde. Elle lutta pour ne pas finir sa coupe.

— Connaissez-vous la femme qui se nomme Morjiane ?

— Non.

— En avez-vous ouï parler ?

— Certes.

— Par qui ?

— La reine Blanche m'a confié que cette femme savait les roses, leur culture, les soins à leur porter. Je sais que la reine Blanche l'a rencontrée au palais.

— Que savez-vous d'autre ?

— Qu'elle n'est pas chrétienne. Et que le sieur de Mortery l'a ramenée de son pays pour l'installer chez lui.

— En effet. Elle est désormais au service de monseigneur de Champagne.

— Et à celui du baron de Mortery.

— Oui.

Isolde se mordit la lèvre. Sa peau blanche se tavelait d'une légère brume rosée qui parfois couvrait ses joues comme sa gorge. Elle ne put parvenir à réduire la trémulation qui secouait sa bouche ; le nom de cette fille lui était imprononçable.

— Morjiane serait-elle coupable, selon vous, de se nourrir du lubrique esprit de Satan ?

— Je n'ose me prononcer.

— Aurait-elle par ses charmes envoûté le baron jusqu'à commander sa volonté et s'en rendre maîtresse ?

— Peut-être. Tout homme est d'un terreau facile à corrompre. L'esprit est bien disposé mais la chair est faible, dit Notre Seigneur.

— Pensez-vous encore Gatien de Mortery dans le giron de l'Église ?

— Je dois admettre que je ne l'ai jamais vu assidu aux offices ni dans son quotidien montrer un zèle de piété.

— Poursuivez !

— Il met peu de bornes à ses désirs.

— Le démon est partout, ma fille, et nul n'échappe longtemps à ses griffes. Voilà pourquoi la prière seule peut ménager cette boue qui nous constitue. Il n'y a que la prière qui apaise.

— Aussi le fais-je, Votre Grâce. Je ne cesse de prier et j'ai instruit ma nièce en ce sens.

À nouveau, Isolde et Gil de Rossano burent un peu de vin. Le second esquissa une sorte de sourire qui creusa ses joues davantage. Isolde gardait les mains jointes et posées sur ses cuisses.

— Votre nièce est…

— La fille de ma sœur disparue.

— Et de votre beau-frère.

— Oui.

— La priver de son père et depuis tant d'années est-il agir avec raison ?

— J'ai entendu le cœur d'Alix qui ne bat plus pour lui. Je tente de protéger l'innocence.

— Revenons à cette femme.

— Oui.

— On m'assure que sans l'intervention d'esprits malfaisants connus et inspirés par elle, les roses cultivées en la terre de Mortery ne sauraient connaître un éclat aussi formidable et un essor aussi rapide. Vous avez grandi en cette contrée. Qu'en pensez-vous ?

— Je connais en effet cette terre pour y être née. Je ne suis pas paysanne. Mais je vois mal comment on peut acclimater en Champagne ce qui croît en Syrie. À chaque sol correspond sa véritable nature ; ne pensez-vous pas qu'ils soient ici irréconciliables ?

— Je vois.

Gil de Rossano appuya ses paumes sur les rebords de la cathèdre et il allait se lever quand il arrêta son geste. Il inclina la tête, la releva, consentit un étroit sourire, et son visage brusquement figé parut se vieillir.

— Ma chère fille, encore une question, je vous prie.

— À votre obéissance, Votre Grâce.

— Pensez-vous que Gatien de Mortery et cette femme nommée Morjiane aient commerce de chair ?

Isolde eut l'intuition que l'on prête aux noyés. Elle ne parvint plus à masquer ce qui lui dévorait le ventre et elle s'enfonça d'impuissance les ongles dans les paumes. Elle eût voulu hurler ici devant ce prêtre dont elle écoutait le souffle, dont elle sentait à la toucher l'odeur d'encens brûlé imprimée dans sa bure, qu'elle haïssait à en crever cette Arabe maudite, cette garce qui selon toute évidence avait été caressée d'abondance par les mains du Mortery. Combien de fois avait-elle ouvert les cuisses pour lui jusqu'à son plaisir d'homme ? Pouvoir la tuer d'un seul coup de dague, la voir morte à ses pieds et contempler le chagrin de l'autre ! Elle entendrait le Gatien hurler de désespoir comme après la mort d'Aude et elle s'en repaîtrait du premier au dernier son.

Isolde ne tenta pas de cacher son trouble au prêtre toujours assis, mais de s'en servir, comme une ultime pudeur qu'une femme pieuse et droite, qui ne connaissait rien de la luxure, aurait gardée tel un don fait au Ciel. D'une voix qu'elle voulut calme, Isolde répondit :

— Je n'ose imaginer cela, Votre Grâce, sans que mon esprit s'en révulse. Cela serait une grave atteinte à la mémoire de ma sœur défunte. Ce serait bafouer l'Église, mépriser le sacrement saint du mariage, ravaler l'homme au rang de bête immonde que de s'accoupler ainsi à cette païenne, une femme maure. Je, je...

Elle ne put achever. Elle semblait prise d'un vertige qui ne cessait pas, et Gil de Rossano poussa du doigt sa coupe de vin qu'elle but. Elle en passa vite le métal froid sur ses joues et son front et la reposa.

— Allez-vous bien, ma fille ?

— Oui, Votre Grâce.

Elle lui sut gré de la laisser en repos quelques secondes, comme de ne pas l'interrompre par une nouvelle question alors qu'elle parvenait à réguler son souffle avec plus de calme. Mais ce qui suivit ne la ménagea pas.

— Avant de vous quitter je souhaiterais m'entretenir avec votre nièce.

— Bien sûr, révérend père, je la fais appeler et nous deviserons.

— J'aimerais lui parler seul.

Le premier réflexe d'Isolde eût été de boire encore mais sa coupe était vide et elle n'osa pas se resservir au pichet d'argent poli. Elle esquissa un sourire, serra les genoux et se leva, salua Gil de Rossano.

À l'instant de quitter la salle haute, Isolde, très droite, croisa Alix et les deux femmes se regardèrent le temps de se séparer. Alix s'assit à sa place mais pas avant d'avoir esquissé une révérence devant le prêtre. Elle croisa ses mains, le visage net, et attendit. Rien ne trahissait la peur ou la gêne, l'hésitation à répondre, la fuite éventuelle face à une question.

— Sais-tu qui je suis, mon enfant ?

— Oui, révérend père.

— Connais-tu la raison de ma présence ici ?

— Oui.

— Veux-tu aider l'Église ?

— Oui, révérend père.

— Gatien de Mortery est ton père.

— En effet.

— Qu'en penses-tu ?

— Il l'est par le sang, plus que dans mon cœur.

— Que sais-tu de lui ?

— Suffisamment.

— Qui t'a enseigné sur lui ?

— Ma tante.

— As-tu revu ton père ?

— Oui.

— Quand ?

— Voici quelques semaines, je ne veux me souvenir de la date.

— Et ?

— Il a montré sa violence et la dureté de son cœur.

— Que s'est-il passé ?

— Il a frappé ma tante. Sa haine était telle qu'il semblait gouverné par le démon.

— L'accusation est d'importance.

— Je ne l'ignore pas.

— Il faut agir en chrétienne et songer au pardon. Penser à sauver son âme. Prier et…

— Je prie pour les gentils et je laisse Dieu s'occuper des méchants.

La fille jeune qui faisait face au prêtre âgé était de marbre. Gil de Rossano se demanda comment et par qui pourrait suffisamment s'effriter cette pierre dure jusqu'à se fendre. Tous les deux se turent, lutteurs circonspects, et le frère Gil pensa que la foi de certains les faisait brûler d'un feu plus sombre. Tout ici, dans cette maison, respirait la froide ordonnance employée à rien d'autre qu'à renforcer une haine recuite à l'infini. Il fallait que ces deux femmes fussent folles ou bien malheureuses, ou que Gatien de Mortery soit coupable à enfermer. C'était à lui, Gil de Rossano, de dénouer un écheveau entremêlé de mensonges, d'humiliations, de jalousies probables, toute une somme de dégoûts et de rancunes qu'il lui faudrait sonder.

— Je sais que la reine Blanche t'a en bonne estime, mon enfant.

— Je ne mérite pas cet honneur.

— Je n'ignore pas non plus que tu es studieuse et appliquée et que tes connaissances sont vastes en rhétorique comme en philosophie, et que tu sais le latin et le grec.

— Je suis la servante du Christ.

— As-tu songé à prendre le voile, à rejoindre les épouses de Notre Seigneur ?

— Non.

— L'idée t'effraie peut-être.

— Non.

— Tu es encore jeune.

À l'instant où s'achevait l'entretien, le prêtre inquisiteur songea que sa remarque était stupide. La fille qui se levait face à lui, avant de plier une fois encore le genou, n'était ni jeune ni vieille.

Elle semblait sortir de l'enfance sans regret. Lorsqu'elle rejoindrait l'âge mûr, peut-être éprouverait-elle cette paix un peu molle que les années confèrent à ceux qui n'ont pas su jouir de leur jeunesse. Que valait ce père, Gatien ? Était-il si méprisable et Morjiane, fille du diable ? Gil de Rossano sentit le froid engourdir ses épaules et se rapprocha du feu. Il devina dans son dos la présence d'Isolde de Vernay. Elle lui dit rapidement qu'elle et sa nièce demeuraient à la disposition de l'Église. Elles espéraient ne pas l'avoir trop mécontenté par leurs réflexions. Elles restaient toutes deux à son obéissance et lui demandaient de prier pour de simples pécheresses. En traçant dans l'air un long signe de croix, Gil de Rossano tenta de mesurer ce qui restait d'humain chez ces femmes. Il ne fut pas sûr de sa réponse.

QUATRIÈME PARTIE

Chapitre XIX

Les environs du village de Saint-Loup
Veillée de Noël 1242

À cheval, Gatien allait devant et le suivaient celles et ceux qui travaillaient et vivaient sur le domaine de Mortery. Certains montés sur des mules, d'autres à deux sur des chevaux ou dans des charrettes bâchées. Les filles, comme Morjiane, étaient abritées du froid et de la neige par des couvertures de laine. Ces femmes et ces hommes allaient dans la nuit comme une procession, accompagnés de lanternes dansantes et de rires furtifs. De chants aussi. Ils rejoignaient l'église de Saint-Loup nouvellement agrandie et bénie par l'évêque.

Le frère Renaud Germain attendait les fidèles sur les marches de l'église dédiée au martyr Loup. Ils s'agenouillaient deux par deux ou seuls avant d'être bénis. Gatien venait d'arriver et, à son tour, il alla saluer le prêtre à l'étole blanche et dorée qui lui traça un signe de croix sur le front. Il sourit à Morjiane et on s'écarta à leur passage au milieu des volutes d'encens qui blanchissaient la nuit.

À main droite de l'église, une estrade de bois cloué attirait l'œil. Elle résonnait comme un tambour sous les pas de ceux qui y prenaient place. C'était le cadeau du prêtre, la surprise de Noël, juste avant sa grand-messe. À Provins, le comte Thibaut priait pour la Champagne et le royaume, mais ici, dans le village, allait se donner un Miracle. Des filles et des garçons avaient répété plus d'une semaine sous la direction du frère Germain. Des femmes avaient cousu des costumes, fabriqué des décors sous les yeux bleus durs du frère qui veillait aux détails, demandait toujours plus pour la gloire du Ciel. Il avait décidé de ce qui serait joué ici, interprété presque sans paroles par celles et ceux qu'il avait désignés un par un, pour que tous les habitants des villages présents dans son église comprennent ce qu'ils verraient et en témoignent quand ils seraient rentrés chez eux. L'histoire choisie par le frère Renaud se trouvait dans le livre de Daniel au cœur battant de l'Ancien Testament. Elle était très ancienne et belle.

Le silence se fit. Gatien attendit et ainsi firent Morjiane et les leurs. Massés en cercle, tous se tinrent debout et les mères gardaient leurs enfants par la main. Il y eut d'abord le son d'une viole et puis d'un tambourin et d'une harpe courte. Enfin, parut une jeune femme, entourée de trois autres filles qui paraissaient être ses suivantes. Le joueur de viole se mit à chanter : *Voici Suzanne, belle et pieuse, bien-aimée de Dieu et qui Le craint !* Sur l'estrade avaient été posés des arbres en bois découpé et peint. Il y avait aussi des fleurs en tissu qui tenaient debout grâce à des tiges de roseau. Et puis, un tapis vert déroulé au sol figurait l'herbe. La jeune femme faisait mine de retirer une manche de sa chemise et des garçons de l'assistance se mirent à rigoler. On comprenait que la chaleur l'invitait à prendre un bain dans son jardin. Les autres filles cherchaient quelque chose dans leurs paniers. Elles avaient oublié les huiles parfumées et les onguents destinés au plaisir de l'eau tiède.

Elles quittaient la jeune femme qui restait seule à caresser une fleur. Au doigt, brillait une alliance que cette femme mariée embrassait à trois reprises. Soudain, on devinait, dissimulés par les arbres, deux hommes qui l'observaient ; ils faisaient des mines patibulaires, roulaient des yeux, se léchaient les babines et dans l'assistance une femme les traita de mécréants. Ils étaient maquillés de blanc. Des perruques et des barbes de laine grise leur donnaient des allures de patriarches. Ils portaient une longue robe et un bonnet rouge et carré pour montrer à l'assistance leur fonction de juge. Sans vergogne, ils épiaient la jeune femme.

Enfin, n'y tenant plus, ils se précipitaient sur elle, cherchant à la séduire, à la corrompre, à la caresser malgré ses grands gestes. Ils répétaient : *Sois à nous, sois à nous, nous brûlons d'amour pour toi ! Si tu ne consens pas à nous satisfaire, nous dirons qu'un jeune homme était avec toi et que c'est pour cela que tu as renvoyé tes servantes !* Ils répétaient les mêmes mots en boucle, et partirent de l'assistance massée autour de l'estrade d'autres injures salées.

Quand les faux vieillards virent qu'ils ne parviendraient à rien, tant Suzanne était vertueuse et fidèle à son mari, ils poussèrent des hauts cris. L'estrade fut alors soudainement envahie par des filles et des garçons qui figuraient le peuple des Juifs. Ils brandissaient contre Suzanne leurs poings fermés. Ils criaient tous : *À mort, à mort, qu'on la lapide, qu'on la lapide*, et les musiciens jouaient plus fort. Soudain, un enfant monta sur l'estrade. Il dit s'appeler Daniel, ajouta qu'il était indigne du peuple d'Israël de juger une femme sans l'entendre et la défendre. Il assura qu'il saurait confondre ses accusateurs. On le lui permit.

Il demanda à chacun des vieillards de répondre à une question sans que l'autre en fût témoin. Et la question de l'enfant était : *Où vous teniez-vous tous les deux quand vous avez vu Suzanne et le jeune homme ?* La réponse du premier était : *Sous un lentisque.* La réponse du second fut : *Sous un chêne.* Les deux mauvais juges avaient menti. Il y eut des exclamations sur l'estrade et tout autour. Suzanne était innocente et les vieillards, parjures à la face de Dieu, punis de mort. La foule des spectateurs hurla : *Charivari, charivari*, et il y eut des cris de joie. Les acteurs du Miracle saluèrent. Le frère Renaud Germain bénit à nouveau les villageois et tous, en procession, entrèrent dans l'église. Des femmes regardèrent Morjiane et lui sourirent, d'autres détournèrent la tête.

Lorsque la messe fut terminée, la cloche sonna à nouveau, et Gatien fut le dernier à quitter l'église. Il avait tenu à rejoindre l'abbé et à l'aider lui-même à retirer sa chasuble. Le vieil homme, cachant une grimace de douleur, se laissa faire comme un enfant. Il plia son vêtement avec soin, le lissant d'un dernier coup de paume. Il dit :

— Vous aurez à compter durant ce procès avec la rumeur, qui est fille du diable. Ce soir j'ai fait ce que j'ai pu pour leur montrer que les apparences sont trompeuses et que tout jugement doit d'abord être soumis au doute et à ses bienfaits.

— Je sais et je vous en remercie. À mon tour de douter, s'il vous plaît. Croyez-vous que l'histoire de Suzanne et de ces vieillards suffise à sauver une femme de la bêtise humaine ? Le pensez-vous ?

— Oui. Aussi sûr que nous est né cette nuit un Sauveur.

— Pas moi. Je connais le cœur des hommes. Il est rance et racorni. Je me demande si je ne devrais pas quitter cette terre avec elle.

— Pour aller où ?

— Je ne sais pas. Là où je trouverai ma paix.

— Tu serais considéré comme paria, renégat et traître à ton prince. C'est cela que tu souhaites ?

— Non.

Et Gatien secoua son front large, faisant bouger ses cheveux longs et blonds. Il redressa le visage et l'abbé ne soutint pas son regard, mais il ajouta :

— Je serai là pour elle et toi. Je témoignerai et Gil de Rossano m'entendra, je t'en fais la promesse. Je dirai que Morjiane est une âme droite et pieuse. Qu'elle est douce et compatissante et qu'elle fera une bonne chrétienne.

— Je vous en remercie.

— N'oublie pas un fait essentiel. Tu y penseras aux heures de peine. Morjiane est citée à comparaître devant le tribunal des hommes et non de Dieu. Citée seulement, comprends-tu ? Elle est considérée comme n'étant pas suffisamment dangereuse pour subir immédiatement la prison. Morjiane reste libre.

— Je sais et j'en suis heureux.

— Attends dans la confiance et la prière.

— Oui.
— Dans la prière, Gatien, car elle peut tout.
— Je sais.
— Va les rejoindre maintenant ; ils ont besoin de leur seigneur et baron. N'oublie pas qui tu es, ce qu'ils te doivent et ce que tu leur dois.

Gatien se retourna, il allait partir mais il ajouta, aussi vite qu'il le put :

— Venez avec nous à Mortery, joignez-vous à nous ; votre présence est douce à mon cœur, vous le savez.
— Je ne puis les quitter ce soir, ils sont mes ouailles. Ils m'attendent pour manger le veau gras ! Je ne peux les décevoir. Je suis fatigué et vieux. Vois-tu, je reste un mauvais prêtre : un bon feu et une écuelle pleine me comblent désormais.
— À votre convenance.
— Que Dieu te bénisse, Gatien de Mortery.

En quittant l'église de Saint-Loup, Gatien trempa deux doigts dans l'eau bénite et la porta à ses lèvres. Il la trouva plate et sans saveur.

*

Le retour au manoir fut l'occasion de nouveaux chants. Martin déclara avec aplomb que son ventre chantait Noël plus fort qu'un boisseau d'anges, ce qui fit rire les filles. Le repas maigre servi en pénitence, avant la messe, composé de légumes bouillis, lui causait encore une grimace. Mélie lui conseilla la patience. Il lâcha un pet formidable et les filles rirent de plus belle.

Le manoir était prêt à les accueillir et à consoler ceux qui étaient encore dans la tristesse ou l'hésitation. Il sentait le chaud et le bon, l'odeur de la rose et du sapin, celle des vins mis à cuire avec de la cannelle, du miel et du girofle. Marthe la cuisinière, aidée de ses filles, s'était surpassée. Un cochon aussi large qu'un sanglier sauvage cuisait encore dans la cheminée, poivré et salé, arrosé de sauce au vin rouge, à la coriandre et à l'ail broyé. Il y avait aussi, disposés sur les tables, des poulardes grasses, des cailles farcies de raisins secs macérés dans du marc, du lapin au vinaigre de vin rouge cuit dans du bouillon de bœuf.

Tous prirent place autour de la grande table de chêne, dans la salle haute, et Gatien se leva. Il dit que chacun et chacune ici présent avait bien travaillé à la roseraie, que monseigneur de Champagne serait content. Qu'il était un suzerain excellent, veillant sur tous avec la même équité, et qu'on pouvait lui rendre honneur. Puis, il cessa de parler et son regard passa et passa encore sur les visages jeunes ou moins jeunes qui l'écoutaient. Il leva sa coupe et tous l'imitèrent, même les femmes. Morjiane était à sa droite.

Des pains blancs de froment furent disposés sur la table, entourés de jattes pleines à ras bord d'amandes, de noisettes et de noix, de fruits confits au miel, de pâtes de coing et de poires. Au milieu du repas, quand les hommes commencèrent à brailler davantage, pinçant les femmes, disant des mots salés à leurs oreilles rouges, Morjiane fit un signe à Mélie qui se leva et revint avec un plat qui fumait encore. Puis, Morjiane regarda Gatien et murmura : *Poularde zirbâj, c'est une recette de mon pays et nous l'avons cuite pour toi. Goûte, je te prie.* Ce que fit Gatien. À la première bouchée, ses yeux s'écarquillèrent et à la seconde il dit :

— Je reconnais la rose mêlée à la chair de la viande.

Elle ajouta qu'il manquait des épices que l'on ne trouvait pas encore ici, comme le gingembre qui venait de Chine. Il piqua un morceau de son couteau et le posa sur son écuelle.

Gatien buvait beaucoup. Et Martin aussi, assurant qu'il ferait tout comme son maître et qu'il conchiait toutes les faces de carême dont il n'avait rien à foutre de rien. Gatien lui fit non, doucement, de la tête, l'invitant à moins boire, à moins manger, car il serait malade comme à tous les autres Noëls. Mélie en profita pour rabrouer son frère qui se gavait de pilons de caille, la bouche et les doigts barbouillés de graisse. Il en avait jusque sur ses cheveux longs qui brillaient à la lumière des chandelles.

Il était fier aussi de porter un habit neuf, comme la plupart des gens ici, afin de fêter dans la joie l'année à venir.

Quand des brioches rondes et chaudes, des gaufres et des rissoles arrivèrent sur la table, il y eut d'autres exclamations de joie. Les filles de salle placèrent devant les convives des bols de vin chaud. Gatien fut le premier à en porter un à ses lèvres. Quand il reposa le bol en terre cuite, une vielle et un luth se firent entendre avec un tambourin et tous comprirent que le maître avait prévu aussi de les faire danser et chanter durant la nuit entière. Les cris redoublèrent. Gatien épongea son front trempé à la nappe de la table, se leva, dégrafa le col de sa chemise, tendit le bras et la main vers Morjiane. Elle hésita et se laissa saisir par les doigts nerveux et chauds. Ils avancèrent au centre de la salle, là où il restait encore un tapis, ils se regardèrent, se saluèrent en souriant et ils dansèrent. Martin les trouva jeunes et beaux.

À leur tour, les garçons invitèrent des filles à danser mais Martin n'osa pas bouger de sa chaise paillée. Il resta là, les bras croisés, fixant le gars qui faisait des compliments sucrés à sa sœur, déjà prêt à lui écraser son poing sur le nez.

— Viens !

Il n'avait pas vu Morjiane qui lui tendait la main, l'invitant à rejoindre la ronde qui se formait. Il rougit follement, se leva si précipitamment qu'il renversa sa chope et suivit la jeune femme pour prendre sa place au milieu des danseurs. Les musiciens jouaient à s'en faire saigner les doigts, vite, de plus en plus vite et tous riaient à pleine gorge. Martin ne fut pas le dernier à lever haut la jambe.

Enfin, avant l'aube, les premiers ronfleurs se firent entendre, certains convives dormaient, la tête enfouie entre leurs bras croisés. D'autres croquaient encore des raisins secs et des amandes, non par appétit mais seulement pour le luxe qu'ils représentaient. Les filles de service qui voulaient aller se coucher eurent tôt fait de débarrasser la salle des derniers buveurs, les houspillant de leurs balais en roseaux. Les tréteaux et les planches ôtés, les nappes blanches bientôt mises à laver, les reliefs du repas donnés aux chiens, la salle haute retrouva son silence.

Gatien enlaça Morjiane de son bras ouvert. Il se pencha sur son cou, murmura quelques mots et il la vit sourire puis baisser les yeux. Elle consentit à le suivre jusque dans les étuves. Elles avaient été préparées selon les indications d'Aude qui souhaitait que le manoir ressemble par ce confort à celui de ses parents. Depuis sa mort, nul n'y avait pénétré. Le large baquet de bois, aux planches tressées et puis clouées, les étagères sculptées dans la pierre épaisse des murs, les seaux à eau, dormaient là depuis des années. Gatien avait donné l'ordre aux servantes de préparer la salle, de la nettoyer, d'y faire fumer de l'armoise et du romarin afin d'en chasser les mauvais souvenirs.

Lorsqu'ils furent nus tous les deux, ils entrèrent ensemble dans l'eau parfumée de poudre de rose. Gatien regarda Morjiane, face à lui, les cheveux noirs et défaits flottant autour de son cou et caressant ses seins. De son pied, il effleura sa cheville, se retourna, tendit le bras et saisit un coffret posé sur les tomettes. Il dit : *C'est pour toi. Ouvre-le.* Ce qu'elle fit. Il la vit y plonger la main et la retirer, tenant entre ses deux doigts dépliés un collier en corail dont la couleur allait du rouge vif à un léger blanc de nacre. Il redit : *C'est pour toi.* Elle couvrit son visage de ses mains, secoua la tête.

— Je ne puis.

— Si. Porte-le. Viens.

Elle sembla hésiter, jouant avec un bouton de rose qui flottait encore à la surface et qu'elle agaçait de l'ongle.

Puis, elle avança dans l'eau chaude, se tourna, plaçant son dos contre son torse, et lui, doucement, ramena la masse de ses cheveux mouillés vers la gauche, contre son cou, prit le collier, ouvrit son fermoir et le fixa. Les perles carmin et rose scintillèrent à la lumière des chandelles. Morjiane y posa sa paume et il eut envie d'elle.

Les mots de Morjiane

Le maître a quitté la chambre. J'en profite pour écrire ce qui va suivre. Je sais qu'il n'a pas cessé de penser à sa fille. Il n'en a rien dit, mais je le sais. La fête de la Nativité a pourtant été belle et j'ai reçu de Gatien ce que je devine avoir appartenu à Aude. Je consens à le porter et j'ai caché mes larmes quand il a ajusté ce collier à mon cou. J'ignore qui l'a créé, quelle main l'a dessiné, mais mes doigts jouent avec les grains couleur de cerise.

Ce qui m'a peut-être le plus émue, c'est ce bain partagé avec lui, aux étuves où le souvenir de sa femme morte était pourtant si fort. Ce goût de rose qu'elle aurait aimé n'était perceptible que pour nous deux. Gatien a fait parfumer l'eau avec ma poudre de rose. Je l'imagine bien demander à Mélie comme à Marthe où était cette poudre et combien il fallait en verser de cuillerées dans l'eau chaude.

J'en note ici la recette, car elle me vient de ma mère qui la tenait de la sienne. On peut l'utiliser pour le corps comme pour les beautés du visage. Il s'agit de cueillir les plus charnues et vigoureuses roses du jardin et d'en effeuiller les pétales. On prendra soin alors de les faire sécher dans un linge bien blanc et bien propre. Le temps idéal est de deux bonnes semaines, dans un endroit tiède et bien aéré. On remuera l'ensemble à mains pleines, deux fois à trois fois la semaine. À l'aide d'un mortier, il n'y a plus qu'à réduire en poudre les roses séchées qui craquent comme du verre. Puis de verser cette poudre dans un bocal bien fermé au liège ou à la cire. Elle se conserve longtemps. Petite fille, je me souviens que j'ouvrais le pot en cachette et que je respirais à m'en faire battre le cœur plus vite.

Ce n'est pas tout. Les femmes de mon pays utilisent cette poudre aussi pour le visage. En ce cas, il faut une cuillère d'argile blanche, une cuillère d'huile d'olive, une cuillère de poudre et une cuillère d'eau chaude. On mélange le tout dans un bol et on applique sur la peau du visage. Il suffit de laisser reposer et de retirer le baume à l'aide d'un linge humide. On peut aussi faire une autre crème, cette fois à base de farine de pois chiches, deux cuillères, et de miel, une cuillère, et de poudre, une cuillère. Cette crème est bonne pour les jeunes filles et les jeunes garçons. Enfin, la poudre de rose mêlée à de l'huile ou de l'eau fait merveille sur le corps. Dans le premier cas, elle réconforte les muscles endoloris par un excès de marche ou de cheval. Dans le second cas, la peau du visage, du cou et de la gorge des femmes en devient plus belle. Les hommes en sont alors plus friands que nous.

CHAPITRE XX

Manoir de Mortery et Provins
23 et 24 janvier 1243

Elle avait fait seller Babouche par Martin, et comme chaque jour de la semaine, sauf le dimanche, elle allait se rendre au village de Chenoise. Là, l'attendait chez lui, dans sa maison de pierres blanches, le frère Renaud pour sa leçon de foi chrétienne. Morjiane progressait, devenait savante. Elle retenait les canons de l'Église, les noms de ses pères et des saints, leurs hauts faits et leur souffrance pour la gloire de Dieu. Elle savait par cœur les Béatitudes comme le *Notre Père* qu'elle disait maintenant chaque soir avant que le sommeil ne la gagne, proche du corps de Gatien. Elle s'asseyait en face du prêtre, à toucher l'âtre, et souvent, ils priaient ensemble aussi pour le plaisir de la communion. Parfois, elle posait des questions. L'amour du Christ la touchait comme une jonchée d'algues au bord de la vague. Elle plongeait dans ces mots qui devenaient déjà pour elle des souvenirs. Ainsi pouvait-elle nommer telle ou telle femme sainte, posée sur son socle, entourée de cierges et qui tenait en main la palme du martyre. Gatien s'en étonnait parfois.

Elle pleura devant le Cantique des cantiques, et, lorsque, revenue à Mortery, elle répétait pour elle seule : *Qu'il me baise des baisers de sa bouche, car tes baisers sont meilleurs que le vin*, elle essuyait vite ses yeux à son tablier. Elle disait : *Ta poitrine est comme les raisins mûrs*. Et aussi : *Mon bien-aimé, pour moi, est un sachet de myrrhe : entre mes seins, il passera la nuit.* Le frère Renaud souriait de la voir rougir de ses pudeurs de femme. Lorsqu'elle était en sa présence, il confiait que ce long chant d'amour était celui du Christ pour Son Église. Paul de Tarse, qu'il lui faudrait toujours suivre, était de cet avis. Alors, Morjiane inclinait le visage mais dans son esprit se confondaient parfois l'image du Christ sculpté dans la pierre ou le bois, au torse large, accueillant les pauvres et les malades, et celle de Gatien, froid souvent, et qu'elle réchauffait de sa peau et de ses cheveux défaits.

À mesure que Babouche avançait vers le village, elle gardait enlacé à ses doigts le chapelet offert par le prêtre. À quelques mètres de la maison aux murs blancs, elle mit pied à terre, attacha Babouche à une branche basse, serra mieux sa cape de laine, ajusta la capuche et marcha vers la porte close. Elle tapa au bois de chêne. Il n'y eut pas de réponse. Elle tapa une deuxième, puis une troisième fois, appela. Enfin, elle se décida à entrer. Renaud Germain était assis sur son fauteuil, face à la cheminée éteinte. Morjiane s'approcha, posa doucement la main sur son front et son cou. Il était mort. Il y avait tant de sérénité sur ce visage clos, tant de douceur et de bienveillance sur ces traits apaisés, qu'elle sentit frémir les ailes de l'ange.

La porte s'ouvrit soudain. Une voisine venait avec du lait et des légumes. Elle poussa un cri devant Morjiane penchée sur l'abbé. De son panier s'échappèrent des navets et des carottes qui roulèrent au sol tandis qu'elle s'enfuyait, glapissante. Morjiane tenta de faire un geste et à son tour, sortit dans le petit jardin blanchi par le givre. Les larmes qui coulaient glacèrent son visage nu. Elle se sentit triste comme sur le bateau qui la conduisait en France. Elle eut peur, comme elle avait peur à Damas. L'envie de crier le nom de Gatien et qu'il fût là, près d'elle, lui vrilla le ventre. Elle tenta de se calmer, regarda le ciel pur et bleu. Il ressemblait au bleu cobalt, lapis, la couleur du kiosque de Damas, dans les jardins du sultan, paré d'une mosaïque qui imitait la mer et son écume. Là, se nouaient des secrets, se profilaient intrigues et combats à mener. Le mensonge y régnait, avec ses pièges subtils. La beauté ne servait en somme qu'à les masquer. Morjiane n'avait pu oublier son trouble et déjà son impuissance. Gatien avait rencontré, pour la première et unique fois, Chajar ad-Durr, favorite de Malik al-Salih, qui souhaitait parler des conditions de la paix avec ce guerrier franc qu'elle jugeait fade et qui parlait si peu. Il lui serait simple de le manipuler afin qu'il transmette à son maître, dont il était proche, ce qu'elle voulait lui apprendre. Gatien avait suivi seul les deux femmes jusqu'au kiosque. De sa paume, Morjiane en avait poussé la porte, et allumé la lampe qui dansotait au vent. Gatien s'était déchaussé. *Celle au-dessus des sultanes, l'arbre à perles, la plus que belle* avait découvert son visage et demandé, défaisant son voile, dénudant son bras remonté jusqu'au coude :

— Es-tu marié ?

— Je l'ai été.

— Tu ne l'es plus ?

— Non. Ma femme est morte.

— Comment se nommait-elle ?

— Aude.

Chajar ad-Durr l'avait questionné encore.

— Souhaites-tu te remarier ?

— Je ne sais pas.

— Il n'est pas bon qu'un homme vive sans femme.

— Peut-être.

— Tu vas retourner dans ton pays.

— Oui.

— Tu vois, la vie continue. Ici, un homme a le droit d'avoir de nombreuses femmes.

— Pas chez moi.

— Pourtant, je sais que certains hommes francs en ont plusieurs.

— Je sais.

— Alors, où est le mensonge ?

Détachant la bride de Babouche, glissant le pied dans son étrier, Morjiane buta sur le mot. Le frère Germain était mort paisiblement. Mais sa disparition brutale, soudaine, la plongeait dans le désarroi. Elle serait seule face à ses juges et le mensonge rôderait, serpent, entre les mots et les phrases. Mensonge ! L'accusation de sorcellerie comme les témoignages de tous ceux qui lui voulaient du mal. Avant de taper dans les flancs de Babouche, Morjiane sentit que les jours se comptaient.

*

La mort du frère Renaud causa un chagrin profond à Gatien. Une fois de plus, il serra les mâchoires et les poings, alla cacher sa peine près de la rivière de son enfance, assis sur son tronc enchâssé de lierre. Les heures à passer à Mortery seraient grises. Il en eut l'intuition de guerrier comme avant l'embuscade. Tandis que la lumière d'hiver rasait les branches nues des arbres, il les vit arriver un matin. Il le sentit dans ses os, ils venaient pour elle. Il n'eut qu'à ouvrir la porte du manoir, puis à se camper sur ses jambes, la main sur le pommeau de son épée. Une quinzaine d'hommes mirent pied à terre et deux d'entre eux avancèrent vers lui. Le plus jeune assura qu'il était là, au nom de l'Église, pour la femme Saadawi et qu'elle devait le suivre en la cité de Provins où aurait lieu un jugement la concernant. Il avait reçu mandat du très excellent et révérendissime seigneur et grand inquisiteur de Sa Sainteté le pape pour le royaume de France, le frère Gil de Rossano. De la manchette de son gant, il sortit un parchemin scellé de sceaux rouges et noirs. Il le tendit à Gatien qui n'avait pas encore prononcé un mot mais fit non de la tête. L'homme ne parut pas étonné et ils restèrent ainsi, face à face, sans parole. On entendit une voix dire : *Je suis prête, me voici.* C'était Morjiane. Elle portait un baluchon et Gatien comprit qu'elle avait réuni, prévoyante comme à son habitude, certaines de ses affaires, vêtements et change. Elle était calme et il la trouva belle et forte. Il dit :

— Je l'accompagne. Monseigneur Thibaut sera prévenu.

L'homme répondit que c'était son droit.

La troupe se rendait à Provins. Gatien demanda où se tiendrait le procès. L'homme murmura qu'il n'avait pas le droit de répondre et qu'il le verrait bien assez tôt. Avant même qu'il ait eu le temps de réciter le premier mot du *Credo*, Gatien planta ses yeux acier dans les siens et dit :

— Écoute bien. Je suis Gatien, baron de Mortery, j'ai le droit de haute et de basse justice sur mes terres qui sont nombreuses. Si dans l'instant tu ne me révèles pas ce que tu sais, je fais de toi un homme mort. Tes hommes m'ouvriront peut-être le ventre mais c'est toi qui me précéderas en enfer.

L'homme devint couleur de linge et en balbutiant, lèvres séchées par la trouille, il avoua que ce procès attendu dans la région serait au palais du comte Thibaut. Le roi de Navarre avait obtenu de Gil de Rossano que les séances se tinssent entre ses murs. Gatien y serait logé dans sa chambre habituelle. Le garçon balança le tout d'une traite, le nez au pommeau de sa selle.

Morjiane était escortée de plusieurs hommes d'armes. Gatien piqua vers eux. Et leur dit :

— Vous avez peur qu'elle se change en chevêche ? Que craignez-vous d'une femme ?

Comme les soldats ne répondaient pas :

— Je peux vous trouver de vraies luttes à mener. Cela bouge encore en Poitou, l'Anglais y remue aux côtés des barons de cette contrée. Notre bon roi a toujours besoin de bras pour y faire régner l'ordre. Qu'attendez-vous pour l'y rejoindre et vous montrer de vrais hommes ?

Il n'y eut aucune réponse. Mais Gatien plaqua Calypso au flanc de Babouche et il vit Morjiane lui sourire. Il y eut soudain un cri sonore. Martin, sans rien demander à personne, avait sellé un cheval et il avançait au trot. Quand il fut à la hauteur des gens d'armes, il annonça d'une voix claire et forte qu'il ne quitterait pas son seigneur Gatien, et qu'il était né pour le servir. S'il voulait bien de lui, il continuerait à le faire, comme depuis sa naissance et que c'était ainsi depuis le père de son père et le père de celui-ci.

De guerre lasse, le sergent n'ajouta plus rien. Gatien secoua la tête.

— Qui va veiller sur ta sœur désormais ?

— Son galant sans doute.

— Martin !

— Si vous ne voulez pas de moi, je m'en irai.

— Tu resteras à Provins le temps que tu souhaites.

— Je resterai à Provins, avec votre assentiment, jusqu'au temps de liberté de dame Morjiane.

— Cela peut prendre du temps.

— J'en ai du temps. Et je puis, je sais...

Il n'acheva pas. Gatien leva son menton.

— Je sais...

— Tu sais quoi, Martin ? Eh bien, dis-moi !

— J'ai parlé à la Grimaude.

Gatien soupira et distingua dans son esprit les contours imprécis d'une silhouette sombre. Ceux d'une femme dont il aurait été incapable de préciser l'âge et qu'il tolérait dans l'un de ses villages. Ses voisins et les voisins des voisins prétendaient qu'elle avait don de double vue. Elle soignait, moyennant quelques deniers ou un pot de beurre, le mal par les plantes et ses prières à un ou deux saints sortis de la mémoire des hommes. Les gens se signaient à son approche et même les plus fanfarons en avaient peur.

— Et que dit la Grimaude ?

— Eh bien...

— Oui !

— Votre dame vous sera rendue saine et sauve. Il ne faut pas craindre.

— Ah.

— Oui, messire.

— Si tu le dis.

— C'est pas moi. C'est la Grimaude.

Face à une foi aussi inébranlable, Gatien n'insista pas. Il fut touché par sa sereine confiance en lui. Martin pourrait lui être utile. Sa vivacité d'écureuil, sa force et sa loyauté ne seraient pas à négliger dans ce marécage.

Rejoindre Provins était l'affaire d'une bonne heure. Gatien comprit qu'il atteindrait la ville comtale avant le dîner. Morjiane gardait le silence et il n'osa pas s'adresser à elle autrement que par des regards et des gestes. Ainsi de son genou caressa-t-il sa jambe et de son épaule, son épaule. La jeune femme tourna le visage vers lui. Dans ses yeux l'espérance le disputait parfois à la peur. Il fut une fois de plus tenté de saisir sa bride, de frapper la croupe de Babouche comme les flancs de Calypso. Il était sûr que ces balourds, culs vissés sur leurs bourriques à équarrir, ne pourraient jamais les rattraper. Ils fileraient ainsi tous les deux au triple galop sous les bouches ouvertes de surprise de ces jean-foutre. Morjiane dut sentir l'idée lui glisser contre l'échine à le voir crisper ses mains sur ses rênes. Elle se mit à fredonner de sa voix douce et Martin chanta à tue-tête avec elle, insolent et jeune, le nez au ciel.

Gatien réfléchit. Le comte de Champagne ne l'abandonnait pas. Thibaut savait. Il avait pris connaissance de l'acte d'accusation comme du nom de son auteur. Il demeurait un allié fidèle. Gatien n'avait jamais ménagé sa peine ni son sang pour le service de son prince, repoussant les heures de sommeil, en perdant le goût de manger. Debout, l'épée au poing, malgré la fièvre qui lui tordait les chairs, il répétait *oui*, toujours, même pour des roses. Mais n'ignorant rien non plus de ses humeurs et de sa manière habituelle de se lasser par caprice, il lui faudrait se battre et gagner vite. Du moins ébranler des consciences, donner des arguments solides, ces mots rapides qui font mouche comme des flèches sur la couenne des ennemis. La première chose à faire serait de demander audience, de ployer le genou et de se relever confiant, peut-être.

La troupe arrivait sous les remparts de Provins. Au pas, hommes et chevaux prirent le chemin qui menait au palais des comtes de Champagne. Thibaut, après ses ancêtres, venait d'y inscrire sa marque dans la pierre et des travaux d'importance avaient exigé la présence des meilleurs maçons, charpentiers, peintres de décors, plâtriers, manouvriers, qui durant de longs mois s'étaient attelés à la tâche. Une salle, vaste et éclairée par de nouvelles fenêtres, était née de la volonté du prince. Morjiane, calme toujours, demanda à aller prier à la chapelle. Les gens d'armes se regardèrent, incrédules. Le sergent acquiesça, baragouinant que le temps était compté et qu'il ne faudrait pas y traînailler.

Trois ou quatre artisans travaillaient encore à tailler des pierres et cela sentait le mortier frais. Un des gardes éternua, ce qui fit rire les autres. Au bout d'un long couloir, large et décoré de bandes rouges et noires, longée par les jardins, se trouvait la chapelle. La partie basse était vouée à saint Blaise, la partie haute à la Vierge. Morjiane n'hésita pas longtemps et s'agenouilla devant la statue de Marie. Martin resta à ses côtés. La sculpture tenait du prodige, la reine du Ciel était figurée jeune et déhanchée. On eût dit qu'elle était prête à danser. La main qui avait fait cela donnait aux chairs du visage un modelé pur, une carnation rosée et tendre. Ses cheveux souples tombaient en paille blonde sur le manteau bleu blanchi d'étoiles. Dans son regard se lisaient les peurs et les chagrins à venir, et la confiance inébranlable d'une mère dans son fils, fût-il Dieu.

Gatien vit que des larmes coulaient sur le visage de Morjiane et qu'elle souriait aussi, face aux mains jointes sur une prière. Il l'effleura de ses doigts et la jeune femme se releva. Les soldats l'escortèrent jusqu'à un nouveau péristyle que Gatien ne reconnut pas. Dans la partie nouvelle du palais comtal, plusieurs appartements venaient d'être construits et aménagés pour y loger officiers ou secrétaires, chapelains ou domestiques. L'une des chambres avait sa fenêtre barrée de fer et c'est là que fut conduite Morjiane. Elle entra dans une pièce propre et claire. Il y avait un lit, une chaise, une petite table et sur les murs chaulés de frais, face au jardin extérieur, un crucifix en bois.

Le sergent dit :

— Vous attendrez ici qu'on vous appelle.

— Combien de temps dois-je attendre ?

— Je l'ignore. Une poignée de jours. Peut-être plus.

— Qui en décidera ?

— Messire Gil de Rossano, le représentant de Sa Sainteté.

— Est-il à Provins ?

Le sergent hésita et il répondit qu'il l'ignorait, ajoutant devant Gatien qu'il pouvait le jurer.

Morjiane déposa son baluchon sur la table et regarda Gatien. Puis la porte se referma.

— Je veux voir notre sire le comte.

Les hommes se séparèrent sur un dernier coup d'œil. Gatien resta seul avec Martin, le jeune sergent, et dans leur dos, il y eut le bruit d'un verrou. Le garçon tendit la main vers la droite et Gatien le suivit.

Chapitre XXI

Provins
23 et 24 janvier 1243

Les appartements privés de Thibaut gardaient le silence. Ce fut le calme qui heurta Gatien dès l'entrée. Des tapisseries tissées en Flandre répondaient aux grandes armes de la Champagne à la bande d'argent flanquée de deux cotices d'or. Plus loin, entourant le lit d'apparat, les amours de Pyrame et Thisbée chantaient la passion douloureuse des deux amants unis dans la mort au pied d'un mûrier.

Rien ne manquait au dessin. Les seins dénudés de la jeune femme, sa tunique blanche qui flattait ses formes, les cheveux bouclés du héros, ses muscles, et les fruits rouges de l'arbuste qui se teintaient de sombre quand leur sang conjoint coulait. Ici, tout chantait l'amour et la douceur de le faire et de le recommencer. Gatien passa à frôler les étoffes de laine et y posa la main afin d'en faire cesser le tangage. Lui qui ne savait rien d'Ovide, moins encore de ses vers, crut deviner dans le visage de Thisbée une ressemblance vague avec Aude. Il tourna ses yeux vers le lit. Les coussins essaimés sur la couche étaient de soie de Chine, les tentures en velours de Gênes, les coffres étaient sculptés dans le bois d'amarante ou le chêne blond. Deux cathèdres hautes, placées dans l'axe des fenêtres, invitaient à la conversation, à la *fin' amor* des troubadours. L'écritoire surtout, incrustée de nacre et d'ivoire, semblait marquetée par un artisan syrien et

Gatien crut reconnaître l'un des présents du sultan Malik al-Salih. Lorsqu'il se retourna, le jeune sergent avait disparu et il eut le temps de dire à Martin :

— Quand tu seras devant monseigneur de Champagne, plie le genou comme je t'ai appris.

— Oui, messire.

— Et ne dis rien. Sauf s'il t'interroge.

— Et je répondrai quoi ?

— Réponds avec ton cœur.

— Oui, messire.

Une des portes latérales s'ouvrit. Accompagné de son chapelain, le comte de Champagne fit son entrée et Gatien le trouva grossi et vieilli. Il s'inclina. Thibaut le regarda de son sourire de chat, les yeux plissés comme sous une lumière trop vive. Une moue d'ennui sur ses lèvres épaisses, il choisit d'aller au but.

— Cette affaire m'indispose.

— Pas autant que moi, monseigneur.

Thibaut feignit ne pas avoir entendu.

— Voilà qui est fort dommageable pour Champagne ! La reine Blanche n'aime pas ce qui remue trop. La foi et l'Église doivent rester sans tache. Ne peut-on donc faire pousser des fleurs sans que le diable s'en mêle ?

— Je pense de même, monseigneur.

— Alors ?

— Alors, une abbaye veut ce qui vous appartient.

— Crois-tu ?

— Oui.

— Folies ! Jouy est à nous depuis longtemps. Je sais ce que ces moines coûtent à mes coffres, combien j'ai payé déjà leurs prières et leurs messes.

— Je…

— Gil de Rossano représente le pape, mais il n'y a plus de pape à Rome. Le vieux Célestin a rendu son âme à Dieu et on attend encore que soit élu son successeur. Ces grenouilles rouges vont s'agiter durant de longs mois dans leur eau bénite.

Il faut en profiter afin de mener cette affaire promptement et sans éclat.

— Je ne demande que cela, monseigneur.

— Tu resteras ici le temps du procès. Et lui, qui est-ce ?

— Mon page.

— Bien.

— Quant à cette fille…

— Morjiane.

— Oui. Tu m'assures qu'elle est sans tache ?

— Oui.

— Tu le jures, Gatien ?

— Oui.

— Regarde-moi.

— Je vous regarde.

— Alors je te crois. Elle sera bien traitée.

— Merci.

— Ne cherche pas à la voir. Elle appartient à l'Église maintenant. Tu comprends ?

— Non.

— Gatien !

— Je ne comprends pas pourquoi une femme qui ne fait que le bien est suspectée de faire le mal.

— Tu me contes l'histoire du monde !

— Alors le monde est mal fait.

— Attention, baron. Le roi notre sire combat l'hérésie en pays cathare. Ceux qui se nomment les Parfaits tiennent ces mêmes paroles qui conduisent au bûcher.

— Je n'en retrancherai pas un mot.

— Tu veux voir cette fille dépérir dans leurs prisons ou mangée par les flammes ?

— Non.

— Alors cesse ! Et tourne ta langue dans ta bouche de caboche avant de parler. En pays de Toulouse, les châteaux brûlent, l'Inquisition se montre sans pitié, je ne veux pas de cela ici.

Gatien ne quittait pas les yeux de Thibaut de Champagne, et Martin, toujours un genou à terre, était à bout de souffle, sentant son pied se glacer sous la crampe à venir. Il se dit qu'il était prêt à hurler *Mortery* comme si cette unique injonction eût pu faire se soulever les montagnes. Gatien dut le sentir car il posa deux doigts apaisants sur l'épaule toujours courbée du jeune homme.

— Mon chapelain te dira ce qui doit être pensé, dit et fait. Tu suivras ses conseils. Je ne veux rien qui nuise à nos États. Je n'ai pas que des amis, sache-le. Allez, finissons-en !

Quand Thibaut eut quitté la chambre, Gatien resta avec le chapelain qui n'avait pas encore prononcé un son. Martin se releva, tapotant ses talons sur les lattes de chêne sombre.

D'une voix flûtée, le prêtre dit :

— J'ai nom frère Aubin de Lalande et j'appartiens à l'ordre des Prémontrés comme vous le voyez à la robe qui est mienne. J'ai donné ma vie pour le service de l'Église et l'annonce de l'Évangile.

Comme Gatien continuait à se taire, le frère n'insista pas. Il jeta un coup d'œil à Martin, fit un signe de croix et fila les mots suivants. Morjiane prendrait ses repas à heure fixe, serait autorisée à se promener dans les jardins du comte suzerain, à conserver du papier et des plumes si elle en avait l'usage, ce qui était un grand privilège. Il ne pourrait la voir que sur ordre de Gil de Rossano dont on attendait toujours à cette heure la venue au palais de Provins. Il était d'usage que les frais occasionnés par sa détention soient à la charge de la prisonnière. En cas de non-solvabilité, c'était à Gatien de fournir l'argent, toutefois le comte de Champagne se montrerait généreux envers son vassal.

— Je ferai remettre un chapelet à cette femme.

— Cette femme s'appelle Morjiane.

— Je ne l'ignore pas.

— Puis-je être là ?

— Non.

— Pourquoi ?

— Il serait mal venu qu'elle reçoive votre visite. *Ista est intrusa.*

— Et moi ?

Le frère Aubin regarda mieux Martin, rouge comme un coq de combat, qui triturait le cordon de sa cape à l'arracher.

— Toi ?

— Oui.

— Cela n'est pas impossible. Si tu pries chaque jour le Seigneur.

— Je le ferai.

— Bien. À vous revoir, baron.

Gatien reprit le long couloir en sens inverse. À mi-chemin, deux serviteurs, qui l'attendaient, s'inclinèrent et le conduisirent là où il devait vivre avant et durant le procès.

Thibaut de Champagne n'avait pas menti. Aussi s'efforçait-il de traiter avec le minimum de compassion ses domestiques. Cela s'apparentait chez lui à mettre son esprit à l'abri des remords comme à modérer son égoïsme par une série d'attentions qui ne ruinaient pas sa bourse. Gatien reconnut son ancien appartement et sa porte peinte en vert. Quand il entra, ce fut comme si rien n'avait bougé depuis son mariage avec Aude. Un bruit de marteau tintant sur une pierre troublait seul le silence. Il y avait là un lit et un matelas de fanes propre, couchés sur le sol en tomettes. Martin posa son sac. Il avoua que Mélie avait préparé leurs effets pour plusieurs jours. Il déposa à l'intérieur d'un coffre les chausses de son maître, ses chemises, et de l'autre côté ses hardes. Il en fit des petits tas réguliers qu'il couvrit d'une dernière caresse de sa paume.

— Si je reste ici, je vais devenir fou !

— Souhaitez-vous sortir du palais ? Je veux dire, en avons-nous le droit ?

— Je me fous du droit. Nous ne sommes pas prisonniers, que je sache.

À l'instant de passer devant la chambre close où était enfermée Morjiane, Gatien eut l'idée de frapper deux coups sur le bois de chêne. Elle répondit presque aussitôt par un troisième et Martin vit que son maître souriait enfin. Dehors, le ciel était gris et froid. La ville haute, la ville des seigneurs, enclavée dans ses remparts, protégée de ses tours, semblait défier jusqu'au roi de France. Ici l'argent continuait à couler ; les foires apportaient de quoi remplir les poches des marchands. Là, bientôt, on verrait affluer les épices d'Asie et d'Afrique et le minerai d'or jaune du Danemark, le fer ; de la Provence, les vins si rouges ; d'Espagne, tous les cuirs déjà tannés prêts à être découpés en sacs, aumônières ou mantelets. De Russie, les peauciers attendaient les fourrures. Les Flandres fournissaient le lin et l'Angleterre, la laine. Rien n'empêcherait que l'essence de rose soit le prochain trésor que se disputeraient au sang les marchands. Pour l'heure, Provins connaissait cette prospérité inouïe grâce aussi au commerce des draps de laine de mouton dont la vente assurait des bénéfices énormes. Les cours de Sicile, de Chypre et de Constantinople raffolaient de ces chefs-d'œuvre qui permettaient aux corps de respirer tout en sentant encore sur la peau la tiédeur rassurante des bêtes.

— Tu n'as pas soif ?

— J'ai toujours soif, messire.

Les deux hommes avancèrent au hasard des rues jusqu'à une taverne étroite qui s'enfonçait à l'intérieur des murailles. Il y avait une enseigne marquée *Au Chapeau Rouge.* Ils entrèrent et le cabaretier roux et chauve leur servit du vin en pichet qui accompagnait deux écuelles de soupe. Ils mangèrent et burent et ce fut Martin qui parla le premier, son gobelet déjà vide :

— J'ai ouï dire que des inquisiteurs étaient bâtonnés par la foule et qu'ils n'en réchappaient que grâce aux soldats, car on n'aime pas ces drôles d'animaux-là.

— Ah.

— Oui, messire.

— Et tu en déduis quoi ?

— C'est-à-dire ?

— Tu en penses quoi ?

— Qu'ils doivent faire attention à ce qu'ils disent. Ils ne sont pas à l'abri d'un mauvais coup sur leur goule.

— Peut-être as-tu raison.

Gatien vidait son verre par petites gorgées, le regard fixé sur une toile d'araignée visible au-dessus d'un tonneau.

— Messire ?

— Oui ?

— J'ai eu une idée. Ma sœur dit que le vent souffle entre mes deux oreilles. Moi je dis, foi de Martin, que si j'ai reçu en saint baptême le nom de l'âne, je n'ai pas son peu d'esprit.

— Je t'entends.

— Je vais me glisser un peu partout, fouiller ici dans le palais et là dans la ville, écouter les conversations, poser la bonne question ! C'est bien le diable si je ne fais pas moisson de confidences qui sauront éclairer notre lanterne.

— Pourquoi pas ?

— Je pense aux cuisines du palais, aux gardes, aux clercs, aux servantes.

— Surtout aux servantes !

— Messire, ne vous moquez point.

— Je ne me moque pas de toi, Martin. Il y a bien longtemps que j'ai perdu l'esprit de raillerie.

— Bien. Je suis content que vous m'approuviez.

Gatien fit un signe au cabaretier qui apporta un second pichet.

— Moi, je me fais fort de voir votre dame, de l'écouter sans l'interrompre et de vous rapporter tout ce qu'elle dira au mot près.

— Tu ferais ça, Martin ?

— Oh que oui, messire.

— Tu es un bon garçon.

— Et puis, vous me direz ce que vous souhaitez lui dire.

Ils finirent le second pichet de vin. Les jours allaient se poursuivre, passer les uns à la suite des autres, identiques et vides, aussi froids et tristes qu'un hiver. Attendre le bon vouloir d'un homme dont il n'avait, voici encore deux ou trois mois, jamais entendu prononcer le nom. Trois syllabes qui aujourd'hui martelaient ses tempes et l'empêchaient de trouver le sommeil.

La première nuit passée au palais comtal fut une épreuve. Morjiane manquait à Gatien et, sur son lit, le drap qui l'enveloppait prenait les couleurs du suaire. Elle était là, fragile et seule, à quelques mètres de lui sans qu'il puisse rien tenter. Pourtant, il continuait à échafauder des plans. Il passa sa main sur son épaule, changea une fois encore de position. Un coup de lance reçu en Syrie dessinait sur sa peau le début d'un *S*, comme une parenthèse. Il en suivit les contours incisés. Il se souvint de Damas, des creux des ruelles qui ouvraient sur des places rondes et blanches. Près des marchands de melons, des porteurs d'eau, retentissait la voix du muezzin. Son oreille gauche bouchée par son index, il appelait : *Venez à la prière. Il n'y a pas d'autre dieu qu'Allah*. Sa voix couvrait tout le reste, on eût dit qu'elle allait durer le jour entier. *Allah est le plus grand. Venez à la félicité*. Gatien se demandait alors s'il entendait la voix de Dieu qui sortait des poumons d'un homme. Était-ce Dieu qui avait créé la rose de Damas ? Ici, la vie s'arrêtait, le temps pour chacun de s'agenouiller et de prier. Puis, le chant cessait et ainsi se terminait *Al-maghrib*, la quatrième prière. Tandis que le soleil rouge se couchait, la vie reprenait doucement.

Gatien se demanda si Morjiane priait encore celui qu'elle avait appelé dès son enfance *Le Détenteur des largesses* ou *Al-Latîf, le Subtil, le Seigneur de gloire et d'honneur*. Était-ce Lui qui la punissait pour l'avoir renié, bientôt abjuré, Lui, *Le Prophète, La Meilleure des Créatures,* ou était-ce le dieu des chrétiens qui ne voulait pas de cette femme ? Où était la place de Morjiane, alors ? Qu'était-il, Gatien, pour oser anéantir d'un revers de bras un monde et son équilibre ?

Il pensa qu'il payait ses crimes. Le Ciel lui reprocherait jusqu'à sa mort celle de sa femme, Aude. Il ne connaîtrait jamais cet apaisement que les hommes nomment bonheur.

Gatien tenta de respirer avec calme, comme avant la bataille, quand les ennemis sont en face. Il fixa le plafond, imagina le ciel ouvert et libre au-dessus des toits en tuiles, les étoiles en pointillé. Rien ne vint de ces immensités. Aucun message, pas de conseil, ni de plan ni de chemin à suivre. Il était seul, une fois de plus. À ses côtés, Martin feignait de dormir. Gatien était impuissant à corriger ses erreurs, à les redresser comme on le fait d'un fer chauffé à blanc.

Il abandonna sa couche et à tâtons retrouva ses bottes. Rester encore dans cette chambre l'enfonçait dans la folie. Il sortit, se faufila en maraudeur, de couloir en couloir jusqu'au jardin désert. Lorsque Morjiane avait quitté le palais du sultan, à Damas, le silence était le même. Ils avançaient à cheval vers le camp des Francs, dans cette nuit qui allait décider de leur sort. Lorsqu'ils en eurent franchi les postes de garde, quand ils eurent pénétré dans sa tente, là où, seul, il dormait, mangeait, veillait, il se souvint l'avoir regardée mieux quand elle fut devant lui, le pan de toile refermé. Elle venait de retirer son turban et maintenant ses cheveux coulaient, libres.

Gatien cassa une des branchettes d'un buis taillé par les jardiniers de Thibaut. Il en égrena les petites feuilles rondes, une à une, et s'assit sur un muret de pierre. D'autres souvenirs lui revinrent. En Syrie, au camp des Francs, Morjiane avait dormi là, sur sa paillasse, et il avait ajouté une couverture de laine. Se mettant torse nu, défaisant les lacets de son surcot, il s'était ravisé et s'était endormi, rhabillé, près d'elle, à écouter sa respiration. Le lendemain, elle s'était lavée au baquet d'eau. Durant la nuit, elle s'était réveillée, prise d'une soudaine peur, de lui peut-être. Elle avait levé son coude à la hauteur de son visage, masquant ses yeux. Elle semblait si démunie qu'il n'avait pas su quoi faire.

Ce fut l'instant où il comprit que cette fille n'avait connu que la violence et les coups. C'était à la mort qu'elle voulait échapper. Elle s'était allongée à nouveau et alors que son souffle se calmait, il se dit que, depuis la mort d'Aude, c'était la première fois qu'il allait passer une nuit entière avec une femme. L'aube les avait réveillés tous les deux.

À cette minute, à Provins, Morjiane dormait et pas lui. Il souhaita de toutes ses forces que le sommeil la libère de ces peurs qui envoyaient de mauvais rêves. Il leva le visage vers le ciel et les nuits du Sud manquèrent à cet homme du Nord. Criblées par les chants du muezzin, légères, elles ne se pressaient pas de s'étendre sur ce labyrinthe formé par les tentes franques. Les chevaux fatigués de la veille dessinaient leurs ombres mouvantes. Chaque image se ciselait encore dans la mémoire de Gatien avec une clarté d'enluminure. À Provins, tout lui semblait clos, fermé, emmuré sous de fausses certitudes, avare de beauté. Il prenait la mesure de la valeur du superflu, des jardins et de leurs fontaines qui ne servaient qu'au bonheur de les regarder.

Gatien quitta le muret, marcha entre les topiaires, longeant les carrés des simples. Il compta machinalement le nombre d'arcades ou de fenêtres du palais de Thibaut. Un échafaudage était resté là et pour éprouver son corps, à la force de ses bras, il grimpa jusqu'au troisième étage, poussa le volet de chêne et colla son front au parchemin huilé qui retenait les vents coulis. Il reconnut l'un des appartements du comte de Champagne, celui de sa défunte épouse, Agnès, bonne et pieuse, discrète comme la violette, et dont l'ombre glissait peut-être encore ici. Il prit appui sur l'une des barres de fer, sauta à pieds joints sur les lattes en bois du parapet, et avança sur ce chemin de ronde étroit bâché parfois de drap blanc.

Sous la lune claire d'hiver, la vue s'étendait au-delà des jardins et des toits, par-delà les remparts, jusqu'à la campagne vide. Dans la même direction, à sa main gauche, il y avait Mortery et sa roseraie. Assoupie sous le froid et la neige à venir, elle était gardée par les valets et ceux qui y travaillaient encore sous les conseils de Morjiane. Il refit en sens inverse les mêmes quelques mètres et, sous la pression de son coude, parvint à faire céder le chambranle de la fenêtre. Il la maintint de sa paume pour étouffer le bruit. Quand il fut dans la chambre, il reconnut le lit paré et ses rideaux de soie pourpre et bleu, là où avait agonisé la comtesse de Champagne, jadis ;

elle n'avait pas trente ans. Thibaut avait à peine souffert de la mort des siens, celle d'une étrangère née au pays de Cham pèserait peu sur sa conscience.

Redescendu, Gatien emprunta les mêmes couloirs, descendit les mêmes escaliers afin de regagner son lit. Les gardes croisés devaient connaître son nom puisque nul n'osa lui demander les raisons de sa présence en bas des marches. Dans sa chambre, il retira ses bottes, tendit l'oreille vers Martin et le sommeil vint, opaque et lourd, l'assommant par surprise.

*

Au petit matin, Martin dit simplement : *J'ai faim*. Puis il aida Gatien à lacer son pourpoint. Les deux hommes avancèrent jusqu'à la salle des gardes et les soldats et gens d'armes présents sous les voûtes se levèrent. Ils firent de la place au baron de Mortery et à son page en se poussant parfois du coude, mais aucun n'osa prononcer un mot. Il y avait là parmi eux d'anciens compagnons d'armes rencontrés en Syrie, certains avaient combattu en Angoumois au service du roi de France. La soupe aux fèves fut servie par les valets ainsi que des tranches de pain et du beurre. Il y avait aussi, posés sur les tables de bois, du jambon et de la terrine de lièvre. Gatien murmura à Martin : *Sers-toi*, et c'est Martin qui servit Gatien. C'était bon et chaud, cela faisait du bien aux tripes.

Gatien reconnut un gamin aux taches de son qui avait nom Rogier, était du village de Vertus et avait comme lui servi le comte Thibaut à Damas. À ses côtés se tenaient Pierre et Fleury, anciens compagnons de route, embarqués sur la même nef de retour, après la croisade. Les trois garçons le saluèrent du menton. Gatien sourit de les voir se brûler la langue en avalant trop vite. Il vit que Martin, peu farouche, leur parlait à voix basse, ces quatre-là avaient dû boire de la chopine ensemble, courtiser les mêmes filles, bons garçons et bien dévoués à leur maître. Thibaut le poète savait s'entourer.

Le plus vieux des officiers présents vint à Gatien, salua et s'assit à ses côtés. En quelques mots, il lui apprit que monseigneur de Champagne venait de partir pour Paris avec une suite réduite ; on ne savait pas combien de jours ou de semaines il resterait là-bas. Il avait confié à son sénéchal la garde du comté. L'homme mettait une lenteur obstinée à choisir ses mots, n'en concluait ni bon ni mal, stipulait les faits sans que sur sa trogne cassée rien ne bouge ou ne s'émeuve. Il parla longtemps sans être interrompu. Gatien en déduisit que Thibaut ne voulait pas croiser Rossano chez lui, que cette histoire décidément l'importunait. Voilà qui semblait ne pas peser lourd sur la conscience du prince, Gatien ne sut pas pourquoi, mais il en fut rassuré. Il s'agissait de croire encore en une étoile pâlie mais pas éteinte.

Enfin, vint la nouvelle. Moins d'une semaine plus tard, Martin, essoufflé d'avoir couru, ouvrit à toute volée la porte de leur chambre. Gatien, allongé sur son lit, se redressa. Les mots du garçon se bousculèrent en rafale, il venait de voir Morjiane, quelques instants permis grâce à la complicité de Fleury.

— Car, messire, nos mères étaient sœurs de lait et voici qui crée des liens, savez-vous ? Le Rossano de mes couilles sera là demain. Le procès commencera après la messe du matin du lundi.

— Qui te l'a dit ?

— Dame Morjiane.

— D'où le tient-elle ?

— De frère Aubin, le chapelain de monseigneur de Champagne. Le Rossano doit ruminer ses nasses.

Gatien pensa aux truites qu'il allait pêcher enfant avec son père et qui gigotaient sur l'herbe quand elles étaient sorties de l'eau. Il leva le visage. Martin le fixait de ses yeux clairs comme s'il eût attendu quelque oracle capable de démêler l'écheveau avec cette confiance inébranlable qu'il plaçait presque dans tout.

— Bien, ajouta Gatien, le combat peut commencer. Il vit alors Martin lever les bras au plafond et s'écrier : *Alléluia*.

Il passa la journée entière et la suivante à penser à Morjiane, à son épreuve, à multiplier les questions auprès de Martin, sur elle d'abord, si son corps, son visage, son être entier n'étaient pas altérés, changés, si son esprit semblait solide et sa foi intacte. Il entendit les réponses claires du garçon et posa à nouveau les mêmes questions. Avant l'heure des complies, à la lueur de sa chandelle, il posa sur la table de bois bancale une feuille de papier, et les mots tracés si lentement le furent tous pour Morjiane. Sous la lueur dansotante qui grandissait parfois les lettres ou les rapetissait, chacun d'eux disait le mal d'amour d'un homme rendu à son destin, au cœur inquiet, incertain quant au lendemain. Il avait pourtant des terres encore nombreuses, des bois touffus, du courage, un nom porté et pur, une maison grande et solide. Il était sur le point de réussir le pari fou demandé par son maître. Pourtant, sur le fléau de la balance, rien de tout ceci ne pesait. Et cet homme robuste, réfléchi et calme, père depuis plus de dix-sept ans, n'osait pas écrire sur le parchemin le mot *amour* à celle qu'il aimait au point d'en risquer sa vie. Morjiane recevrait le billet plié en quatre, dissimulé dans un peu de pain ou roulé dans un gobelet. Martin savait faire.

*

Dans la cour du palais des comtes de Champagne, à Provins, arrivèrent quatre voitures tirées par autant de chevaux. Les valets se précipitèrent et commencèrent à décharger les malles et les coffres de cuir espagnol grillagés de fer. Sur chacun d'entre eux, étaient apposées les clefs de Saint-Pierre de Rome et les armes de Gil de Rossano, barrées de rouge et de blanc. Alerté par le bruit de fer qui crissait, Gatien se posa à la fenêtre, compta machinalement les domestiques et les secrétaires. Il comprit que celui qui portait la robe brune et la ceinture blanche aux trois nœuds des franciscains, un peu voûté et presque maigre, se nommait grand inquisiteur. Il le vit marcher, frissonner dans le froid et remonter le col de sa cape. Son épaule était barrée d'une croix.

Gatien devina qu'il serait logé tout exprès dans le bel appartement réservé aux invités de marque, là où avaient déjà dormi des princes de France comme des ambassadeurs. Deux clercs chargés de besaces entouraient Gil de Rossano, prenant soin de ne jamais le dépasser, le front baissé sur leurs sandales, et les trois hommes franchirent les portes du palais, salués par les gardes et le sénéchal de Champagne.

Martin envoyé aux nouvelles ne revenait pas. Gatien patientait en incisant de sa dague l'une des chaises. Il y gravait un croissant de lune, replié en cédille, et tombaient à ses pieds les fins copeaux de bois sec. Il travaillait avec méthode, écartant les doigts afin d'éviter le mordant de la lame, arrondissant parfois ses lèvres. Le premier quartier apparaissait comme on en voyait sur certains blasons de parents proches ou d'amis. Où étaient-ils en ces jours, que pensaient-ils, que savaient-ils de lui ou de Morjiane, du nombre grandissant de ces heures volées à leur repos ? Nul n'était là pour l'éclairer. Il y avait fort à parier qu'ils devaient disséquer comme on le fait d'un cadavre encore tiède la moindre information sur l'accusation de sorcellerie. Sans doute attendaient-ils du procès la saveur un peu âcre de l'inédit et du changeant.

Gatien entendit des pas dans le couloir, posa sa dague et la porte s'ouvrit sur le garçon. Sur le ton qui lui était propre, Martin débita du même souffle que demain se tiendrait la première audience, sur l'heure de prime, après la messe, et que le frère Aubin se tiendrait aux côtés de Morjiane, capable d'intervenir car il en avait le droit, comme *letrado* ou avocat, et aussi pour la conseiller chaque soir sur la pertinence de ses réponses et la nécessité de dire la vérité sous peine de perdre son salut. Le tribunal du Rossano avait accepté de l'agréer et Gatien, tendant la cruche à Martin, ne put s'empêcher d'y voir la main de Thibaut.

Quand Martin reposa la cruche, elle était vide.

Chapitre XXII

Provins
Premiers jours de février 1243

La salle était vaste et haute, coiffée d'une toiture de chêne pareille aux coques des bateaux. Les murs chaulés conservaient l'odeur amère du mortier étalé à la taloche. Les domestiques du comte de Champagne, sur ordre de l'Église, avaient installé des tréteaux et des planches sur une estrade, placé des chaises ; un fauteuil plus volumineux en occupait le centre. Sur la table, il y avait des feuilles, des plumes et des godets d'encre noire et rouge. Les gardes veillaient à la porte.

Le peuple savait ce qui allait se passer ici et la rumeur, d'abord hésitante, s'était enflée. Elle ricochait maintenant de fenêtre en fenêtre, de la place du marché au lavoir. Elle bondissait dans les fermes de la campagne voisine, à mesure que se dessinait dans chaque conscience le visage vrai ou supposé de la sorcière. Cette fille était marquée, c'était certain. On trouverait bien sur son corps en le mettant à nu les marques du diable, les taches aux épaules ou dans les parties sales. Il faudrait même raser ses cheveux pour mieux voir.

Les signes abondaient pour qui saurait les lire. Rien n'allait plus depuis qu'elle était là, à Provins. Un veau était né avec six pattes, une fille, tombée en extase, prétendait avoir vu l'archange Gabriel pleurer des larmes de sang. La pluie qui coulait en rideaux, trop précoce, allait nécessairement gâcher les récoltes. Au cabaret, un peintre en décors, venu du Piémont, raconta à plusieurs gaillards l'histoire d'une femme possédée par un démon qui avait pris pour la séduire le visage d'un ange. Chaque soir, cet être allumait dans le corps de la fille le feu de la passion. Il s'étendait sur elle et la traitait mieux que son mari. Il passait ses mains sur son corps, partout. Il venait la nuit, tandis que son homme ronflait dans le lit, et le cocu ignorait ce qui se passait sous le drap. Durant six années, la femme ne dit rien à personne. Elle n'assistait plus à la messe. Un beau jour, contrainte de se rendre à l'église, elle trempa sa main dans l'eau bénite et hurla tant elle était brûlée. Elle confessa à son curé qu'elle était visitée ainsi chaque nuit. Il fallut sept exorcismes pour chasser ce démon puant.

En quittant le cabaret, deux gaillards affirmèrent qu'ils sentaient dans les rues une odeur de soufre, une de celle qu'on respire chez les apothicaires juifs entre leurs pots à herbes. Les mères commencèrent à interdire à leurs enfants de sortir le soir et on surveilla mieux les puits et les bêtes.

Les prêtres donnèrent des messes et il y eut même une procession. Albin de Lalande conseilla à Gatien de ne pas quitter le château. Il sortit quand même, tint à ceindre son épée, gardant sa cape, en abaissant le capuchon à ses épaules, fier, sain. Il regardait dans les yeux qui croisait son chemin car il voulait voir et connaître celles et ceux qui parlaient tant et tant. Mais on se taisait à son approche et nul n'osait élever le ton ou le front devant lui. Martin lui en fit doucement le reproche, car il était capable de se fondre, payant chopine s'il le fallait, disparaître au beau milieu des gens, évaporé comme de l'eau sur une feuille d'arbre.

— Vous comprenez, messire, moi, je compte pour rien, c'est commode parfois, ça permet d'apprendre.

Gatien eût aimé savoir l'imiter, revenir à cet état similaire de son enfance, quand nul ne se souciait de ce qui agitait sa cervelle. Martin confirma ses doutes, répéta les mots entendus en ville. Morjiane était une sorcière qui s'adonnait au sabbat, elle avait dirigé les chevauchées infernales dont chaque nuit dure cent ans. Elle savait commander au vent comme aux esprits. Elle embrassait le cul du diable et se faisait couvrir par ce méchant prince comme une louve. Les roses de Mortery étaient arrosées de sang d'enfants mort-nés et c'était de là qu'elles tiraient leur beauté. En respirer une et c'était la mort. Le peuple était contre elle, elle n'était pas d'ici, elle ne ressemblait pas aux autres femmes, aux autres filles. Elle savait trop de choses, elle était étrange avec son accent bizarre et ses mots. Elle menait le baron par son mandrin et il se laissait faire, le pauvre malheureux, sans pouvoir réagir. Il buvait ses philtres, en devenait fou et il n'était plus lui-même.

Gatien de Mortery regardait la salle d'audience à s'en crever les yeux. Il attendait face au tribunal, devant l'estrade encore vide, debout, celle qui risquait sa vie ici. Nul n'arrivait encore. Les gardes, en habitués, somnolaient, appuyés sur leur lance ou sur le mur par un coin d'épaule, impassibles. La salle se remplissait doucement de curieux, de bourgeoises habillées de velours, venues là pour voir de près celle dont on disputait les pouvoirs. Certaines, la taille serrée et les seins très blancs, visibles sous la gaze malgré le froid, commençaient à loucher sur Gatien. Enfin, une porte latérale s'ouvrit, ce furent d'abord les assesseurs qui prirent place, le nez dans leurs feuillets de vélin, puis Gil de Rossano, l'inquisiteur. Enfin, escortée par deux gardes, parut Morjiane. Il y eut parmi la trentaine d'hommes et de femmes présents ici comme un murmure qui s'éleva.

Morjiane avait choisi de se vêtir de blanc. Elle portait la petite croix en or offerte par le frère Germain. Et de ses poignets nus, elle avait retiré ses bracelets. Elle baissait les yeux et Gatien chercha désespérément à croiser son regard, prêt à crier son nom, à lui faire comprendre qu'il était là pour elle. Gil de Rossano lui demanda d'ôter le voile qui entourait ses cheveux. Ce qu'elle fit et il y eut un second murmure, plus grave, ces résonances parties des poitrines et des gorges épaisses d'hommes. Commencèrent des questions, courtes ou longues, prononcées par l'inquisiteur, notées par ses secrétaires qui consignaient aussi les réponses. Chaque mot prononcé gratté sur le papier se doublait d'un chuintement d'insecte.

La voix qui s'éleva dans le complet silence était sèche et froide. Gatien l'écouta comme un son nouveau, jusqu'à l'apprendre comme une gamme inconnue, avec ses pleins et déliés. Il voulut croire qu'elle n'était pas portée par la haine et que la curiosité lui dictait ses inflexions. C'était la voix d'un homme entre deux âges, peut-être fatigué par le voyage, le froid des chemins. Une voix habituée à être écoutée et qui sondait, perçait comme un clou dans une chair.

— Quel est votre nom ?

— Je m'appelle Morjiane El Saadawi, je suis née à Homs, au nord de Damas.

— Où est cette ville ?

— Dans un pays qui se nomme Cham et que vous appelez Syrie.

— Depuis quand êtes-vous dans le royaume de France ?

— Depuis un peu plus de trois années.

— Êtes-vous chrétienne ?

— Je ne le suis pas encore.

— Voulez-vous le devenir ?

— Assurément.

— Connaissez-vous les charges et les accusations qui pèsent contre votre personne.

— Non.

— N'en avez-vous pas une idée ?

— Non.

— Nous dites-vous toute la vérité ?

— Oui.

— Nous mentir, c'est mentir à Dieu.

— Je le sais.

Gil de Rossano s'arrêta de parler. Morjiane restait debout, elle tenait de sa main gauche son voile. Elle regardait devant elle, réduisant à ce qu'ils étaient ces visages d'hommes graves aux tempes serrées. Gatien se demanda si elle sentait sa présence, si elle se retournerait tout à l'heure pour l'apercevoir, peut-être à l'instant de quitter la salle. Gil de Rossano redressa son cou maigre.

— Vous êtes accusée d'avoir commerce avec le diable, de comploter et cabaler contre le peuple de Dieu. De vous conduire en adversaire et en ennemie. Vous êtes soupçonnée d'avoir commis de nombreux crimes, sortilèges, idolâtries, invocations aux démons et plusieurs autres méfaits qui restent à définir. De blasphémer contre le pape, d'insulter la foi et de cracher sur la Vraie Croix. De cruauté avérée sur des animaux et des enfants de Dieu. De démembrer ces victimes innocentes afin de préparer philtres, envoûtements et potions méprisables et obscènes.

— Et pourquoi ferais-je cela ?

La phrase de quelques mots prononcée n'excluait pas l'ironie ou le mépris, la stupéfaction aussi, devant ce tas de suspicions imbéciles, amas de ragots.

Les yeux de Rossano s'ouvrirent davantage.

— Répondez.

— À quoi devrais-je répondre ?

— Mais à ces accusations !

— Elles sont fausses.

— Niez-vous avoir commis…

— Oui. Je le nie.

— Si vos crimes existent, ils ne sauraient demeurer impunis sans que la conscience divine s'en émeuve et s'en révolte.

— Mon âme est pure.

— Restez humble. Vous êtes sous le regard de Dieu.

— Je ne l'ignore pas.

— L'orgueil est un piège.

— Je n'y succomberai pas.

— Savez-vous ce que vous risquez ?

— Oui.

— Cela vous effraie-t-il ?

— Oui.

— Nous nous reverrons lorsque je le déciderai.

Les hommes et les femmes présents virent Gil de Rossano se lever, imité par les assesseurs, greffiers et notaires qui rassemblèrent feuilles, plumes et encre avec une vitesse d'escamoteur. D'abord incrédules, ceux qui étaient présents quittèrent le lieu. Certains se parlèrent à voix basse. Il sembla à Gatien avoir vieilli de dix ans. Ce qui se raccordait à ce qui venait d'être dit ou vu, le moindre détail appartenant déjà à sa mémoire, la respiration parfois oppressée de Morjiane, l'excédait déjà. Il eut besoin de marcher, de sentir ses muscles se fatiguer, de courir à perdre haleine en pleine campagne, de sortir de ce lieu fermé où tout était serrures et murailles. Il sella lui-même Calypso et Martin fit de même avec Saphir. Le garçon n'osa pas poser ses questions, préférant attendre que le maître soit calmé.

Lancés à la vitesse de la flèche, les chevaux, indifférents à la colère ou à la douleur, ne gardaient de la course que le bonheur de galoper sur des chemins drus raidis par le gel. Enfin, il fallut s'arrêter, à l'orée d'un bois qui jouxtait des champs noirs.

Un bruit régulier, ce halètement de souffle chaud, sortait des naseaux. Au pas, les deux hommes avancèrent au hasard. Enfin, Martin parla.

— J'ai vu Lalande.

— Et ?

— C'est lui qui a conseillé à dame Morjiane de répondre comme elle l'a fait ce matin.

— Ils se sont rencontrés.

— Oui.

— Il a plus de chance que moi.

— Il est son *letrado.*

— Peut-être.

— Il m'a dit que je pourrai la voir.

— Quand ?

— Bientôt.

— Et je dois le croire ?

— Nous n'avons pas le choix.

Dans cette campagne vide de toute vie, Gatien prit conscience que ce grouillement de tout à l'heure, ce murmure continuel d'étrangers venus là pour se repaître, serait son lot quotidien. Gil de Rossano dirigeait tout. Il fallait suspendre une existence entière à ses caprices. Il était aisé de comprendre que ce prêtre jouait ainsi avec le temps, égrenant les heures longues et semblables passées dans une chambre close. Les jours filés usaient les consciences jusqu'à l'aveu. Morjiane était son otage.

— Il faut que je la voie.

— Messire !

— Et vite.

— Mais…

— C'est toi qui vas parler à Lalande. Tu sauras te faire entendre de ce genre de chapon.

— Moi ?

— Avant la fin de ce jour.

— Si le Rossano l'apprend, sa colère…

— Je m'en fous.

— Retombera sur elle.

— Je prends le risque.

— Messire !

— Paix.

Martin vit Gatien taper des talons et Calypso s'envoler, il eut du mal à les suivre. Dans le cœur de l'après-midi, les deux hommes étaient de retour à Provins. Une fois les montures confiées aux valets des écuries comtales, Gatien s'enferma dans sa chambre et Martin s'en fut taper à la porte du frère Aubin.

Gatien s'allongea sur son lit et réfléchit. Il eut l'intuition qu'il verrait Morjiane, la serrerait contre lui et qu'il pourrait respirer ses cheveux et son cou. Là où la peau est tiède, là où bat la vie dans l'artère. Il s'étira, au bord du rire et du bonheur. Ses jambes dépassèrent le rebord du matelas, glissèrent sur le côté. Il ouvrit les bras pour elle comme à Mortery. La porte glissa sur ses gonds et apparut le corps déhanché du garçon, fier et muet. La frimousse de Martin, ses yeux clairs, ses cheveux souples avaient suffi à convaincre le frère de Lalande. Il consentait : Gatien pourrait voir Morjiane, il resterait avec elle, peu de temps, mais seul. Lalande se réservait le droit de choisir le jour et l'heure.

*

Gatien était devant sa porte close. Il sentait celle que désormais il osait appeler sa femme vivre et respirer derrière. Depuis déjà presque un mois, il passait dans ce couloir, sans jamais pouvoir entrer là, fracasser ces planches de bois à coups de pied s'il l'eût fallu, les arracher une à une à s'en faire saigner les doigts. Il se souvint de la porte étroite, en Syrie, cachée par les branches fines et ondulantes des tamaris, désignée par Morjiane. De là, ils avaient fui tous deux, côte à côte, vers le camp des Francs et il tenait contre son torse la première rose, abritée par son voile, qu'il avait ensuite nourrie d'eau fraîche. Le début de l'aventure.

Il n'avait pas oublié le son rendu par la serrure ouverte, le silence des jardins du sultan troublé par les murmures de l'eau des bassins, la blancheur éclaboussante de la lune. Et ces odeurs de fruits et de fleurs mêlées, le bruit tintinnabulant que rendaient les bols en argent qui contenaient des grains de grenade, des figues sèches, des amandes aussi. Et la froideur des carafes pleines de thé glacé ou de vin de palme.

Gatien leva le bras et ferma son poing, ne frappa qu'un coup. Elle fut là, enfin, devant lui, belle, un peu plus pâle peut-être, avec déjà des habitudes de survivante. Il se demanda si elle était capable d'affronter toujours cet enfer et l'entraîna vers son lit. Ils s'y assirent tous deux et rien pour lui ne fut plus essentiel que cette minute. Ils parlèrent en même temps, s'en aperçurent et rirent malgré la peur. Elle dit *toi* et il répondit *toi*.

Elle posa sa tête contre son cou et chuchota que le frère Lalande était toujours bon avec elle. Les valets la traitaient bien, mais sans lui parler, ni la regarder en face, posant son écuelle sur la table à côté du pichet d'eau et les reprenant une fois vides. Le frère Lalande lui donnait des conseils qu'elle suivait, il l'assurait de ses prières. Ils priaient ensemble et il continuait les leçons et l'exégèse commencées avec le frère Germain. Il lui lisait la Bible, les Actes des apôtres, elle puisait dans ces récits beaucoup de force. Morjiane venait de découvrir les psaumes et elle en connaissait plusieurs par cœur, en récita deux : *Je me confie en Dieu, je n'ai peur de rien : que peuvent me faire les hommes ?* Et aussi, elle dit : *Quant à moi, je chanterai ta force, dès le matin je célébrerai ta bonté, car tu es pour moi une forteresse, un refuge quand je suis dans la détresse.* La piété onctueuse, les manières trop douces du frère Aubin ne la gênaient pas.

Gatien ne parvenait plus à l'arrêter et soudain il vit des larmes dans ses yeux. Il posa le pouce sur ses paupières, c'était bien mouillé et salé quand il y goûta et la même colère le prit. Morjiane l'attira à elle, mit ses mains ouvertes sur ses joues. Elle était vêtue d'une robe de laine sombre qu'il ne lui avait jamais vu porter. Il s'en voulut de ne pas l'avoir mieux observée à Mortery, avec plus de tendresse encore.

Elle insista pour qu'il prenne soin de lui, sans colère, sans folies, sans insultes, sans coups adressés aux gardes pour un geste ou un regard de trop. Sans provocation à l'encontre de Gil de Rossano. L'inquisiteur n'ignorait rien du poids réel du baron de Mortery, de ses alliances dans le pays de Champagne, de son amitié avec Thibaut. Morjiane parlait en scandant chaque mot de sa main droite comme si elle battait la mesure. Sa réclusion ici, dans une chambre propre et claire, ne s'expliquait pas autrement. Gatien jura de rester aussi sage qu'un vieillard, aussi docile qu'un enfançon. Ils se regardèrent avec le même désir de s'unir.

Enfin, elle lui posa des questions sur la roseraie, demanda si les plants les plus jeunes ne souffraient pas du froid. Si là-bas, à Mortery, les paysans continuaient à répandre du fumier ou de la paille, à couper les surjets, à vérifier les feuilles ou les tiges mortes. À les couper net au besoin. Il avoua qu'il n'en savait rien. Elle retint un soupir, carda ses cheveux trop longs, lissa mieux les cernes qui bleuissaient ses yeux, le trouva beau et triste. Gatien ajouta vite qu'il enverrait Martin au domaine et qu'il saurait lui raconter l'état des roses dans quelques jours, il le lui promettait. L'hiver n'était pas aussi froid que les années précédentes. Avec l'aide de Dieu, le printemps reviendrait tôt. Mais Gatien conservait une rancœur à l'égard de ces fleurs qui croissaient en nombre et répondaient, avec leur tranquille indifférence, aux vœux de Thibaut. La roseraie, intacte, forte, déjà ancrée sur ses racines, se multipliait. Morjiane pouvait mourir de cet excès de sève. Avoir inventé un monstre, nourri de tant de soins, durant tant de mois, le révoltait parfois jusqu'au cri.

*

Gil de Rossano ne quittait plus ses appartements. Les nouvelles, venues de Rome, n'étaient pas bonnes. Le prochain pape n'était toujours pas élu. Nul ne savait encore si le successeur de Pierre poursuivrait sa lutte avec l'empereur d'Allemagne. Le mot *hérésie* semblait s'inscrire sur toutes les lèvres. Il s'agissait pour les prêtres de traquer la bête immonde, sans pitié, de l'arracher comme une plante mauvaise.

À genoux et seul, Gil de Rossano demandait à Dieu de l'aider. Son corps lâchait cet homme sans que ses médecins n'y puissent rien. Cet équilibre de sang et d'os, de chair amincie par les jeûnes, vacillait. Les heures longues de la nuit ramenaient en lui cette part de doute contre laquelle on ne peut pas grand-chose. En prenant appui sur la paume de sa main, Gil de Rossano parvint à se lever, ferma les yeux puis se rapprocha de la table. Là étaient étalés les premiers parchemins du procès, les réponses d'une femme à ses juges. Classant les feuillets, il relut cette poignée de mots, ces phrases courtes qui disaient le caractère et la constitution mentale d'un être. Bientôt, il recevrait la visite de Paul de Launet, aurait à confronter son esprit à un autre esprit, sa conscience à une autre conscience forgée d'autant de prières et de macérations. Le frère de l'abbaye de Jouy avait écrit à l'évêque, dénoncé

Morjiane El Saadawi comme hérétique et sorcière, fautive de crimes déshonorants.

La visite à venir était prévue de longue date. Gil de Rossano s'y préparait déjà. Il ne doutait pas qu'il prendrait l'une de ces leçons de foi que donnaient volontiers ceux qui faisaient profession d'humilité stricte. Il lui faudrait faire au mieux, entendre le frère Paul avec patience, ne pas divulguer son identité par crainte de représailles possibles. Et noter au besoin d'autres motifs de culpabilité oubliés, ajouter de nouveaux témoins à une liste déjà longue.

Gil de Rossano but un peu de tisane à la sauge et se rapprocha du feu. Il fixa les flammes orangées, allongea son pied nu dans sa sandale de cuir au-dessus du tas de braises et le retira au bord de la douleur. Il se souvint, à Béziers, du tribunal dressé contre l'ennemi cathare, des lois édictées par le roi Louis et la reine Blanche. Les soldats bénis par l'Église fouillaient les maisons, les granges. Ils y traquaient ceux qui ne renonçaient pas à prier à leur manière et restaient purs et pauvres comme le Christ. Folie, née de l'orgueil incommensurable de ces paysans, de ces gueux qui ne baissaient jamais le regard. Dans la nuit qui rendait à la pièce sa couleur de tombe, vint la vision d'un homme devenant noir dans les flammes. Tandis que ses bras liés se détachaient de lui, ils restaient suspendus à leurs chaînes comme des sarments tordus. Le bourreau, insuffisamment payé par la famille, ne lui avait pas brisé la nuque avant d'allumer ses fagots. Les juges durent se boucher les oreilles tandis que ses hurlements éclaboussaient la place.

Le frissonnement qui lui secoua l'échine ne dura pas longtemps. Gil de Rossano s'assit à nouveau à sa table de travail. L'évêque lui avait fait parvenir copie des lettres de Paul de Launet. Il en prit une, laissant au hasard le soin de choisir pour lui. Si la femme en question s'avérait être ce que prétendait le frère Paul de l'abbaye de Jouy, si chaque rose ouverte l'était pour les plaisirs du Malin, il aurait face à lui une ennemie redoutable, capable de l'abuser.

Les flammes du bûcher ne seraient rien contre le feu du purgatoire qui l'attendait s'il échouait à la confondre. Gil de Rossano prit une seconde lettre, puis une troisième, elle donnait la liste des témoins qu'il ferait comparaître. Certains travaillaient sur les terres de Mortery, d'autres habitaient les villages voisins. Il y avait des filles pubères et des matrones, des hommes faits et des gamins, quelques bourgeois aussi. Riches ou pauvres, malades ou bien-portants. Ils travaillaient la terre ou vendaient du drap. Tous assuraient avoir entendu dire des sacrilèges et des abominations ou vu de leurs yeux des spectres dansant sur les champs plantés d'arbustes. Cette poignée d'individus, disparate et exigeante, qui s'était souvent ignorée jusqu'à maintenant, se conjuguait désormais dans une même demande et réclamait la mort d'une femme.

Deux jours passèrent. Au troisième, il y aurait audience. Dans sa chambre, accoudée à sa fenêtre barrée de fer, Morjiane entendit que l'on ouvrait sa porte et d'instinct se redressa. Le frère Aubin de Lalande avança son visage rond dans l'embrasure, l'inclina légèrement sur un sourire étroit et fit un machinal signe de croix.

— Ma chère fille, demain sera le deuxième jour de votre parution.

Cet homme jeune et rond répandait une odeur de foin coupé un peu écœurante et ses mains potelées s'animaient et comptaient les mots. Mais ses avis étaient suffisamment bons pour qu'ils fussent écoutés. Il commença dans un ordre méthodique à préciser que l'audience débuterait par un sermon. Morjiane devrait jurer sur les Évangiles de Dieu de dire la pleine et entière vérité, tant sur les crimes qu'on lui reprochait et sur les faits connexes, tant en ce qui la regardait comme principale intéressée qu'en ce qui concernait les autres personnes vivantes ou défuntes à titre de témoins. Le refus de serment constituait une terrible présomption. Elle serait alors désignée sous les noms d'hérétique, pervertie, apostat, criminelle, infâme et bientôt excommuniée.

Toutefois, le frère Aubin se faisait fort d'intervenir auprès de Gil de Rossano afin d'éloigner une possible menace. Sa présence aux côtés de Morjiane éclairait ce procès sous un jour nouveau. L'inquisiteur avait accepté qu'il soit le *letrado* de la jeune femme pour la faire bénéficier de ses connaissances du droit civil et du droit canon comme zélateur de la foi.

Morjiane n'était pas à l'abri d'une dénonciation. Un page, un domestique, n'importe quelle servante pourrait jurer avoir vu Gatien de Mortery pénétrer dans sa chambre et, si le frère de Lalande ne se reprochait pas ouvertement d'avoir favorisé cette rencontre, elle ne devait plus se reproduire. Gil de Rossano pouvait en revanche la permettre à nouveau. Il ne fallait pas se leurrer sur son intention. La chaleur des attentions de Gatien, sa tendresse manifestée seraient nécessairement employées pour la convaincre d'avouer.

Morjiane parla.

— Pour avouer quoi ?

— Ma fille, votre pacte avec le démon. Il faut prier sans cesse, chaque jour, prier, vous comprenez ?

Elle ferma les yeux, se sentant étrangement calme et seule, prête à s'évader, à se diluer dans cet air sans parfum. Elle se souvint de cette heure précise, dans la palmeraie de Damas, où elle avait, à son tour, expliqué à Gatien la fête du Mawlid, jour de célébration, le troisième mois lunaire. La naissance du Prophète, *la Meilleure des Créatures*, était dansée, chantée et les hommes devaient l'imiter en faisant le bien, de bonnes actions, devaient être généreux, confiants, doux, compatissants et faire preuve d'une grande piété. Et partager leur joie. Tant d'amour était récité dans des poèmes et Morjiane les chantait devant la cour du sultan, accompagnée de son oud. Là, elle avait croisé les regards de Gatien, vu sa joie étonnée. Deux doigts se posant sur son genou, elle commença à fredonner les premiers mots de sa chanson mais s'arrêta. Aubin de Lalande la fixait de ses yeux ronds. Il affecta de ne rien avoir remarqué et continua de parler sur le même ton circonspect.

Tout ici même, dans cette chambre, n'était qu'apparence. Bien nourrie et bien traitée, Morjiane pouvait s'amollir, avouer ce que l'on attendait d'elle par excès de confiance. À partir de demain, elle entendrait les déclarations des témoins. Elle ne les rencontrerait jamais, ne saurait jamais leur nom ou qui ils étaient, car d'éventuelles représailles, toujours possibles, auraient pu être organisées contre eux par les amis ou la famille de l'accusée.

Le frère Aubin s'arrêta de parler pour s'éponger le front.

Chapitre XXIII

Provins
Derniers jours de février 1243

Morjiane avait choisi de s'habiller en noir. En face d'elle, il y avait la même estrade, encore vide. Elle jugea dès son entrée dans la salle d'audience que le monde autour d'elle était plus nombreux. Elle tourna son visage vers la gauche. Elle aperçut Gatien, debout, le corps très droit, dont la main se posa sur sa poitrine à hauteur de son cœur. Elle sourit. Il sourit aussi. Elle avait à supporter d'autres yeux, avides ou méchants, ou simplement curieux, qui ne rataient aucun de ses mouvements. Par réflexe, elle s'efforça de n'en tenter aucun. Celles et ceux déjà assis se levèrent. Gil de Rossano entouré de ses assesseurs et scribes venait de faire son entrée. La prière commença. Quand fut tracé le dernier signe de croix, un jeune clerc s'approcha de Morjiane. Il ouvrit une bible en son milieu. La même voix grave et sèche disait de jurer sur les Évangiles et de confier au Ciel les secrets de son âme.

Morjiane tendit la main, paume ouverte.

Gil de Rossano sortit d'un parchemin plusieurs feuillets qu'il tint en apesanteur entre le pouce et l'index.

Chacun des mots qui formaient des lignes devait enflammer la salle comme un morceau d'étoupe approché d'une chandelle. Certains, présents ici, en feraient leur miel et les ressasseraient. Les hommes de l'assistance redressaient déjà le torse et leur menton tandis que les femmes gloussaient, trois doigts sur leur bouche. Les images qu'ils pétrissaient reviendraient par saccades le reste de la journée. À la nuit, elles seraient emportées sous la courtepointe et mastiquées comme des bonbons.

Morjiane s'était préparée au pire et ce fut atroce. Une fillette disait l'avoir aperçue au solstice d'été, une nuit de lune pleine. Elle se roulait au sol, avec des cris, elle arrosait les fleurs du lait de ses seins et les roses grandissaient, devenaient rouge écarlate. Le lait, intarissable, coulait en fontaine. La lune était si brillante et ronde que la fillette avait tout vu sans effort. D'ailleurs elle n'était pas la seule présente ce soir-là. Les prêtres pouvaient demander à son cousin et à son frère ; ils diraient comme elle. Gil de Rossano insista sur cette semence humaine dévoyée et mise en terre comme un défunt. N'était-ce pas profaner le don même de la nature ? N'était-ce pas déjà obéir et sacrifier au monde d'en bas ? Morjiane était la fiancée du diable et c'est de lui qu'elle tirait le pouvoir de faire pousser des roses. Elle était capable d'invoquer les âmes des morts, de changer un homme en chien pour lui faire renifler le sol et trouver un trésor. Aux valets qui voulaient la dénoncer aux prêtres, la Morjiane, la vouivre, menaçait d'envoyer la pestilence. La fillette jurait sur tous les saints que la peau d'un pauvre gars était devenue rouge et puis verte, pleine de pustules. Il était mort, brûlé par les fièvres en poussant un grand cri. Il revenait la nuit pour travailler à cette roseraie maudite. Il charriait à lui seul des quantités énormes de fumier dont il gardait l'odeur. Il y avait eu bientôt d'autres morts car les roses exigeaient d'autres bras et c'étaient maintenant tant et tant qui bêchaient, remuaient la terre fraîche et l'arrosaient de leurs larmes.

La fillette avait vu la pluie ne tomber que sur les roses. Le soleil ne chauffer que la roseraie alors que les terres des voisins restaient sèches ou froides et stériles, plus capables de se couvrir de blé ou d'orge. L'ombre de Morjiane, portée sur la terre, prenait alors le dessin du serpent. Elle en avait les écailles et c'était la raison, la seule, pour laquelle elle était voilée toujours.

La salle fit un long *oh* commun, les chaises paillées grincèrent sur leurs pieds. Gatien continua à secouer la tête, enfonçant ses poings serrés dans ses poches. Il cherchait dans sa mémoire qui pouvait être cette gamine, dont l'esprit était frappé. Qui pouvait les haïr à ce point, leur vouloir tant de misère ? Souvent, une femme lui lançait un coup d'œil furtif, souhaitant lire sur ce beau visage le désarroi, la honte, l'exaspération, le dégoût, son sang reflué aux pommettes, le front trempé. Il sentait alors ce désir cannibale monter chez celle qui aurait aimé le chérir à demeure. Surtout remplacer l'autre, la damnée, et devenir dame de Mortery à son tour.

Gil de Rossano reposa le feuillet sur la table et s'arrêta de parler. Il regardait Morjiane, droite et debout face à lui. Elle avait gardé le silence, sans fierté excessive, tellement ailleurs devant ce flot intarissable. Il respira et dit :

— Je vous écoute, que répondez-vous ?

— Je suis innocente des crimes dont on m'accuse.

Gil de Rossano soupira, choisit un autre feuillet. Il s'agissait cette fois d'un témoin majeur, manœuvrier, natif d'un village voisin. Il le jurait sur la Bible, la femme qui vivait au château de Mortery n'était pas humaine. Il l'avait vue s'envoler alors qu'il quittait le cabaret après y avoir bu à peine deux chopines car il n'était pas saoul ce soir-là. Elle était à la lisière d'un champ, il l'avait suivie des yeux, haut dans le ciel noir. Elle avait deux paires d'ailes dans le dos, grandes comme celles du moulin de notre seigneur Gatien. Et puis, une autre fois, elle mangeait des glands à s'en faire crever la panse, à même le sol, sous le grand chêne, pire qu'une truie à la bauge. Elle dansait, quasi nue, sous les étoiles. Ce dont il se souvenait, c'était d'avoir dansé avec elle, toute la durée de la nuit, à s'épuiser entre ses bras, et de son rire de chauve-souris. Au lendemain matin, il s'était réveillé dans une ornière, des marques sur sa peau, comme des écorchures entre ses omoplates et ses cuisses, pire qu'une lèpre. Ça l'avait brûlé et fait souffrir et il avait longuement prié saint Antoine pour son salut.

Le garçon avouait l'avoir rejointe une autre nuit. C'était plus fort que lui car il avait simplement croisé son regard et ils furent nus tous les deux et ils avaient eu commerce de chair. Le garçon pleurait encore à ce seul souvenir car elle lui avait confié vouloir tuer le maître. La Morjiane lui aurait donné le domaine, le château et les terres, tout pour lui. Il n'avait qu'à l'adorer, elle, et réciter le chapelet à l'envers, c'était simple. L'or coulerait à flots mieux que la rivière au dégel car la garce aimait l'or à s'en vautrer dedans, pire qu'un juif.

Dans la salle, plusieurs femmes se signèrent. Gil de Rossano arrêta sa lecture. Il se saisit d'un troisième feuillet. Le témoignage d'un jeune berger, le gamin n'avait pas dix ans, arguait que Morjiane cherchait des plantes, les arrachait de ses mains. Oui, il pouvait jurer sur le nom de son saint patron qu'il avait bien vu la Morjiane se faufiler de talus en talus avant les premiers rayons du soleil, sauter les ornières et les flaques d'eau. Il l'avait suivie moitié par jeu, moitié par intérêt car on disait tant de choses au village et, lui aussi, il voulait savoir. Elle avait rejoint la maison de l'ancienne veuve Demichel, celle qui était morte seule, avant la Saint-Jean. Il ne restait plus de sa masure qu'un tas de pierres et de poutres et un morceau de sa cheminée effondrée. Le gamin avait retenu son souffle, tenant d'une main ferme son bâton de noisetier au cas où. *Si vous l'aviez vue*, avait-il confié à celui qui l'interrogeait, *oh elle m'a fait bien peur. Et si elle m'avait trouvé, je n'aurais pas revu ma mère. Elle a pris une herbe bien vilaine, la plus vilaine de toutes, jaunâtre, avec des poils dessus, noirs et collants, comme ceux qui sont sur les jambes du grand Lucas. Elle l'a arrachée rudement, en tirant dessus, en y mettant toutes ses forces. Tout d'un coup, je ne l'ai plus vue, hop, elle avait disparu. Pour filer si vite, moi je dis qu'elle a dû se transformer en lézard ou en crapaud, peut-être en chauve-souris. Je n'ai pas demandé mon reste et j'ai couru rejoindre mes bêtes. Je n'avais jamais encore raconté cette histoire, je le jure, j'avais trop peur.*

Un homme se leva, avançant lentement vers l'estrade et d'une voix ronde, il demanda la parole. Il ne paraissait ni effrayé ni troublé. Il tendit son visage poupin vers les scribes et les clercs et face à lui, Gil de Rossano inclina le menton.

— Révérend père, et vous, mes chers frères en Christ, vous me connaissez, je suis le frère Aubin de Lalande et j'appartiens à l'ordre des Prémontrés.

— Nous vous écoutons.

— Il y a trop de mots entendus ici, trop de phrases. Ils me font penser aux paroles des pharisiens ; eux aussi accusaient, faisaient du mal, montraient du doigt, salissaient. Des mots, des mots ! Qu'eût fait l'innocence ?

— Oseriez-vous comparer cette femme au Christ ?

— Je parle de souffrances endurées dans le cœur de celle qui n'est pas coupable.

— Qu'en savez-vous ?

— Je le sais. Et je le prouve. Sur un point qui peut éclairer les autres.

— Ce tribunal consent à vous entendre.

— Le dernier témoignage est celui d'un enfant.

— Assurément.

— Blanc comme l'agneau, il n'a pas menti. La femme qui est ici, face à ses juges, connaît les plantes. Et combien de frères et de sœurs partagent ce savoir et le cultivent dans les jardins de leurs monastères. C'est au matin qu'il faut arracher la jusquiame. Elle donne la vie, non la mort, elle soigne, elle apaise les douleurs. Moi-même, j'y ai eu recours. Je ne vois dans ces actes qu'une femme appliquée à bien faire.

— Cette plante est celle des sorcières. Elle provoque le sommeil fatal. Elle est la mort et le blasphème.

— Dans des mains criminelles, oui.

— Et c'est le cas.

Aubin de Lalande planta ses yeux dans les yeux de Gil de Rossano. Lors de ce duel silencieux, sans presque de témoins, entre ces deux prêtres debout, ce fut le second qui baissa le front.

— Non. Morjiane ne donne pas la mort mais la vie. Soumettez ses roses à l'épreuve de la Vierge, fleurissez ses autels. Et voyez si la fleur se fane aussitôt ou tombe en poudre.

— Le tribunal jugera du bien-fondé de votre argument.

— Je l'en remercie.

Sans autre effet que le bruissement doux de sa robe, le frère Aubin reprit sa place. Gatien chercha en vain son regard pour le remercier d'un hochement de tête. Il vit que Gil de Rossano hésitait à chercher un autre feuillet. La salle se remplissait de l'odeur des chandelles brûlées, de celle plus astringente des corps pressés les uns contre les autres, des paroles de surprise ou d'indignation sorties de bouches jeunes ou vieilles. L'audience semblait être plus longue que la fois précédente, plus épuisante aussi pour Morjiane qui vacillait sur ses jambes. S'efforçant de rester droite, elle attendait le prochain témoignage. Elle comprenait que ce venin distillé goutte à goutte pour faire mal n'avait aucune couleur de peau, nulle origine précise. Du pays de Cham à la France, la même cruauté s'exerçait. Le sanglot toujours possible n'était pas loin. Morjiane avala ses larmes. Ne pas céder, jamais, face aux mensonges et à ces bassesses humaines. Rester la fille de son père. Elle avait choisi sans regret sa vie ici sur la terre de Champagne, aux côtés de l'homme qui la protégeait.

Gil de Rossano traça dans l'air épais un ultime signe de croix. L'audience était achevée.

*

— Que pouvons-nous espérer ?

Les quelques mots tombés de la bouche de Gatien firent à peine dresser le sourcil du frère Aubin. Il regarda le soldat qui lui faisait face, grand et large d'épaules. Il croisa ses mains de poussah sur son ventre et répondit par un sourire étroit. Il pensa que cette sorte de gens ne croyaient en Dieu que par principe, habitude ou docilité. Ils ne le priaient qu'au seuil du danger ou de la mort. Conduire ce troupeau au Ciel n'était pas une mince affaire. Il était mandaté pour défendre cette femme par beaucoup plus puissant que lui et il se contenta d'un hochement de tête. Mais Gatien lui posa la main sur le bras. Il sentit dans ce geste la force capable de tuer. Il pinça ses lèvres et de sa voix flûtée assura que rien n'était joué. Les témoignages pourraient frapper des âmes simples mais Gil de Rossano était d'une autre argile. Il saurait décrypter les vices supposés et rendre la justice avec sérénité. Il avait prouvé à Albi comme à Toulouse sa mansuétude et son discernement. Bon nombre de pauvres gens lui devaient d'être vivants.

Le frère Aubin n'acheva pas sa dernière phrase. Sans une parole, Gatien venait de le quitter. Il secoua son cou trop large et pensa que le sourire de Martin le consolerait peut-être de l'ingratitude humaine.

Au cabaret du *Chapeau Rouge*, Gatien finissait sa deuxième cruche de vin. Ces moines lui donnaient envie de cracher. Leurs mots mâchés, ces gestes répétés à l'infini, l'odeur de l'encens injectaient en chacun d'eux une veulerie de mouton.

L'idée de prier davantage un dieu victime cloué sur deux pièces de bois s'éparpillait en lui comme la cendre au vent. Cette pacotille pour trouver le bonheur, éviter la tentation, croire en un avenir meilleur et céleste se distinguait à peine des chansonnettes de son enfance. Une fille lui apporta un troisième flacon de vin sans qu'il l'eût demandé. Elle le regarda en vider déjà la moitié dans son gobelet et Gatien soutint son regard. Dans ce corps de femme qu'il devinait profond et tendre, il pourrait oublier ces hommes en robes. Il n'avait qu'à lui tendre la main, se lever, la serrer contre lui, sentir à nouveau son sang battre. Elle valait bien n'importe quelle sainte aussi froide que la pierre taillée qui la représentait nue dans les églises. Elle était la vie. Elle sourit davantage à cet homme né baron, dont la ville parlait tant, familier des princes, assurément plus riche qu'elle et qui était malheureux. Elle dit s'appeler Lesceline et il répéta *Lesceline* en lui disant bonjour. Il fit un geste et elle s'assit. De son doigt, sur le bois gras de la table, elle dessina un cœur avec un peu de vin et il s'efforça de lui sourire. Son genou rond frôlait le sien. Elle s'offrait à lui sans y penser trop, sans doute capable de ne faire que du bien, satisfaite ainsi, sans illusion sur les années à venir qu'elle passerait ici ou là.

Oublier les roses, chasser les souvenirs mauvais et l'avenir incertain devenait possible une heure ou deux. Il n'aurait qu'à ne rien dire à personne et fermer sa gueule, ce qu'il faisait depuis longtemps. Le taire à Morjiane, oser cela, sans remords, se prouver qu'il n'était ni bon ni pire qu'un autre homme et qu'il agissait comme il pouvait. Gatien finit le vin, posa une piécette sur la table et suivit la fille tandis qu'elle montait l'escalier. De sa voix égale, elle lui dit de faire attention aux marches disjointes.

Les mots de Morjiane

Cela fait maintenant un peu plus de deux mois que je suis ici. Je me refuse à compter ce qui fait le nombre exact de semaines et de jours et d'heures. Pourquoi m'imposerais-je cela ? J'écris. La chandelle éclaire mes mots puisque le ciel est encore noir. Je ne sais rien du procès que l'on me fait. J'en comprends mal le sens et l'issue me paraît si incertaine que je ne veux pas me livrer à lire dans une paume de main mon avenir heureux ou triste. L'avenir appartient à Dieu, dit-on. J'ai quitté mon pays pour créer un jardin de roses. Pour les y faire croître et grandir encore. D'un petit carré, humble et voué à l'incertain devenir de la vie, je suis parvenue à une roseraie qui couvre des arpents et des arpents de terre. Aujourd'hui, les fleurs sont belles et fortes.

J'ai obéi à Gatien de Mortery qui obéissait à Thibaut de Champagne. L'obéissance se paye cher, il faut croire.

Paix, mon âme. J'ai vu l'hiver ici, dans cette chambre propre et petite où je suis nourrie et où je dors. Il fut rude. La neige est tombée, épaisse. Elle a couvert les roses et les a protégées du petit peuple rampant, des larves, de tout ce qui se nourrit de sa sève. Car les insectes et les pucerons aiment les roses autant que nous et les convoitent quand elles sont gorgées de saveurs. J'avais demandé à tous ceux qui nous aident à la roseraie de brosser l'écorce des tiges une à une et de les enduire d'huile comme de bien bêcher autour des pieds. Voilà qui expose les larves des cétoines au gel et qui fait disparaître les cochenilles. Grâce à Dieu, la région n'est pas propice aux mouches blanches qui font tant de ravages dans les pays plus chauds. J'ai fait utiliser de l'huile confectionnée avec ces petites marguerites blanches qui poussent sans gêne au creux de nos fossés. Mises à baigner dans de l'huile vierge, elles sont bonnes même contre les pucerons. Les feuilles tachées de rouille avaient été éliminées au printemps dernier.

Au mois de novembre, j'ai insisté pour que les petits rameaux soient sectionnés à la faucille sur les rosiers les plus anciens – mais pas trop court –, afin d'éviter que les branches les plus longues ne se rompent sous le poids de la neige. Ensuite, les faucilles doivent être passées au vinaigre de cidre ou de vin et voilà qui évite que le mal passe d'un arbuste à un autre. Tout ce qui a été coupé, retiré, nettoyé, ôté des branchettes ou des pieds doit être brûlé. Les rosiers les plus exposés au froid de l'hiver furent paillés avant que je ne sois ici, à Provins. J'ai montré aux filles comment confectionner avec cette même paille un manchon à enfiler sur les tiges. Comme un petit manteau. On peut aisément ajouter à la paille des feuilles mortes de chênes ou de châtaigniers mêlées à un peu de terre très fluide.

Je ne suis pas inquiète pour la saison qui vient. Même les points de greffe ont été cachés du froid par la neige ! À l'instant de fondre, elle a tout naturellement arrosé les plants, voilà qui permettra aux garçons et aux filles de moins charrier d'eau du puits, et l'eau de la neige est si pure qu'elle est merveille pour les fleurs.

Les roses me manquent. Je ne sais ce que je donnerais, moi qui ne possède rien, pour les voir à l'instant où je trace ces mots. J'en dessine même sur ces pages, des grandes et des petites, en bouquets ou seules. J'aime les débuts du printemps, là où la plante s'accorde le mieux à la vie qui renaît. Dans les nervures de la feuille, dans le bouton encore fermé, il me plaît de lire un destin. Mon père disait :

Le retour du printemps plie le feuillet du livre de notre vie. Est-ce mon dernier printemps ? Dois-je avoir peur de la mort, elle qui m'accompagne ? Construire une vie ne va pas sans elle, la mort épie les vivants, c'est bien là sa seule curiosité. Dans quelques instants, la chandelle sera devenue inutile et une autre lumière, plus belle, va remplir la chambre comme une eau. J'entends les pas des serviteurs pressés pour leur service. Ceux des gardes qui se relaient. J'imagine Gil de Rossano en prière. Peut-être devrais-je faire de même.

Chapitre XXIV

Paris et Provins
26, 27 et 28 mars 1243

Le billet était arrivé chez elle, déposé par un môme à qui l'une des servantes avait donné deux sols. Ludger souhaitait rencontrer Isolde de Vernay. Il demandait un entretien, le plus vite serait le mieux. Il l'assurait de son souvenir et de ses respects, la souhaitait en santé bonne ainsi que sa nièce. Elle relut le billet, regardant les lettres tracées sans soin, les mots signés Ludger de Keers. Le gamin attendait une réponse. Rigolard, il assurait qu'il ne repartirait pas sans. Il tenait à ses fesses et ne voulait pas recevoir le fouet des mains de son patron. Isolde s'assit à son écritoire, saisit un feuillet de vélin, trempa son calame dans un peu d'encre, et à son tour inscrivit les mots qui consentaient à recevoir le marchand de Liège le jour même vers l'heure de none. Elle le donna à la servante qui revint dans l'entrée de la maison. Le gamin saisit le billet avec une hardiesse d'écureuil, le glissa dans son surcot et fila en sifflotant.

Isolde ouvrit son psautier et du doigt suivit la parole de Dieu ; à haute voix, elle prononça : *Éternel, que mes ennemis sont nombreux ! Combien de gens se lèvent contre moi ! Combien qui disent de mon âme : point de salut pour lui auprès de Dieu. Mais toi, Éternel, tu es mon bouclier, ma gloire. Tu es celui qui me fait lever la tête !*

À cette heure, Alix avait rejoint le couvent des Mathurins. Elle ne semblait ni plus inquiète ni plus sereine que lors des mois passés. Elle ne parlait pas moins ou davantage, restait pieuse et docile, attentive à la lecture comme à l'écriture. Elle découvrait avec un bonheur égal la philosophie d'Aristote ou l'histoire romaine de Tacite. Elle distribuait à ses pauvres la même ration de pain bis ou de miel en pot, maintenant cette racaille à une distance raisonnable du bas de sa robe. Elle assistait aux mêmes offices, n'en ratait aucun.

Pourtant, Isolde regardait cette ligne qui barrait son front avec un intérêt proche de la peur, car elle évoquait comme une cicatrice mystérieuse chez celle qui pensait trop. Elle avait tenté de lui parler, de poser des questions. Alix lui présentait alors son visage clos, croisait les doigts à hauteur de sa poitrine maigre et lui offrait une immobilité d'enluminure.

Le premier repas de la journée fut servi dans la bibliothèque. Isolde grignota sans appétit une cuisse de canard. Elle but deux verres de vin de Brouilly. Elle tourna sa cuillère dans une pomme cuite et but un troisième verre. Quand la table fut débarrassée et ôtée, elle resta seule, ouvrit son psautier et reprit sa lecture. *Oh qu'il est bon, qu'il est agréable que des frères demeurent unis. C'est comme l'huile précieuse qui descend sur la tête et la barbe d'Aaron, qui descend jusqu'au bord de ses vêtements.* Elle se souvint qu'enfant elle aimait répéter ces mots avec la certitude qu'ils étaient aussi puissants qu'un talisman égyptien. Il suffisait de regarder la personne, de les dire à mi-voix, d'attendre un peu, de se fier à la parole de Dieu et l'effet ne tardait pas. Ainsi était-on aimé, comblé ou choyé davantage.

Aussi, à sa deuxième ou troisième rencontre avec Gatien, avait-elle essayé si souvent avec lui, à s'en écorcher la bouche. Mais les mots qu'elle connaissait par cœur n'avaient pas ouvert celui de l'homme dont le sang ne battait pas plus vite à son approche. Elle ferma le psautier, le comprima de sa paume, le glissa sous un coussin. Elle dut s'endormir une petite heure, tomber dans cet état de somnolence qui la prenait au milieu de la journée, gage des nuits blanches à venir.

Elle se réveilla seule, ne tarda pas à se lever afin de rectifier sa coiffure dans le miroir poli. Alors qu'elle y jetait un dernier coup d'œil, la plus vieille de ses servantes vint l'avertir que Ludger de Keers patientait dans la salle haute. Il était habillé de soie et son col, bordé de fourrure, montait jusqu'à son menton. Une ceinture de cuir clouté d'argent qui serrait sa taille retenait une dague au manche d'ivoire. En l'apercevant ainsi, Isolde pensa vite que les affaires marchaient mieux qu'il n'aurait su lui confier. Les ducats d'or fin tombaient en pluie dans ses coffres. Il s'inclina face à elle avec sa souplesse de dos habituelle, écartant les bras comme pour une contredanse. Il parla rapidement et beaucoup.

— Je vous salue, dame, et vous souhaite le meilleur et prospérité sur vous, votre famille et votre maison. Que le Ciel exauce vos vœux et vous comble de ses bienfaits.

— Merci, messire.

Il attendait sans doute qu'Isolde de Vernay lui indique une chaise et son coussin ou pousse devant lui le pichet d'argent empli de vin frais. Isolde ne bougea pas. Ludger avala sa salive et, selon son habitude, asséna ses mots comme on plante des clous.

Elle ignorait encore ce qui se passait à Provins et dont la Champagne entière bruissait comme une lyre. Il était là pour lui révéler ce qui la touchait de près. Le père de sa nièce était mêlé étroitement à une affaire d'exception. Il n'aurait laissé ce soin à nul autre puisque nul autre que lui ne prenait à ce point ses intérêts à cœur. Il posa sa voix, attendit d'elle une question mais, une fois encore, rien ne vint. Alors, il poursuivit, la main gauche posée à sa ceinture, campé sur ses jambes, fier et blond.

— Un procès, dame, rendez-vous compte, un procès !

Ce fut, sortant de sa bouche, un flot continu de paroles qui s'abattait sur Isolde, avec un battement régulier de temps morts et pleins, d'accélération, d'étirement ou de diminution de sa voix. Morjiane, la femme de Mortery, la protégée du baron Gatien, celle qui venait de loin, était accusée de sorcellerie. Les roses cultivées par ses soins étaient belles mais d'une beauté coupable et source de toutes les rumeurs. Ces fleurs semblaient filles du diable et prêtes à orner ses autels. À Isolde, Ludger répétait les accusations de blasphèmes et de pactes diaboliques, le tribunal choisi et réuni, et le procès commencé. Se succédaient devant le juge de l'Inquisition un flot de témoignages accablants. Il insistait sur le mot *Inquisition*. C'était affreux, Gatien de Mortery risquait de tout perdre, pire que son honneur, sa fortune, son nom, jusqu'ici sans tache.

— Dame, entendez-vous, le sort s'acharne contre l'homme qui n'entend rien que lui-même. Je ne peux y voir qu'un signe de la Providence. L'Église ne peut tolérer que prolifèrent ces possessions démoniaques sur la terre de Champagne ! Les roses de Mortery doivent être dévolues à la Vierge. À elle seule, car l'Église décide. La Morjiane risque le bûcher. Rien n'a été résolu, elle est toujours enfermée. L'Église sait prendre le temps et cette femme peut craindre ce pourrissement plus redoutable que la mort.

— Je comprends.

Ludger s'arrêta de parler. Il vit Isolde marcher vers la desserte dont le panneau central était sculpté d'un hippocampe, l'ouvrir, saisir la carafe de vin et se servir. Elle jeta un regard à celui qui la surveillait de dos et remplit un second gobelet. Ils burent en silence tous les deux, leurs yeux bleus agrippés les uns aux autres.

— Voici qui ne change rien pour nous, dame. Je veux dire pour notre projet commun, vous souvenez-vous ? Les roses, leur extrait, leur essence. Au lieu de faire du bon commerce avec le baron, nous le ferons avec le père abbé. Il est plat comme une hostie, sans saveur comme elle, je me fais fort de le retourner à notre goût plus salé. J'ai bien réfléchi à notre cause commune. Dame, ce qui sort d'un monastère est béni par Dieu, mais l'Église ne touche pas à l'argent car il est sale à ses yeux. Nous servirons la cause sainte en nous remplissant les poches. Nous deviendrons les émissaires de ces moines pour le vaste monde, enfin, je veux dire…

— Comment le savez-vous ?

Ludger eut l'impression de recevoir de l'eau glacée au visage. Il secoua ses cheveux épais, dégagea son front, tendit le menton, préparé à une autre question mais ce fut à nouveau le silence qu'il s'empressa de rompre.

— Dame, la cité de Provins connaît chaque année une foire formidable, favorisée par les comtes de Champagne depuis longtemps. J'y fais du commerce et déjà mon père en faisait. Nous y avons des comptoirs. Il est bon pour un marchand de connaître les nouvelles, bonnes ou mauvaises, avant les autres. Cela épargne du désagrément et les pertes sèches qui vont avec. Me comprenez-vous ?

— Je crois.

Il n'insista pas. Il sentit que l'argent n'était pas et ne serait jamais ce qu'elle voulait. Isolde de Vernay avait le mépris de ceux qui en ont tant et tant, cette distance issue de sa naissance. Elle était fille de comte. Mais lui savait d'instinct que bientôt la noblesse de France, comme déjà la noblesse anglaise ou allemande, aurait cette soif de l'or des banques. Il lui serait aussi nécessaire que le manger. Il s'agissait d'être patient et d'attendre que ce fruit mûr tombe. Le roi Louis ne voyait que Dieu et il préparait de nouvelles guerres, déclarées saintes. L'armée était cette bouche vorace qui absorbait tout. Combien d'or faudrait-il pour harnacher ces hommes et leurs chevaux, leur offrir vivres et avoine ? Il sourit de la bonne farce. Il avait pressenti que c'était de Morjiane, et surtout de Gatien, qu'il fallait parler à Isolde. Elle était femme, même asséchée par la perte de l'amour sans doute. Il pressentait une fatalité de sort jeté quand il fixait les coins de sa bouche comme les rides qui griffaient son cou. Son regard sec se mouillait parfois de fugitifs éclats. Cette femme lui réclamait les mots qui font mal.

Comme un archer qui fixe sa cible, il ajouta :

— Gatien traite Morjiane comme sa femme légitime, sa crainte de la perdre est grande, entendez-vous ?

Il n'y eut rien d'abord, que l'écho de sa voix qui se perdait dans cette chambre haute. Puis, lentement, il la vit trembler, vaciller et comprit que la force qu'elle mettait à ne pas s'écrouler devant lui était immense. Non qu'il fût digne de cette pudeur. Isolde découvrait l'indicible. Une fille de rien partageait avec l'homme qu'elle avait tant aimé ce qu'il lui refuserait jusqu'à la tombe. Ce n'était pas à vomir, c'était d'abord, avant même la souffrance, l'incompréhension, ce que la raison refusait au cœur. Comment avait-il pu seulement la regarder, l'écouter, avant même de songer à l'aimer ? De quoi les hommes étaient-ils façonnés, avec quelle boue ? Ludger avança vers la desserte et comme s'il eût été seul remplit le verre d'Isolde, et le vin moussa jusqu'à ras bord. Elle but avec une avidité à faire peur et il la servit à nouveau. Elle but plus lentement tandis que son cœur cognait, lui brûlant la poitrine. Elle ne parvenait pas à chasser les images de corps et de mains enlacés, de plaisir pris, du même halètement qui était la partition de l'amour.

Ludger ajouta qu'il aurait d'autres nouvelles, un de ces hommes avec qui il commerçait était son obligé. Ce garçon ambitieux mettrait du soin à le renseigner, la route n'était pas si longue entre Paris et Provins. Ludger ajouta qu'il tenait à revenir ici, dans la maison des bords de Seine, si Isolde y consentait, dans une ou deux semaines. Elle le vit s'incliner, fidèle à son habitude, et partir, sans presque atténuer son regard de chasseur qu'il para cette fois-ci d'un sourire. Elle resta seule.

Sortit de sa gorge, de sa poitrine, de son corps entier jusqu'à son bas-ventre, un long, un puissant cri qu'elle écrasa de sa paume et sa main se mouilla de bave et de morve.

Tout à l'heure, Alix serait rentrée à la maison. À ses questions inévitables, à ses demandes éventuelles aux servantes qui ne sauraient quoi dire, Isolde ne pourrait pas longtemps résister. Partager cette honte avec elle lui sembla insupportable. Elle s'efforça au calme et monta les marches qui la séparaient de sa chambre. Elle rejoignit la petite pièce des étuves et s'aspergea le visage et le cou d'eau fraîche. Puis, méthodiquement, elle coiffa ses cheveux. À chaque coup de peigne donné, tandis que les aiguilles en os piquetaient sa peau jusqu'à la gêne, son visage sembla se lisser autant que ses mèches. Elle ferma les yeux et réfléchit. L'occasion était là, tentante et sûre. L'Église pouvait sucer la moelle d'un être jusqu'à l'os. Les causes désignées comme saintes étaient les pires car elles permettaient tout, emprisonner à vie ou tuer avec la bénédiction du Ciel. Prendre et capter les héritages, dévorer, réduire à néant toute velléité de résistance. Cette machine infernale était lancée. Elle broyait.

Les roses seraient marchandises à travers Ludger. Sa vulgarité même, sa grossière assurance conduiraient à la victoire. Il était né pour compter, amasser, jouir de l'or comme d'autres hommes d'une femme. À elle de porter le coup de grâce. L'affaire de Provins touchait à son honneur. Mortery était le père d'Alix, le savoir mêlé à une affaire jugée par l'Inquisition, envisager une condamnation, et c'était une famille entière qui s'écroulait. Isolde dit à haute voix ce qu'elle s'apprêtait à faire. Voir la Blanche.

Elle sortit du cabinet des étuves et au milieu de l'escalier entendit la voix d'Alix. Elle descendit les dernières marches, atténuant le son sec de ses souliers sur la pierre, et trouva la jeune fille dans la salle haute au bord de la cheminée. Isolde passa sa main sur son front. Le feu jouait à éclabousser les bûches de bois mort et elle mit dans ce geste une tendresse telle qu'Alix leva le visage.

— Le bonjour, ma tante.

— Le bonjour. Ta journée fut-elle belle ?

— Oui.

— Tu es allée au couvent des Mathurins ?

— Ou aurais-je pu aller ailleurs ?

Il y avait une broderie à finir, prise, abandonnée souvent, reprise. Elle s'assit, fit quelques points, comme absorbée par le dessin vert d'une feuille de chêne et, l'aiguille en l'air, ajouta :

— Je souhaite me rendre au palais. Voudrais-tu m'y accompagner ?

Alix ne répondit pas.

— Il serait bon que tu viennes, la faveur des princes dure peu. Il est toujours à craindre leur manque de mémoire. La reine Blanche me parle souvent de toi, il s'agirait…

— J'ai vu Ludger de Keers qui sortait d'ici.

Isolde marqua un temps d'arrêt. Sans ciller, elle dit :

— Il t'a parlé ?

— Non. Je n'aime pas cet homme.

— Pourquoi ?

— Je l'ignore. Je ne l'aime pas, c'est tout.

— Je peux comprendre.

— Il vous a entretenue de lui, n'est-ce pas ?

— Oui.

— Il est ici ?

— Non. Il est à Provins.

— Que vous a-t-il révélé de lui que vous ignoriez, ma tante ?

— Viens avec moi au palais.

— Je le ferai.

Isolde glissa sa broderie sous le coussin. Elle lui raconterait, ce soir ou demain, omettant ce qu'elle appellerait *certains détails*, quitte à s'en arracher la langue, le procès de sorcellerie et l'enjeu des roses.

Chapitre XXV

Provins
28 mars 1243

De l'abbaye de Jouy, à Gil de Rossano, inquisiteur de Sa Sainteté le défunt pape.

Monseigneur,

Moi, Paul de Launet, en communion avec Notre Seigneur, amen. J'ai l'honneur de porter à la connaissance de Votre Grâce les faits suivants. J'ai vu de mes yeux, au lieu-dit Mortery, non loin de la cité de Provins, ce que l'on nomme roseraie. Rien qui ne la compose n'est humain. J'affirme que ce qui pousse en beauté sur cette terre réputée pauvre est œuvre du diable. Il ne peut en être autrement. La prolifération soudaine de ces fleurs étonne même nos paysans. Si ce venin, sous la forme d'eau de rose ou d'essence, entrait dans chaque foyer ou dépassait nos frontières, quelle honte pour le royaume ! Dieu frapperait la terre de France. Tout blasphème est horreur à Ses yeux comme à Son peuple. C'est à Votre Grâce de rétablir les lois du Ciel. Je crains la prolifération de cette lèpre. Ce que notre bon roi ne saurait tolérer. Je vous supplie, monseigneur, de vous montrer impitoyable envers cette femme coupable, sorcière et indigne de la vie. Que le glaive de votre justice s'abatte. Je demande enfin à Votre Grâce l'honneur de m'entretenir avec elle dans des jours prochains et je vous assure de ma prière fervente.

Le palais de la Cité absorbait une foule qui se pressait pour y entrer, artisans et clercs, religieux mitrés, soldats, gens de bonne noblesse, solliciteurs et marchands de tout poil. Chacun s'épiait, regardait l'autre, espérait voir le miracle tomber des hauteurs du pouvoir. Le roi Louis était pourtant à Poissy avec une partie de la cour. De Blanche, demeurée au palais, certains quémandeurs pouvaient présumer de l'instant passé avec elle et qui changerait tout. Il s'agissait d'être patient et de se distraire sous l'air goguenard des huissiers, en regardant le va-et-vient des valets, ou la lente déambulation des ambassadeurs vénitiens habillés d'or et de soie brochée.

Isolde de Vernay n'attendait jamais. Un page, immuablement souple, avec juste ce qu'il fallait de déférence, la conduisit vers les appartements privés de la reine Blanche et Alix suivit, les yeux au sol. Blanche parlait à voix basse avec son confesseur, la fatigue et les soucis de la politique se lisaient sur son visage blanc. Peut-être payait-elle les conséquences de la guerre albigeoise, l'armée du roi pataugeait encore sur les terres toulousaines. Isolde fit sa révérence. Cela suffit pour que le moine s'incline à son tour et s'en aille.

— Amie chère, le bonjour !

— Dame, je vous salue à mon tour et ainsi fait ma nièce, la joie de mon cœur, Alix.

— Le roi mon fils regrettera son absence.

Isolde ajouta les mots de circonstance. Cette femme encore belle sentait en Louis cette même solitude qui les liait tous les deux. La lenteur de l'hiver était propice à cette mélancolie qui chez eux grandissait comme une part d'ombre. Blanche indiqua deux pliants qui se faisaient face et un troisième plus éloigné. Les trois femmes s'assirent. Un page apporta du vin doux. Isolde fit l'un de ses sourires que redoutaient ses servantes, porta sa main à son front, baissa légèrement le visage et parla. Blanche écoutait celle qui ciselait ses mots. Ils disaient l'insoutenable cauchemar, la perte possible de ce qui restait de vérité familiale, le procès d'une fille de rien qui éclaboussait une famille entière.

Parfois désignait-elle Alix, projetait un futur incertain sur une jeune fille pieuse et innocente, déjà peut-être entachée d'opprobre, son mariage menacé par le déshonneur. Isolde parlait la bouche sèche, les lèvres collées par la haine et ses yeux brûlaient comme une lampe. Elle lâcha soudain le nom de Gatien comme on le fait d'un haut-le-cœur. Elle affirma que tout venait de lui. Il avait abandonné sa fille, sans remords, se vautrant dans les plaisirs, pire qu'un animal. Cet homme était à tuer. Il vivait avec cette fille impure comme mari et femme. L'ignominie dépassait le tolérable. Si la reine pouvait intervenir et donner à cette affaire une suite rapide et logique.

Blanche fit un geste de sa main et Isolde cessa de parler. Net.

— Ma mie, je vous entends, mais je crois me souvenir que le baron de Mortery est au comte de Champagne qui est notre ami.

— Oui, mais…

— Il importe que Champagne règle seul ce qui se passe sur les terres de Champagne. Le comte Thibaut a suffisamment montré sa fidélité et sa bravoure pour la cause de mon fils. Il nous a bien servis. Je ne doute pas de son jugement final. Si le baron de Mortery a fauté, il sera puni. Si cette femme est sorcière, la justice s'abattra sur elle. Tant que le procès n'est pas achevé, tous deux sont encore innocents. Il n'y a rien que je puisse ajouter à cela.

Isolde sentit son ventre s'ouvrir.

*

Gil de Rossano regardait la neige tomber sur Provins. La lettre de Paul de Launet chauffait encore sa paume. Il était inévitable de recevoir un homme dont la piétié et l'esprit de sacrifice devenaient proverbiaux ici. Face à lui, l'arête des maisons, des pans entiers de muraille disparaissaient sous ce blanc intense qui lui faisait parfois cligner des yeux. Dieu était peut-être dans cette neige épaisse qui se liquéfiait si vite au soleil ou à la flamme et dont on gardait le souvenir et la promesse de revenir à chaque hiver.

À cette heure, une femme nommée Morjiane était toujours enfermée dans sa chambre. Elle n'avait le droit d'en sortir qu'un petit moment, passé à respirer l'air des jardins plantés de topiaires et de simples. Rien dans ses réponses n'indiquait de mensonges établis, de fausses pistes faites pour égarer. Rien non plus n'ôtait totalement le doute ou n'empêchait la poursuite de l'enquête et du procès. L'attente permettait souvent ce genre d'accélération et révélait la vérité. On attendrait donc le nombre de semaines suffisant. Paul de Launet venait-il à Provins dans un seul souci de vérité ? Gil de Rossano frissonna, le mensonge et ses excès étaient partout. Quelle eau serait capable de nettoyer les âmes ?

Il reprit de la tisane à la sauge, avança vers la table de bois, ouvrit une bible au hasard, la ferma après quelques versets aperçus et absorbés jusqu'à la corde. Il lut un autre témoignage recueilli par un clerc. On y évoquait cette fois la mort du frère Renaud Germain. Une voisine venue apporter son panier de légumes à la cure avait vu cette femme brune et sombre de peau penchée sur le corps inerte du prêtre. Cette paysanne en était persuadée, Morjiane l'avait tué de ses mains. Voilà qui donnait à l'affaire un autre sens.

Il tenta d'imaginer la scène, la loyauté et la sérénité du prêtre, les mensonges et les sortilèges de cette fille. Peut-être l'avait-elle empoisonné, lui avait-elle jeté un sort, sans même le toucher, par sa seule pensée. Car les démons ne lâchaient jamais leur proie. On les croyait partis, ayant quitté les maisons et les lieux à force de prières. Mais ils étaient là, toujours et sournois, rampants, attendant l'heure propice, l'excès de faiblesse ou de confiance. Ils frappaient sans pitié, conduisaient à la tombe, entraînaient les âmes à l'enfer.

Le frère Renaud avait-il découvert ses secrets, était-il sur le point de révéler l'indicible ? Elle l'aurait tué pour le faire taire. La tant cruelle. L'Esprit d'en bas qu'elle bénissait en cachette et priait seule, le Malin séducteur, avait plus d'un tour dans sa besace. Le visage d'ange de Morjiane, sa beauté, son sourire, la grâce mise en chacun de ses gestes, pouvaient corrompre bien des hommes. Qui saurait lui résister sans vertige ?

Gil de Rossano tomba à genoux et pria la Vierge. L'excès d'esprit chez cette femme, ses connaissances, le pays d'où elle venait, ses charmes, coulaient comme une sève dans chacune des roses. Voilà pourquoi leur beauté fascinait tant les hommes. Sur chacun des pétales bruissait un sortilège. Ce danger pour celui qui y succombait, osait couper une fleur et la porter à ses lèvres, mettait en péril sa vie comme son âme. Gil de Rossano pria davantage, serra plus fort ses paumes l'une contre l'autre. Marie saurait le protéger. Dans cette barque qui tanguait, sa prière disait : *Dame, que j'évite les récifs et la perdition dans les gouffres amers.*

Il sentit une main lui effleurer l'épaule. Un clerc l'avertissait que le frère Paul de Launet patientait dans la chapelle de saint Blaise. Quand Gil de Rossano marcha pour le rejoindre, sa pensée était toujours pleine de Morjiane. Il la savait proche et quand il passa devant sa porte fermée, la sentant vivre là depuis des semaines, sans aveu, il ne put s'empêcher d'évaluer son courage. Le frère Paul éclairerait davantage ce cas étrange. Devant son jugement, s'effaceraient peut-être ses doutes.

Il le trouva assis devant la statue du saint, les yeux fixes, très maigre. Ne le connaissant pas encore, il s'approcha de cet homme qui se leva et s'inclina, acceptant le baiser de paix, détournant le regard ensuite. Sa bouche était glacée.

— Marchons un peu, voulez-vous ?

Paul de Launet s'inclina encore et suivit Gil de Rossano au jardin. Un soleil d'hiver permettait d'avancer avec tranquillité entre les topiaires luisantes.

— Elle est ici, n'est-ce pas ?

À la question sèche, Gil de Rossano décela celui qui ne s'embarrassait de rien, laissant les jeux troubles de la politesse à d'autres. Il se contenta de répondre aussi brièvement.

— Oui.

— Cette fille est le diable.

— Comment pouvez-vous en être sûr ?

— Regardez-la. Elle pue le mensonge et la prétention comme celles de son espèce. Elle est damnée, depuis sa naissance, elle sera votre faillite si vous ne la réduisez pas…

— À quoi ?

— À la mort.

Les deux hommes s'assirent sur un banc en pierre. Il y eut trois coups sonnés au clocher de la chapelle.

— Elle répond à mes questions avec une certaine assurance.

— Avez-vous vu ses roses ?

— Non.

— Il faut les voir. Même en cette saison de dormance. Les voir vite, avant le printemps et l'été à venir. Avant que vous ne puissiez les bénir de l'eau sainte. Sinon, elles continueront de proliférer comme les têtes de l'hydre.

— J'irai.

Les deux prêtres se turent à nouveau. Gil de Rossano comprit que Paul de Launet ne lâcherait rien. Ses yeux crachaient une haine rancie, cuite et recuite depuis des semaines, peut-être davantage. Pourquoi ? La question mourut entre les lèvres de l'inquisiteur du Saint-Siège. Il était sans doute trop tôt pour la poser. Suspecter le frère Paul revenait à subodorer un lien entre Morjiane et lui, ce maillage subtil qui parfois unit un homme à une femme. L'image de deux corps enlacés dans un même gémissement vint soudainement buter dans sa mémoire. Il se redressa. Paul de Launet semblait ne plus rien voir d'autre que le brin de sauge qui roulait entre ses doigts. Celui dont l'épaule chauffait la sienne semblait se dissoudre dans l'air, ne pesant plus rien dans sa robe de bure. À bout de forces. Pourtant, Gil de Rossano peinait à éprouver une quelconque pitié. Il se refusa à penser que ce procès était le sien, plus que celui de l'Église. Le frère Paul confia :

— J'ai entendu dire que les audiences n'avaient rien révélé.

— Nous les poursuivons selon la règle.

— La lenteur est source d'embarras.

En fermant les yeux, le frère Paul lâcha sur un souffle :

— « Si tu écoutes ma voix et si tu fais tout ce que je te dirai, je serai l'ennemi de tes ennemis et l'adversaire de tes adversaires. C'est le seigneur ton Dieu que tu dois servir, c'est Lui seul que tu dois adorer. » Voici la parole du Ciel, l'entendez-vous ?

— Mais moi, je vous dis : « Aimez vos ennemis, bénissez ceux qui vous maudissent, faites du bien à ceux qui vous haïssent et priez pour ceux qui vous maltraitent et qui vous persécutent afin que vous soyez fils de votre Père qui est dans les cieux. » C'est aussi la parole de Dieu, cher frère.

Le visage de Paul de Launet se réduisit davantage.

— En cette affaire se joue votre salut.

— Je ne l'ignore pas.

— Il faudra que cette femme soit examinée et que l'on traque sur son corps les marques du démon.

— Je connais la procédure.

— Si elle ne se rétracte pas, si elle persiste dans ses erreurs, qu'on la soumette à la question.

— J'agirai selon ma conscience.

— Car enfin…

Gil de Rossano regarda l'homme qui se tenait face à lui. Il était rare de trouver un être à ce point d'une pièce. Le doute était exclu. Il n'écoutait plus les mots qui jaillissaient entre ces lèvres si minces. Ils semblaient pourtant le brûler. Gil de Rossano pensa à ces pierres chauffées à blanc jetées haut dans le ciel par les volcans et qui retombaient sur la terre en la rendant stérile. Une parole de lui eût suffi pour le faire taire, en renvoyant cet homme à son monastère et à ses macérations. Sans surprise, il entendit ce qui mettait fin à l'entretien :

— Votre Grâce, je souhaiterais assister à l'examen du corps de cette femme. L'acte d'accusation porté à votre Grâce vient de moi. Vous ne pouvez l'ignorer.

— Je ne puis vous l'interdire.

— Monseigneur l'évêque pourrait témoigner de ma…

— Je sais tout cela.

Il n'y eut rien de plus qui passa sur ce visage déjà fermé, grave, impénétrable. Gil de Rossano vit Paul de Launet s'en aller, le corps très droit, à pas rapides, traverser le jardin des simples et disparaître.

Les jours à venir apporteraient leur lot de décisions à prendre. Rencontrer Morjiane et lui parler seul sembla à Gil de Rossano une solution juste. Il attendrait demain ou après-demain, reculerait volontairement encore les dates des audiences. Il prendrait aussi le soin de recueillir d'autres témoignages, ceux-ci concorderaient ou non avec les précédents. Les langues qui se déliaient maintenant allaient fournir une nouvelle moisson de paroles, bonnes ou mauvaises, articulées par des hommes et des femmes de toutes conditions. Le tri qui s'imposait ne serait pas facile. Distinguer le bon grain de l'ivraie supposait une dose de patience et de savoir-faire. Prendre son temps ne signifiait pas le gâcher. Gil de Rossano reprit le chemin qui menait à ses appartements.

Aux écuries, Martin brossait Saphir. Il allait à Mortery, sur les ordres de Gatien, voir les roses et les gens, parler avec eux, les écouter, tenter de rassurer sur ce qui se passait ici. Le cheval se laissait faire avec une docilité joyeuse et le garçon sifflotait un petit air. Gatien paraissait inquiet, se taisait davantage, buvait tôt le matin. Ses yeux gardaient une fixité qui agrandissait ses prunelles comme sous l'effet de l'herbe des fées. Martin buvait avec lui au *Chapeau Rouge*, en silence. Quand Saphir fut étrillé et sellé, le garçon le saisit par la bride et avança vers la porte de Provins.

Au manoir, la fumée sortait de la même cheminée, dans le calme identique de la campagne en hiver. Mélie lui ouvrit la porte en disant simplement : *Ah c'est toi ?* Dans les trois mots, il y avait tout : la surprise, la peur, l'interrogation, les nouvelles qu'elle appréhendait comme la plupart des paysans. Autant que le bonheur de le voir en vie et bien portant. Martin parla vite à Mélie de Morjiane, assurant qu'elle ne manquait de rien, que sa chambre était propre et pas petite, qu'elle mangeait à sa faim, sans se plaindre jamais. Elle répondait aux questions de l'inquisiteur. Il fallait attendre. Ils avaient, le maître et lui, entendu des choses épouvantables, des mensonges en pelletées, il saurait bien un jour retrouver les fous qui avaient osé et il les tuerait un à un de sa main. Mélie lui tapa sur l'épaule, assurant que c'était lui le fou et qu'il l'était bien davantage encore qu'avant son départ. Elle l'attira dans la cuisine et lui servit un bol de soupe chaude, une tranche de pain nappée de beurre frais. Les autres servantes regardaient le garçon manger et certaines avaient des larmes dans les yeux. Une assura qu'il avait grandi.

Puis, Martin sortit de la maison et alla voir la roseraie. Mélie le suivit et dit :

— Tu vois, il faudra lui raconter, quand tu reverras Morjiane. Nous avons suivi ses conseils. Nous avons eu deux gelées, mais nous avions butté les pieds pour recouvrir les branches. Nous avons ajouté du paillis pour maintenir la chaleur. Pas les feuilles des rosiers qui sont souvent tachées et qui donnent de la maladie, mais de la paille saine. Nous la retirerons au printemps.

Martin envia sa sœur, sans doute pour la première fois durant ses seize années. Ici, à Mortery tout était calme, les heures s'écoulaient et il pensa à Gatien. Le garçon découvrait avant même d'être tout à fait adulte un monde inconnu de solitude, de détresse, de peur, de fatigue aussi, qu'il n'avait jamais soupçonné. C'était à la fois pesant et douloureux. Le baron de Mortery était seul par une fatalité qui avait tué sa première femme et qui menaçait déjà la deuxième. Martin devinait que les sentences de la vie dépassaient celles des hommes. Il était difficile de redresser son cours comme le marteau du forgeron le fait d'un morceau de métal. Sans doute était-il plus simple d'imprimer à la terre cette volonté humaine qui changerait à jamais son allure et sa forme. Là étaient les prouesses de ceux qui la travaillaient de leurs mains.

La roseraie sous le soleil de mars était belle et forte. Martin sentait ici son pouls battre, et il voulut la traverser, passer ses chemins dessinés dans son ventre, avancer jusqu'au kiosque voulu par Gatien pour Morjiane. Les menuisiers du coin avaient sur ordre aligné les morceaux de bois bien équarris qui s'emboîtaient, formant cet œil accueillant ouvert sur les roses. En son centre, le toit se dressait, galbé, pur, et Martin releva le visage.

En été, des draps blancs seraient tendus pour préserver du soleil ceux qui y parleraient en s'aimant. Morjiane avait dit que ce mot *kiosque* venait du persan et qu'il désignait aussi l'ombre. Il pourrait accueillir le comte de Champagne. Afin de l'honorer, on jetterait sur son sol deux ou trois pelletées de pétales rouges.

Dans le froid encore vif, Martin cassa une tigette, il sacrifiait un bouton à venir mais il montrerait tout à l'heure à Gatien combien vive était sa sève. Les épines, en cédille inversée, étaient fortes, aiguës. Martin se souvint combien de fois il avait craché une bordée d'injures quand elles déchiraient son surcot ou griffaient sa peau. Mélie riait. Il se massa le torse, sortit du kiosque, accompagna sa sœur au manoir. Quand ils furent tous deux à la cuisine, ils se joignirent aux servantes qui prenaient leur repas.

Elles lui dirent que deux ou trois clercs en robe étaient venus les voir pour leur parler de Morjiane. Ces femmes avaient peu ou mal répondu, feignant de ne pas les comprendre, restant évasives quand il s'était agi de se souvenir d'un geste suspect ou d'une parole qui n'était pas d'une bonne chrétienne. Ils n'étaient pas revenus. Le pays entier se taisait. Marthe, la cuisinière, assura que, le jour de sa fête, Morjiane serait au manoir et que l'été serait beau et bon. Elle n'avait que faire de ces corbeaux tout en noir, et l'un avait même lorgné Mélie. Les filles se mirent à rire et Martin serra les mâchoires.

Marthe lui donna des gâteaux au beurre fin en lui rappelant que c'était d'abord pour le maître et qu'il ne devait pas tout dévorer en route, et le garçon promit. Quand il eut avalé le dernier morceau de rave et de veau cuit au bouillon, il repoussa son écuelle du plat de sa main et se leva. Dehors, Saphir broutait de l'herbe gercée de givre, Martin le prit par la bride et dit au revoir à sa sœur. Elle le vit se mettre au trot, et lever haut la main dans un dernier adieu.

*

— Tout va bien là-bas donc ?

— Assurément, messire.

— Ils ne manquent de rien.

— De rien.

— Ils pourraient se passer de moi.

— Vous savez bien que non.

— Je n'en suis pas sûr. Que sais-je qu'ils ignorent ? Ils connaissent tout, de la terre qu'ils cultivent comme des roses, grâce à Morjiane.

— La roseraie sera magnifique à l'été.

Dans sa chambre, Gatien marqua un temps d'arrêt. Il bougeait les doigts de sa main droite, comme avant de manier l'épée pour que son poignet reste flexible et souple. Posée sur sa cuisse, sa main semblait mue d'une force propre et Martin ne pouvait détourner les yeux de cette main qui avait si souvent donné la mort.

Gatien dut s'en rendre compte et serra le poing. Ici les nouvelles restaient contradictoires. Un page croisé par hasard aurait dit à un autre que Morjiane serait bientôt soumise à la question et que l'on attendait d'un jour à l'autre le bourreau et ses aides. Ils venaient de Lyon, étaient déjà en chemin. Le gamin rougissant s'était tu en apercevant le baron de Mortery. C'était à en perdre la raison.

Gatien heurta de son dos le mur de la chambre ; le coup fut violent.

— S'il lui arrive du malheur, j'irai y foutre le feu ! Il ne restera rien de ces damnées roses, rien, j'en fais serment ! Dussé-je être parjure à Thibaut. J'irai cramer en enfer, je n'aurai aucun remords, Martin, tu pourras le dire à qui bon te semblera.

Le garçon le vit se lever et sortir. La porte claqua dans un bruit de fin du monde.

Chapitre XXVI

Provins
3 avril 1243

Dans la chambre, il y avait un homme qui parlait à une femme. Le premier choisissait ses mots, la seconde écoutait et parfois sa main se posait sur son front et ses cheveux. L'homme assis continuait de parler à voix si basse qu'elle devait parfois tendre l'oreille. Ce qu'il disait était atroce. Gil de Rossano avait choisi l'heure de prime et, tandis que le dernier soleil d'hiver tardait à gorger la pièce de sa lumière, Morjiane sentait qu'il lui faudrait défendre sa liberté. Le mot *aveu* revenait comme une antienne. Il était prononcé avec une douceur de sucre. Il couleuvrait dans la chambre, se faufilait comme ces serpents du désert qui se confondent avec les sables et dont la morsure était fatale. Aveu ! Il fallait qu'elle avoue, mais avouer quoi, qui ne fût rien d'autre que l'eau, de la terre amendée, de la patience, des herbes choisies comme l'ortie des ornières pour rendre plus vigoureuses et plus rouges les roses. Avouer qu'elle avait agi pour le bien de tous et du comte de Champagne. La roseraie devait autant à la nature, qui est tout, qu'à elle qui n'était rien de plus qu'une femme. Avouer quoi d'autre ?

Morjiane s'était levée. Accoudée à la fenêtre, elle sentait la présence du prêtre, son odeur froide. Il disait : *Mon enfant.* Elle pensa vite : *Je ne suis pas son enfant, je suis la fille de mon père et du père de mon père, c'est d'eux que coule mon sang et rien de plus*. Gil de Rossano ajouta :

— Nous vous ferons déshabiller par des matrones. Nous ausculterons votre corps entièrement nu, pouce après pouce. Nous regardons tout, même ce qui est enfoui, plissé et non visible à l'œil. Vous devrez vous plier à nos mains sur votre peau. Comprenez-vous, Morjiane ?

C'était la première fois qu'il l'appelait par son prénom, qu'il la désignait ainsi. Tous deux étaient seuls dans la chambre ; peut-être pouvaient-ils se le permettre. Chaque témoin, chaque assesseur de ce procès, par son absence en ces moments, semblait unir sa voix à celle du prêtre. Elle imagina ses vêtements retirés un à un, leur son sourd sur le plancher, les gestes qu'elle aurait, celui de fermer ses bras sur ses seins, de croiser ses jambes, de baisser les yeux, de les relever, d'attendre, le souffle court. Elle sentirait ces mains étrangères la frôler, s'arrêter sur son ventre, son dos, ses cuisses, s'y appesantir, sans qu'elle puisse rien faire, rien dire. Elle pensa aux mains de Gatien, celles qui savaient lui donner du plaisir. Elle regarda mieux le prêtre et sur le bord d'un sourire dit :

— Vous devez avoir bien peur de moi.

Gil de Rossano serra les doigts sur la croix de bois qui ornait son torse.

— En vérité, vous avez peur d'une femme. C'est pourtant à une femme qu'est apparu pour la première fois le Christ ressuscité. Cela vous étonne que je le sache ?

— Non.

— Vous voyez, révérend père, je connais l'histoire sainte.

— Vous êtes pourtant accusée d'avoir ôté la vie à un prêtre.

— Vous savez que c'est faux.

— Peut-être, murmura Gil de Rossano, peut-être.

— N'attendez rien de moi qui ne soit pas la vérité.

Le prêtre songea au christ agonisant qui ornait son monastère italien. Rien dans ce visage en bois sculpté ne trahissait pourtant la moindre émotion humaine, le moindre soulagement de passer des ténèbres de la mort à la lumière de la vie éternelle. Jeune novice, il s'était brisé la raison à essayer d'attendre de lui on ne savait quel message obscur. Un peu comme ces alchimistes qui tentaient de trouver les secrets de la nature dans une pierre. Ces jours de prières étaient restés stériles. Gil de Rossano s'était depuis contenté de sonder les âmes humaines. Il y parvenait d'autant plus aisément qu'il ne cherchait dans ces exercices aucune gloire personnelle, ni à plaire aux princes de l'Église romaine. Avec cette femme droite et digne, c'était différent.

Il fut contraint toutefois de poursuivre et de lui apprendre que l'ultime étape de la procédure serait ces souffrances qu'on lui infligerait malgré ses cris et ses supplications. Il vit seulement son visage sur le point de se crisper. Sans doute avait-elle déjà connu en Syrie du fouet. Il fut sur le point d'avouer que ce n'était pas lui qui inventait les lois. Il les appliquait sans se laisser le loisir d'hésiter.

Ce fut tout. Morjiane s'assit, ouvrant son psautier, en feuilletant les pages, jusqu'aux versets lus la veille.

— Vous savez que vos ennemis sont puissants.

— J'ai aussi des amis, révérend père.

— Je n'en doute pas, mais ces hommes ne renonceront pas.

— Je le sais.

— Pensez-vous connaître les raisons de cette haine ? Il me semble que le mot est assez bien choisi.

— Non.

— Vous y avez réfléchi ?

— Assurément. Je ne puis déceler ce qui conduit certains à me nuire autant. La jalousie est fille du diable.

— Que connaissez-vous de lui ?

— Qu'il s'attache aux âmes faibles.

— Et ce n'est pas votre cas ?

— Non.

— Pourtant il assure pouvoir tout offrir aux mortels.

— Le prix à payer pour ses présents est au-dessus de mes moyens.

— Le croyez-vous ?

— Je le crois.

Gil de Rossano versa lui-même un peu d'eau de la cruche dans un gobelet et but. Il s'essuya la bouche à l'aide d'un mouchoir dissimulé dans sa manche.

— N'avez-vous pas été tentée par lui ?

— Non.

— Pas une seule fois ?

— Non.

— Croyez-vous que dans la messe servie par les prêtres, le pain et le vin deviennent par vertu divine le corps et le sang de Jésus-Christ ?

— Je le crois absolument.

— Pourquoi souhaitiez-vous abjurer vos fausses croyances passées avant de revenir à la vraie foi ?

— J'ai découvert le Christ.

— Et ?

— J'ai aimé Son amour.

Le prêtre indiqua à Morjiane le droit de rester assise. À son tour, il prit la seconde chaise paillée. Ses yeux allaient de la jeune femme aux carreaux de terre cuite du sol. Il caressait aussi sa croix de bois, la replaçait au centre de sa poitrine.

— D'où vous vient cet intérêt si vif pour les roses ?

— La rose est la reine des fleurs. Elle est belle et pure. J'ai obéi à monseigneur de Champagne.

— Ce sont les poètes qui le disent.

— Ils n'ont pas tort.

Elle l'entendit murmurer comme s'il avait été seul : *Quam longa una dies, aetas tam longa rosarum* ; ce vers semblait encore chanter dans sa mémoire, elle le vit qui souriait presque.

— Ne pensez-vous pas que par sa beauté, par la pureté que vous évoquez vous-même, la rose devrait revenir à l'Église du Christ ?

— Elle est à Dieu, elle est donc aussi aux hommes, ne le pensez-vous pas ?

— Souhaitez-vous recevoir le baptême ?

— De toute mon âme.

— Quel rapport entreteniez-vous avec Renaud Germain ?

— Il me conduisait vers Jésus. Il était bon avec moi et bienveillant.

— Sa mort vous a-t-elle peinée ?

— Plus que cela.

— Vous a-t-il instruit du sacrement de la confession ?

— Oui. À plusieurs reprises.

— Il s'agit de la reconnaissance et de la louange de la sainteté de Dieu et de sa miséricorde envers l'homme pécheur.

— Je le sais.

Gil de Rossano sembla se hisser vers un effort surhumain et ses traits se contractèrent comme sous l'effet d'une blessure.

— Il est peut-être temps de dire la vérité nue, sans rien omettre. Comme une fille se confie à son père. Ainsi rencontrerez-vous le véritable amour miséricordieux de Dieu.

— J'ai dit et je continuerai à dire la vérité. Je suis innocente des crimes dont on m'accuse.

Gil de Rossano soupira. En face de lui, presque à le toucher, il y avait une femme calme qui n'aspirait pas au bonheur mais à cet équilibre de vie tranquille, oublié des méchants. Sans doute un être vivant à la conscience impavide et pure. Mais il y avait les autres.

— Bientôt, je prendrai conseil auprès de mes clercs et des assesseurs. Je ne peux vous garantir que vous échapperez à la question. Alors votre corps sera tourmenté. Les souffrances qui en découlent sont cruelles.

— Je le sais.

— Avez-vous vu la mort ?

— Oui.

— Souvent ?

— Oui.

— Vous avez rencontré celle des autres.

Gil de Rossano se leva et sans se retourner quitta la chambre.

*

De sa dague, Gatien incisait lentement le bois de la table. Une encoche pour une semaine passée à Provins dans l'attente. Envoyé aux nouvelles auprès du frère Aubin de Lalande, Martin tardait à revenir. Traîner n'était pas dans les habitudes du garçon, Gatien tendait l'oreille vers les bruits de pas du couloir et un peu de sueur se formait au-dessus de ses lèvres. Soudain, il l'entendit avancer de plus en plus vite, courir enfin et il n'aima pas cela. Chaque mouvement fait jusqu'à celui de pousser la porte indiquait à Gatien qu'il lui faudrait subir de nouvelles épreuves.

Martin se planta devant lui et ses mains ne parvinrent plus à discipliner leur tremblement. Mi-agacé, mi-inquiet, Gatien articula un sec : *Eh bien ?* Le garçon tapa du talon comme s'il secouait la poussière des routes et dit que la cause de Morjiane verrait son dénouement ou son malheur. Un conseil allait se réunir bientôt auquel n'assisteraient que les religieux. Là, ces graves docteurs de la foi décideraient en leur âme et conscience s'il fallait ou non lui donner la question. Le bourreau avait bien été appelé d'une ville qui s'appelait Lyon. Le frère Aubin n'en menait pas large. Il avait à peine cette fois regardé Martin et il était d'avis d'écrire vite à Thibaut afin que monseigneur de Champagne gagne ses États promptement. La discrétion de Morjiane, sa tenue, la réserve de ses réponses, le peu d'éclat qui était le sien prêchaient toutefois en sa faveur. Mais il fallait compter également sur l'autre branche, la mauvaise part, qui ne lâchait pas sa proie.

Gatien rangea sa dague dans la tige de sa botte. Il dit : *Nous partons.*

Martin ouvrit sa bouche toute grande comme devant une apparition.

— En laissant…

— Non. Nous partons avec elle.

— Messire, vous pensez que…

— Oui. Je te dis que nous partons. Tu es sourd, Martin ?

— Mais !
— Sur-le-champ, demain au plus tard.
— Comment…
— Je connais les soldats du Thibaut. Ces brutes sont ivres du matin au soir. Nul ne sera capable de m'empêcher de quoi que ce soit. Je pars avec elle, avec toi aussi d'ailleurs. Ou je t'assomme, si tu préfères, ainsi pourras-tu prêcher la surprise à ton réveil quand un autre imbécile te posera des questions sur mon compte.
— Messire, avec respect, vous êtes fou !
— Les Mortery le sont tous, tu l'ignorais donc ? Mais ce n'est pas à toi d'oser le dire.
Martin baissa le nez et Gatien se leva. Il posa la main sur l'épaule du jeune homme et lui glissa trois mots dans le cou : *Tu as peur ?*
— Oui.
— Pourquoi ?
— Où irez-vous, messire ?
— Je l'ignore et je m'en fous. Loin. Il n'est que temps de quitter ces veaux.
— Mais…
— Cesse donc ! Sais-tu seulement ce qui l'attend si nous restons ici ?
— Mais…
— Paix, tu l'ignores ! Sais-tu la douleur que cause un fer chauffé à blanc sur la peau nue d'un sein ? Sais-tu le mal que procure la seule torsion d'un bras ramené plus haut que l'omoplate ? Non. Tu ne sais rien, Martin, de ce qu'un homme est capable de faire à un autre. Et elle est femme. Je ne supporterai pas qu'on lui fasse du mal. Jamais ! Tu dis un mot de tout cela et je te tue.
Martin se mit à pleurer et Gatien lui tendit la cruche de vin de Brouilly. Le garçon but et renifla à deux ou trois reprises. Il racla ses larmes de sa main. Gatien s'était penché à la fenêtre, le dos plié dans le vide, il comptait déjà le nombre de gardes qui tendaient leurs trognes rougies au soleil d'avril.

— Nous attendrons le moment où ces outres pleines de vent se bâfrent.

— La porte est fermée à clé.

— Enfançon ! Tu crois que je ne sais pas ouvrir une serrure ? J'ai vécu plus de cinq ans ici, j'étais déjà au service de la comtesse Blanche, la mère de notre sire.

— Et lui, que dira-t-il ?

— Ce qu'il veut, je m'en fous. Tu peux rester ici si tu le veux, Martin.

— Je viens avec vous.

— Alors c'est toi qui es fou, garçon ! Termine la cruche, tu vas en avoir besoin, et sors ta dague.

*

Dans la chambre de Morjiane, Gatien se tenait, très droit et silencieux. Il venait de parler à Morjiane. Il avait mis dans ses mots tant d'enthousiasme, s'était depuis deux jours tant persuadé du bien-fondé de sa démarche qu'il ne doutait pas de vaincre toute résistance.

Elle dit : *Non*.

Il fut d'autant plus surpris par ce *non* qu'elle l'articula avec calme. Il le répéta même comme pour s'en convaincre. Ce *non*, presque imperceptible, le jeta dans un abîme d'angoisse. Il signifiait des souffrances pires que la mort, appelée en hurlant par les condamnés.

Pour la première fois, la femme qu'il aimait lui avait dit non. Elle était donc folle ou bornée et lui bien stupide aussi d'avoir pu penser la convaincre. Pourquoi ? Ce mot familier revenait lui tambouriner aux oreilles. Une mort atroce presque certaine l'attendait pourtant. Il ne réprima pas le haut-le-cœur qui le prit en songeant à ce visage si beau et bientôt tuméfié, à sa bouche rouge et qui serait écrasée par un fer. Elle disait non. Elle ne fuirait pas avec lui. Elle le disait à lui venu pour la sauver. Elle disait non pour ses roses, son œuvre, prête à tout pour les conserver, se battre pour elles, et il passait après un jardin, fût-il très grand et très beau, après un parfum aussi.

Gatien quitta la chambre sans un mot. Morjiane le vit ouvrir et refermer la porte, le pas large et rapide. Elle sentit moins retomber sa solitude que sa détresse à lui, ce chagrin immense qui allait accompagner cet homme durant de trop longues heures. Elle pensa à ce qu'il ferait pour oublier. Il fallait attendre.

En ville, Gatien alla s'enfermer à l'auberge du *Chapeau Rouge*. Après trois flacons de vin de Beaune, il adressa un signe à Lesceline et la fille de salle lui sourit à nouveau. Elle lui fit comprendre que son service s'achevait bientôt et qu'il pouvait passer la nuit entière avec elle, cela ne serait pas plus cher. Quatre jours plus tard, Martin vint apporter à son maître d'autres nouvelles et du linge. Dans la chambre, le garçon détourna les yeux du lit défait. Gatien ne disait rien et il le laissa passer une chemise propre.

— Vous comptez rester ici longtemps ?

— Je ne sais pas.

— Le bourreau et ses aides seront là demain ou après-demain et j'en sais pas davantage.

Gatien se recoucha sur son lit, un genou calé derrière son avant-bras. Il dit : *Alors c'est la fin*. Il y eut un silence.

— Je pourrais l'enlever de force.

— Qu'y gagneriez-vous ?

— Sa vie.

— Pour en faire quoi ?

— Je ne comprends rien aux femmes.

— Elle est innocente. Elle veut le prouver seule face à ses juges. Elle ne veut personne dans son combat.

— Elle te l'a dit ?

— Non.

— Et c'est toi qui penses ça.

— Oui.

— À seize ans.

— Presque dix-sept.

— Laisse-moi seul. Et fais-moi monter du vin.

— Non. Allez chercher vous-même votre vinasse.

Gatien entendit Martin dévaler l'escalier. Il mit ses bottes une à une avec un *han* de bûcheron et quitta la chambre. La pièce d'or qu'il jeta sur le comptoir signifiait qu'il ne reviendrait pas.

Martin l'attendait au coin de la rue, le nez au sol. Gatien lui colla une bourrade à l'épaule et lui dit : *Viens*. Il avait mis près de la semaine à accepter que Morjiane le sauve du déshonneur.

*

La rencontre eut lieu dans la chapelle haute dédiée à la Vierge. Aubin de Lalande souhaitait voir Gatien de Mortery et à peine lui laissait-il le choix du jour comme de l'heure. Le premier aperçut le second à genoux devant la mère de Dieu, occupé à égrener son chapelet entre ses doigts. En s'approchant, Gatien remarqua les lèvres qui s'ouvraient de manière régulière, le ventre rond, les cuisses qui peineraient à relever un corps adonné depuis longtemps aux gourmandises de la table. Pourtant cette enveloppe épaisse conservait un esprit fin.

La mollesse de fille dont le frère Aubin parait chacun de ses mots ne l'avait pas empêché de voir juste. Thibaut, prévenu par ses soins, arriverait bientôt. Ce familier de la cour royale, proche de la reine Blanche, conseiller de Louis de France, avait d'autres moyens pour infléchir une justice, fût-elle épiscopale. Depuis longtemps, Champagne se hissait au-dessus de la crosse, le roi de Navarre avait ses habitudes d'autorité. Gatien pensa que la lettre dont il avait patiemment formé chaque phrase finirait discrètement dans la cheminée de la salle des gardes. Il demanda quand le courrier était parti et où était encore Thibaut. Le frère Aubin plissa davantage son sourire de chat et répondit que le prince, ayant quitté le palais à sa convenance, avait déjà bien marché vers sa ville ; il avait dû dormir entre les murailles de Chaume et se préparait à faire entendre sa voix forte.

Il se pourrait que le spectre de la malemort se dilue dans une vapeur d'encens. L'Église avait des pouvoirs qui parfois s'annulaient, se contredisaient et ses moines se livraient à ce genre de rivalités. Dans cette chapelle consacrée à la reine du ciel, Gatien pensa au pays de Syrie. Le palais du sultan de Damas était aussi peuplé de ces créatures en robe, mi-homme mi-femme, dont Thibaut lui avait appris à se méfier. Eux aussi possédaient leurs rites et leurs règles, leurs haines recuites et leurs vengeances inexorables. Ils conseillaient les princes, recueillaient leurs confidences, se hissaient parfois à des sommets formidables, capables de régler l'avenir d'un empire. Dans les corridors du palais de Malik al-Salih, sous les plafonds cambrés, peints d'arabesques noires et dont chaque sommet en clé de voûte recevait un médaillon décoré de feuilles de pampre, vivait un peuple de serviteurs, les eunuques, aux crânes rasés et aux yeux peints. En apercevant Gatien avancer pieds nus dans ces dédales d'ivoire et d'argent, ces êtres étranges qui l'accompagnaient relevaient leur tunique comme si sa seule présence eût été un péché. Il restait l'Infidèle, l'homme méprisé. Du dehors, gémissait le murmure des cascades et des bassins. L'air sentait le bois de oud, cette odeur sucrée comparable à celle qui envahissait la chapelle de Marie. Les eunuques valaient-ils ces moines ? Posée à haute voix, la question dans les deux camps coûtait son pesant de coups de fouet ou d'excommunication.

Le sourire béat de Martin réveilla Gatien de ses songes. Le garçon semblait sûr de la prochaine délivrance de Morjiane. Tandis que le frère Aubin de Lalande remontait frileusement sa cape de laine, le garçon continuait à sourire, prêt à siffler une chanson nouvelle.

Gatien dit simplement :

— Le Rossano appartient au pape. Il ne reconnaît pas d'autre autorité que la sienne. N'est-ce pas tout dire que dire cela ?

— Le pape est mort et Rome est loin, messire, ne pensez-vous pas ? Et puis, Morjiane, la noble cause, voyons, qu'importe cette fourmi devant le trône de Pierre !

— Alors pourquoi sommes-nous là ?

— Pour donner nos dernières réponses, prouver à un certain frère la fausseté de ses accusations et le réduire au silence.

Gatien soutint les yeux fendus en fer de flèche du moine. Ses derniers mots prouvaient peut-être qu'il voyait plus loin que le procès, plus loin que les murs de Provins. Sans doute regardait-il vers cette abbaye de Jouy dont les pèlerins nombreux vantaient les terres grasses et le confort de ses bâtiments neufs. La charge d'abbé ne déplairait pas à cet homme qui n'ignorait rien de la santé précaire de l'abbé Raoul. Remplacer cette baudruche qui crachait ses poumons serait aisé en s'attirant les bonnes grâces du comte Thibaut. Le Dieu des chrétiens permettait ce genre d'accordements.

Chapitre XXVII

Provins
11 avril 1243

La salle d'audience était pleine comme un œuf. Les gardes continuaient à trier les bourgeois et les bourgeoises, les gens du peuple, les religieux venus là en pèlerins. Les marchands de Provins, qui comptaient leurs sous gagnés lors des *foires froides* du dernier hiver, assuraient que le sort de la Sarrasine était scellé. Bientôt, l'odeur de sa chair grillée empuantirait l'air de la cité. Pauvre fille, dont on disait qu'elle était belle, mais que son pied gauche était fourchu. Des femmes soutenaient que c'était bien fait, à trop vouloir tenter le diable et à espérer ses faveurs. D'autres prétendaient le contraire, ce n'était qu'affaire d'hommes jaloux et aigres, de couleur de peau et de cheveux. Certaines se rassasiaient du malheur comme de pâtés ou de légumes bouillis au sel. Toutes plaignaient le *beau Gatien* dont elles savaient la bonté et le courage, ce qui faisait plaisanter leurs maris sur le goût des barons.

Des étudiants venus de Troyes comme de Paris assistaient à ce procès afin d'y disserter sur l'âme, sur ce à quoi elle pouvait prétendre, tentant d'inventer une méthode qui n'emprunterait pas à la philosophie des Grecs. Il y avait matière ici à ciseler des arguments point trop sots, à édifier une théorie sur le malheur et la façon de le supporter. À trouver un système capable de tracer les contours d'un caractère comme avec un calame. Cette poignée de garçons habillés de noir allait bientôt pouvoir disséquer la substance humaine. Déverrouiller les consciences qui seraient exposées durant les prochains interrogatoires, voilà qui changeait des livres et du discours des maîtres.

Regarder la mort en face, celle qui menaçait la femme peut-être jugée coupable à l'issue de la séance, séduisait les plus téméraires d'entre eux. Ils reviendraient à Paris avec des pensées nouvelles qu'ils partageraient avec d'autres étudiants en scolastique dans les cabarets du quartier Maubert. À l'entrée de Morjiane, plusieurs sifflèrent d'admiration. Puis vinrent dans l'ordre habituel Gil de Rossano et ses clercs, les yeux comme toujours indifférents aux soins du monde. Il y eut une première prière dite à voix haute et plusieurs signes de croix tracés par les mains levées.

La première question traita de la mort de frère Renaud Germain et fut lu le témoignage de la voisine du prêtre. Elle disait avoir vu Morjiane se dissoudre dans l'air comme un nuage, elle avait bien senti une odeur de soufre brûlé, qui était restée longtemps dans la petite maison du malheureux. Il avait fallu laisser ouverte nuit et jour la fenêtre pour la faire partir. Quand elle venait au village, le lait tournait, c'était fatal, les vaches ne vêlaient plus. Le témoin assurait qu'elle aurait encore bien des choses à dire, et bien extraordinaires, mais qu'elle n'osait plus parler car elle craignait la sorcière, pour sa vie et celle de ses quatre enfants. Elle ajoutait quand même qu'elle était bonne chrétienne et baptisée, et qu'elle avait vu la Morjiane apporter trois roses au prêtre, et que le trois, on le savait bien était le signe de la Sainte Trinité sauf qu'elle avait apporté les fleurs tête en bas.

— Qu'avez-vous à répondre à cela ?

— Rien, Votre Grâce.

Un clerc ânonna qu'il s'agissait de poursuivre avec la lecture d'un autre témoignage à l'encontre de l'accusée. Une fille de salle, du manoir de Mortery, avait juré que la femme qui se tenait en face de ce saint tribunal avait refusé de manger du porc le jour de la Nativité de Notre Seigneur. Elle n'avait pu l'oublier puisque c'était elle-même qui l'avait fait cuire avec du miel et des aromates. Elle n'avait pas touché à son écuelle et la fille de salle l'avait donnée aux chiens qui s'étaient régalés. Elle ne savait rien de plus pour les roses, mais que cette femme regardait bien souvent la lune et qu'elle agissait toujours pour planter les rosiers quand elle était descendante. Elle se souvenait qu'elle sortait la nuit afin de regarder le ciel comme si elle comptait les étoiles une à une. Et puis, la potion qu'elle leur mettait aux pieds, à leurs racines, était d'un vert de vipère et puait comme le cul d'Adramelech. Il y eut des rires dans l'assistance.

— Qu'avez-vous à répondre à cela ?

— Cette potion est faite à base d'orties. Et les orties sont vertes et non pas bleues couleur lapis. Si j'ai bonne mémoire.

Un étudiant cria que Morjiane était excellente rhétoricienne et qu'elle méritait son bonnet carré de docteur. Il se proposait de l'en coiffer lui-même si la dame y consentait. Gil de Rossano ne répondit rien. Gatien décocha au jeune homme en noir un sourire et son clin d'œil de chasseur.

Il y eut des rires et de nouveaux gloussements. Un clerc cria à son tour que l'assistance humiliait l'Église et le calme revint. Gil de Rossano saisit un autre morceau de parchemin. Un témoin en fin de vie souhaitait décharger sa conscience et avant de rejoindre le Ciel assurait que cette fille d'Ève était devineresse. Elle lisait dans les sources et les roches. Elle savait pour les plantes comme pour les bêtes. Elle prévoyait les récoltes, renseignait ses paysans du domaine. À heure dite, fleurissaient les roses et mûrissait le blé ou germait l'avoine. Elle avait un pacte avec la terre, était fille de Gaïa. Il l'avait vue, de ses yeux vue, et elle avait dans les siens cet éclat d'escarboucle, changeant à certaine lumière. Cet autre signe était si sûr qu'il aurait justifié à lui seul tous les autres. Le témoin moribond semblait intarissable sur la couleur des roses et leur rouge était le rouge enfer, rouge comme les lèvres du diable et de ses filles. On n'avait jamais vu un rouge semblable, du plus loin qu'il se souvenait, l'homme pouvait le jurer. Il en savait l'explication. Il la livrait au prix de son salut. De ses ongles, la Morjiane grattait le sol, se roulait nue dedans, pissait sur les mottes, y mêlait ses excréments et ses menstrues et ce rouge formidable naissait, incomparable comme une vulve. Rouge maudit ! L'homme implorait la Vierge de remédier à ces désordres, car elle seule était capable de ramener la paix dans ces campagnes. Il était mort peu après sa confession et le prêtre qui l'avait accueillie en avait perdu le sommeil.

— Qu'avez-vous à répondre à cela ?

— Rien.

— Savez-vous que votre silence peut être jugé coupable ?

— Le silence des justes est innocence.

Les étudiants applaudirent. Les gardes tapèrent le sol du bois de leurs lances et le calme revint.

Le troisième clerc se pencha à l'oreille de Gil de Rossano. Le procès ne pouvait perdurer ainsi, il s'agissait de changer d'arguments, de frapper plus fort, on se perdait dans ces marécages. Cette femme était plus forte que prévu, son déni perpétuel était insupportable à la foi. Suspendre la séance et la mener à l'examen restait la solution compatible avec les usages édictés par le Saint-Père défunt. Sur sa chair existaient avec certitude des traces qui révéleraient une alliance avec le Malin. Le clerc se disait prêt à examiner Morjiane à la lueur du jour et puis des chandelles, à sonder, fouiller, mesurer, examiner à l'aide des loupes grossissantes conçues à Venise. Il assurait que le frère Paul de Launet ne serait pas de trop pour tenir la lampe au-dessus de ces chairs corrompues. Il ne fallait plus balancer, tergiverser ne mènerait à rien. Les autres clercs opinèrent.

Gil de Rossano regarda Morjiane ; la décision serait prise par lui. Il voulut saisir un dernier morceau de parchemin, de ces accusations d'où pouvait jaillir la lumière. L'écriture serrée n'avait omis aucun détail et cette fois le nom de Gatien de Mortery s'y étalait comme au dos d'un livre. La vieille femme dont la bouche édentée filait les mots assurait avoir connu Gatien dans la petite enfance, ainsi que sa mère et la mère de sa mère, toutes des femmes bonnes et pieuses. Lui était un homme brave et bon. Seule sa faiblesse était coupable. Il avait ramené la mécréante d'un pays dont nul n'aurait pu prononcer le nom. De là, tous ses malheurs. La Morjiane n'avait pas oublié de rapporter de loin ses charmes et ses recettes. Tout en sorcellerie devait se faire à rebours de ce que faisait le monde sacré. Satan n'avait nul besoin de poisons, un enfant seul pourrait croire cela ! Le prince des Mouches armait la main de ses servantes qui, en touchant la peau des hommes, parvenaient à agir sur leur corps. Une seule caresse suffisait, une seule passe et le malheureux entrait dans la ronde.

Nu comme au jour de sa naissance, il s'unissait au démon, dansait toute une nuit sous la lune jaune et il tournait, tournait à en mourir. Il chantait en dansant, se brûlait la langue avec ces mots impies, sa soif était inextinguible et cette femme indécente lui donnait le lait de sa poitrine qu'il buvait. C'était fait. Il était pris. Il n'y avait plus qu'à constater la pâleur de ses joues. La goule le dévorait lentement, lopin par lopin, l'absorbait entier. Il n'était plus lui-même. Gatien, qui écoutait chaque mot répété par le prêtre inquisiteur, eut la claire envie de monter sur l'estrade, de lui arracher ce foutu parchemin et d'y lire le nom de la vieille qui osait proférer de telles foutreries. Martin l'entendit répéter : *Si je la retrouve, celle-là, je lui botterai le cul jusqu'à Rome.*

— Avez-vous quelque chose à ajouter à cela ?

— Rien, Votre Grâce.

— J'ajourne la séance. Comme la sainte Église romaine l'y autorise, vous serez dépouillée de vos vêtements, puis examinée, sondée, afin que rien n'échappe à la vigilance de vos juges.

Escortée des gardes, Morjiane quitta la salle.

Il y eut, au cœur de la foule bousculée, une sorte de cri feulé ; Gatien ne parvint pas à saisir le visage de la jeune femme à l'instant où elle passait devant lui. Il gravit l'escalier de pierre qui menait à sa chambre, suivi par Martin ; il courait presque, montant les marches deux à deux, se précipitant pour s'enfermer. Quand la porte claqua, il chercha à tâtons sous son lit et saisit son épée. Il la sortit de son fourreau de cuir, la brandit haut, en gifla l'air. Il dit : *Je tue le premier qui la touche*. Quand il voulut quitter la pièce étroite, Martin hurla que Thibaut de Champagne arrivait. Le garçon apercevait déjà de la fenêtre la suite comtale, les chambellans et les soldats, les pages, la troupe de musiciens, les sergents d'armes qui portaient de leurs mains gantées les gonfalons gansés d'argent. Gatien à son tour se brûla les yeux à le regarder descendre de son cheval avec cette pesanteur affectée qu'il mettait dans ses gestes. Le prince à Provins, voilà qui changeait la donne.

*

Paul de Launet était en prière. En face de lui, au-dessus de lui, la Vierge de pierre serrait contre elle l'enfant qu'elle confierait aux hommes pour le salut du monde. Le petit dieu portait une couronne sur ses cheveux bouclés et dans sa main droite il y avait un globe. Le frère Paul relevait parfois le menton, regardait fixement la mère et son petit, attentif aux jeux de lumière qui glissaient sur les visages, les éclairant, les assombrissant, imprimant parfois un sourire en esquisse. Le frère Paul, de l'abbaye de Jouy, priait seul.

Il attendait l'instant où il serait en présence de Morjiane El Saadawi et les minutes qui le séparaient de cette femme et de son corps nu traînaient, pesaient leur poids de plomb. Il baissait la tête, le front sur la poussière grasse des dalles, les yeux clos. Plus rien ne le détournait de cette chair tendre à venir, de ces images de seins et de ventre, de pieds, de mains, d'épaules qui s'agrippaient à son cerveau comme des vers. Elle serait nue. Il sentirait son odeur, il approcherait son nez et sa bouche de sa peau, il la toucherait de ses doigts. Il basculait. Il n'y aurait aucun miracle, pas de rémission. La Vierge de pierre, priée par les hommes et les femmes de Provins, par celles et ceux venus en pèlerins des autres provinces, parfois hors des frontières du royaume, se taisait. Il sentait ce néant l'envahir.

Il se souvint de sa première rencontre avec elle, à Mortery, à la roseraie, dans ce dédale voulu par elle, créé par elle, simplement pour le plaisir de le traverser, de s'immerger dans le parfum des roses. Il suffisait de consentir à se laisser couler dans cette mer tiède, inconnue de lui, et qui donnait envie en faisant peur. S'abandonner sous la multitude de pétales que le vent jetait sous les plis du ciel était-il donc impossible ? Il récita vite à haute voix l'*Ave Maria*, il répéta : *Ave Maria, gracia plena, Dominus tecum, Benedicta tu in mulieribus*… et les mots butaient encore sur la forme du voile que Morjiane avait relevé puis défait, dégageant son visage et son sourire. Comment pourrait-il seulement se tenir dans la même chambre qu'elle, devrait-il s'abriter derrière les clercs, apercevoir son corps à demi, caché presque ? Pourquoi avait-il demandé à être présent quand cette présence serait son supplice ? Il fut pris d'un de ces balbutiements de l'âme qui annonçaient un frisson plus pénible encore. Il recommença à prier. *Ave Maria, gracia plena*, et les mots s'arrêtèrent, il eut beau les chercher, remuer sa mémoire, rien ne vint. Il crut qu'il devenait fou.

Chapitre XXVIII

Provins
12 avril 1243

Dans la chambre vidée de ses meubles, un drap de lin blanc avait été tendu sur une corde. À sa gauche, il y avait une chaise paillée. Gil de Rossano demanda à Morjiane de retirer ses vêtements et qu'elle les pose là, sur cette chaise. Elle sentit son cœur battre entre ses seins, le sang cogner dans chacune de ses veines. Elle ne put réprimer la compression de ses lèvres qui se serraient davantage. Cinq hommes lui faisaient face. Morjiane choisit de les regarder un à un, avec le plus de calme dont elle se sentit capable, et un seul soutint son regard, Paul de Launet. Elle commença par son châle, son corsage, puis sa jupe et, quand elle fut nue, elle se tint debout, les bras le long de son corps, les pieds parallèles. Gil de Rossano s'adressa aux cinq prêtres, en disant :

— Frères, c'est l'heure, examinez celle qui peut avoir eu commerce, soit à son insu, soit selon sa volonté, soit selon le désir d'un autre ou d'une autre avec le Malin.

Comme nul ne bougeait, Gil de Rossano répéta ses paroles. Et puis, il désigna Paul de Launet de la main, lui indiquant d'un geste de s'approcher de Morjiane, de voir sa peau, de prospecter le moindre signe qui lui paraîtrait suspect, de deviner les embûches et les pièges qui s'offriraient à lui. Il dut ajouter d'autres mots comme *allez, cher frère* et Paul de Launet ouvrit les yeux, tourna autour du corps, préférant d'abord l'étudier de dos, n'osant rien, à peine poser l'extrémité de ses doigts sur les épaules nues. Un autre moine vint, puis un deuxième. Morjiane fut bientôt entourée, obligée de lever les bras, de se courber, écartant les cuisses, s'ouvrant toute, face à ces mains qui palpaient, griffaient.

Elle serra les dents, gardant les yeux ouverts le plus longtemps qu'elle put. Paul de Launet pressentit qu'il s'écroulait dans un désir absolu et il se rapprocha d'elle, abandonnant son propre corps à ses brûlures, renonçant à lutter. De sa bouche ouverte, grasse de salive, sortit le halètement bref propre aux hommes. Gil de Rossano demanda que rien ne fût oublié lors de cet examen. Il fallait regarder sous la langue comme dans les cheveux, sous la plante des pieds, à l'intérieur des doigts et aussi dans les parties basses. Chercher et trouver ce qui pouvait ressembler à une morsure, une griffure, *sigillum diaboli*. Un des hommes posa son index sur un lé de peau, juste au-dessus du nombril et murmura : *Là, peut-être, ou là.*

Le plus jeune des moines assura qu'il fallait avoir recours aux aiguilles et les enfoncer hardiment dans le corps. Si la plaie ne saignait pas, si la femme restait insensible à la douleur, c'était la preuve qu'elle était endiablée. Le religieux se proposait de la sonder lui-même. Le moine conservait dans sa cellule un lot d'aiguilles qui avaient fait des merveilles à Toulouse. Il suffisait qu'il aille les chercher, si Sa Grâce lui en donnait l'ordre, les rapporter ne prendrait qu'un instant. Sur le point de sourire, indifférent à Morjiane, il ne voyait que Gil de Rossano, songeant que le corps nu qui respirait à ses côtés n'était qu'une illusion trompeuse, les reliefs dilatés d'une forme de mirage que les plus insensés d'entre les hommes nommaient femme. Le contempler, feindre d'en comprendre les rouages et les mystères, était aussi vain que dangereux. Cette entité sans morale, à peine douée de raison ou d'intelligence, en balancement constant entre le juste et l'erreur, ne consistait qu'à assurer sa survie à l'espèce humaine. Le triomphe de la femme, quand elle était fertile et digne de confiance, permettait d'adorer Dieu, de génération en génération.

Jusqu'à la fin des temps. Gil de Rossano ne daigna pas répondre. Morjiane avait croisé ses bras sur ses seins.

Elle tremblait maintenant, de fatigue ou de dégoût, les minutes s'éternisaient, longues, vides. Elle levait une jambe, se courbait davantage selon l'ordre lancé par un religieux, tournait sur elle-même, se refusant à penser à Gatien, sa souffrance, sa colère violente sur le point d'éclater. Sa rage. Elle gardait dans les yeux Mortery et ses jardins, la douceur odorante de la roseraie et elle s'abîmait dans cette vision qui traversait sa mémoire. Rien n'aurait pu la distraire de la forme des massifs, du point central occupé par le kiosque, des rires et des chansons de celles et ceux qui cultivaient les roses à la mi-ombre. Ainsi, restait-elle libre, ne cédait pas à ceux qui s'acharnaient sur elle et que l'interprétation d'une tache de son ou d'une ancienne écorchure divisait déjà.

Paul de Launet vacillait de désir, son corps n'obéissait plus qu'à cette oscillation qui tarissait ses pensées, l'obligeant à voir, à n'omettre aucun détail, à se gaver d'elle. Morjiane sentait sa présence, celle de l'ennemi, de ce feulement rauque qui sortait de son ventre. Il bougeait la tête, comme pour se convaincre qu'elle était là, dans la même chambre que lui. À peine voulait-il comprendre pourquoi ces autres hommes l'empêchaient de la bousculer, de la basculer sur un lit et de s'unir à elle, nu à son tour.

— Je crois que cela suffit.

La voix de Gil de Rossano se posa dans la pièce, grave et calme. Le frère Paul l'écouta dire que Morjiane pouvait remettre ses vêtements, il demandait au plus jeune des religieux de la reconduire chez elle, afin qu'elle s'y repose dans la prière. Paul de Launet la vit passer derrière le drap et les ombres portées dessinèrent chacun de ses mouvements, ses jambes enfilant la robe, les épaules se couvrant de leur caraco, ses pieds se chaussant. Morjiane n'eut pas un regard pour lui tandis qu'elle quittait la pièce. Quand il fut seul avec l'inquisiteur du pape, il l'entendit dire :

— Cher frère, que pensez-vous de ce que vous venez de voir ?

— Je pense, je… Je pense…
— Oui ?
— Que cette femme…
— Est ?
— Maudite !
— Le croyez-vous ?
— Assurément. Elle est maudite.
— Je ne pense pas que…
— Ne ressentez-vous pas, en votre conscience, qu'elle est un ange déchu ? Saint Origène nous a appris leur genèse, avant la naissance du monde voulu par Dieu. Il nous a donné les clés afin de les reconnaître au plus bas de l'ordre de Ses créatures. Leur mission maudite est de dévoyer les hommes et de les entraîner dans la chute. Chaque ange correspond à un vice particulier. Cette femme est fille de Lilith, elle sacrifie à Bélial. Elle sort de l'enfer. Il faut l'empêcher de nuire davantage et sauver son âme en détruisant ce corps qui n'est que putréfaction et corruption. La grande prostituée doit mourir.
— Pourquoi ?
— Mais pour l'empêcher de nuire encore et d'incuber la terre, notre sainte terre de Champagne. Les roses doivent revenir à la Vierge. Le monastère de Jouy est seul capable de rendre à Dieu ce qui est à Dieu.

Les derniers mots du frère Paul de Launet se perdirent dans sa gorge.

— Je vous dis grand merci, frère, car vous m'avez éclairé au-delà de mes espérances.

Paul de Launet agrippa la croix de bois qui pendait à son cou, en tira le cordon de cuir et sortit, le front baissé au sol. Gil de Rossano se tint au milieu de la pièce. Ce qui venait de se dérouler ici ébranlait les preuves qu'exigeait l'Église. La seule sorcellerie mise au jour se terrait semblait-il dans le corps non d'une femme, mais d'un moine. Un soleil cru vint caresser le cadre de la fenêtre, illumina le drap de lin blanc suspendu à son cordage. Là, devant ce qui ressemblait à un linceul, une femme s'était mise nue afin de satisfaire ses juges. Qu'y avait-il sur sa peau, entre ses seins ou sur son ventre qui eût pu à ce point brûler un homme, jusqu'à le rendre fou ? À quel instant cette rage se confondait-elle avec ce désir cannibale de ce même homme pour cette même femme, saccageant tant d'années passées dans la prière ? Était-ce cet excès de Dieu qui lui faisait perdre Dieu ?

Gil de Rossano ouvrit la porte et appela dans le couloir. Deux religieux vinrent sur son ordre ôter le drap et la corde tendue. Tandis que le premier aidait le second à plier le linge, alors que la chambre allait bientôt retrouver ses meubles et son office de chambre, l'inquisiteur du pape pensa à ceux qui avaient souhaité cette mort pour des raisons différentes. De leurs villages comme dans leurs maisons, hommes et femmes s'étaient montrés impitoyables, trouvant de nouveaux détails oubliés, mettant dans leur phrase l'odeur de la vérité. Ils étaient allés plus loin encore dans le choix des mots et de leurs conséquences inévitables. En quittant la pièce, Gil de Rossano se demanda si, en faisant cela, ils comprenaient bien qu'une vie était en jeu.

*

Le comte de Champagne était de bonne humeur. La fréquence de ses sourires dépassait l'habitude et déjà les domestiques l'entendaient fredonner de nouveaux couplets. Les yeux rêveurs, accoudé au balcon central de ses appartements, il frôlait les cordes de sa viole, peu exigeant sur le velouté d'une sauce ou la profondeur d'un vin. Déjà, les pages se poussaient du coude, rigolards. Le roi de Navarre revenait de Paris. Il avait rencontré la reine Blanche, s'était, disait-on, enfermé dans ses appartements du palais de la Cité. Depuis, passait sur son visage ce voile de bonheur qui ralentissait la marche de son corps et le ployait dans des rêveries de môme. Enfin, aux environs de l'heure des complies, il demanda, trois jours après son retour, à voir Gatien et son chambellan, puis emprunta le long couloir qui menait à la chambre du soldat.

Gatien de Mortery patientait, jouant avec un lé de ce soleil déclinant qui chatouillait sa main. De ce que l'on disait du procès, l'examen subi par Morjiane, l'issue brève ou plus longue, il savait peu de chose. Dans les tavernes, Martin retenait le même lot de plaisanteries grasses ressassées par des hommes déjà saouls qui auraient bien voulu remplacer les moines. Certains braillaient que c'était du gâchis de laisser ces faces de carême toucher une fille aussi jolie. Martin rapportait leurs mots à Gatien et tous les deux évaluaient ce miel qui réservait une saveur étrange quand on y trempait le doigt. La voix de la rue penchait pour Morjiane. Rester confiant était sujet de moqueries et Gatien ne s'en privait pas. Malgré tous ses efforts, le garçon ne parvenait plus à distraire son maître de ses dégoûts pour ce qui restait d'humain. Les mensonges, les vexations, la cruauté, les jalousies poisseuses, la croissante imbécillité et son orgueil épais, le dégoûtaient d'être vivant. Gatien regrettait Mortery comme le seul lieu qui lui permettait d'échapper à cette lie. Ce siècle était mauvais. L'homme mourrait de trop croire en l'homme.

Le frère Aubin était venu visiter Martin et Gatien à l'heure de leur coucher. Le moine gardait un espoir inébranlable, déjà occupé d'avenir et de projets. Morjiane serait bientôt libre, disculpée de tout chef d'accusation. Ses réponses claires et dignes avaient impressionné Rossano. En sous-main, Aubin de Lalande préparait son élection au rang d'abbé et tout cela avançait dans son sens. En regardant nonchalamment le garçon retirer sa chemise dans la chambre, il sentait déjà à son annulaire le poids du métal d'or. À son tour, il porterait l'anneau, aurait rang d'évêque.

Le chambellan toucha l'épaule de Gatien et se pencha vers lui. Le comte de Champagne allait le recevoir. Une fois encore, Gatien le suivit, calant son pas sur le sien, indifférent au luxe qui s'étalait à mesure qu'on avançait vers les appartements privés du prince. Les portes s'ouvrirent avec un salut des gardes.

Il s'inclina en gardant sa bouche close.

— Comment se portent le baron de Mortery et sa tendre et douce mélancolie ?

— Mal.

— J'ai toujours apprécié ta concision, Gatien.

Le comte de Champagne fit un signe et un page s'empressa de servir deux coupes de vin de Bourgogne.

— Bois moins vite, apprécie le divin nectar et reste souper avec moi.

Gatien reposa sa coupe vide et le page le servit à nouveau. Les tréteaux et la table furent disposés par deux ou trois gamins et le dernier des trois posa dessus une nappe blanche, deux écuelles d'argent, des hanaps et du pain. Puis une cruche de vin blanc et une autre de vin rouge. Les deux hommes s'assirent l'un en face de l'autre, Gatien n'avait toujours pas desserré les dents. Quand du ragoût de veau au poivre et au girofle fut servi, Thibaut raconta le palais, le roi, les deux reines et les enfants royaux. Gatien mangeait vite, les yeux baissés sur son écuelle, engloutissant des morceaux de pain trempés dans la sauce au verjus. Quand son assiette fut vide, il s'essuya la bouche à la nappe, posa ses coudes sur la table en rapprochant ses poings serrés de ses lèvres.

— Je t'ai connu meilleur convive.

— Il faut croire, monseigneur, que je n'ai pas le cœur à chanter.

— Bois davantage si ton gosier reste sec et écoute-moi quand même.

Deux pages apportèrent les mets sucrés et l'hypocras. Ils disposèrent entre les deux hommes du blanc-manger dont était friand Thibaut, des poires au miel et du gâteau de pommes cuites.

— J'ai vu l'évêque, juste avant mon retour. J'ai parlé suffisamment à cette buse afin qu'elle lisse ses plumes dans le sens qui est le nôtre. Cette histoire de sorcière et de cul du diable m'agace. Elle doit et va cesser.

— Le frère Paul de Launet…

— À Jouy qui me coûte cher, je fais ce que je veux. Ce n'est pas ce moinillon qui va jouer longtemps à la couillasse.

Gatien, en habitué du roi de Navarre, n'ajouta rien. Il savait son prince sujet aux changements rapides d'humeur comme de décision. Il but encore et tenta de calmer son cœur qui battait la charge sous sa chemise de lin. Morjiane serait près de lui, enfin, et sans obstacles mis à ce qu'il pourrait peut-être un jour nommer bonheur ou joie. Thibaut jouait avec le manche de sa cuillère à tisser des raies sur sa part de blanc-manger, il relevait les yeux et le menton, au bord du rire.

— Eh bien, réjouis-toi. Cette femme te sera rendue et plus vite que tu ne le penses !

Gatien songea au temps perdu, à ces jours mis à faire des semaines qui se comptaient déjà en mois inutiles, il haussa les épaules. Sa bouche ne put dessiner le moindre sourire.

— Comment se portent mes roses ?

— Bien, monseigneur, à ce que j'en sais.

— Tu n'es pas allé les voir ?

— Non.

— Ah. Tu sais ce qu'elles représentent pour moi, combien elles sont nécessaires à mes rêves.

— Oui.

— Je veux ces fleurs, Gatien. Comme je veux mon essence de rose. Il y va aussi de mes projets, de la richesse de la Champagne et de Provins. Pense aux foires et au commerce.

— Je sais.

— Et ?

— J'avais trop à faire de ce côté-ci.

Thibaut regarda Gatien, la cuillère levée, avant de la reposer sur la nappe blanche salie de gras.

— Il est décidément temps de remédier à cela. J'ai demandé à rencontrer le frère de Rossano.

— Bien, monseigneur.

— Ressers-toi, tu n'as presque touché à rien. Tu vas vexer mes cuisiniers, Gatien.

Et Gatien se força à terminer son écuelle de poires cuites.

L'hypocras fut servi.

— Il y a longtemps que nous n'avons pas chassé ensemble. Il me tarde de taquiner ce solitaire qui me nargue depuis des semaines. Et puis nos terres regorgent de gibier, voilà qui n'est pas bon pour les récoltes de blé et d'orge à venir. Demain tu seras des nôtres, Gatien de Mortery.

En rentrant dans cette chambre qu'il quitterait sans regret, en se mettant sur son lit à côté de Martin qui ronflait déjà, Gatien pensa à Morjiane. Savait-elle qu'il se reprochait de ne pas posséder les dons de Thibaut et de ne pouvoir glisser sous sa porte de ces poèmes qui plaisaient aux femmes ? Il eût ainsi mieux apaisé ses sens et calmé ses peurs. Elle pourrait relire sa lettre, la conserver longtemps jusqu'à la savoir par cœur avant que le papier ne tombe en poussière. Il pensa au frère Aubin qui la rencontrerait avant lui. Ce moine savait parler et ainsi la douleur de Morjiane cesserait, son corps retrouverait le calme plus sûrement qu'avec une tisane d'herbes bue. Que réservait l'avenir, fallait-il craindre la vindicte pour d'autres jours prochains ? Qui pouvait lui assurer une paix durable ?

Les témoignages recueillis par les moines indiquaient une haine qui venait non des puissants mais de ces nains venimeux qui mordaient au talon. Trop supporter ces mensonges laissait un pli au coin des lèvres. Il revit les visages de ceux que sa main avait nourris, que son argent avait sauvés du pire et qu'il croisait chaque jour, aux abords de ses villages. Parmi ces êtres dont il savait les peines, se dissimulaient des accusateurs. Gens médiocres à fuir ! Gatien se prit à rêver une fois encore aux largeurs variables du monde, à toutes les routes qui pouvaient être empruntées, aux découvertes à venir. La liberté avait le prix de l'audace. Il suffirait de seller un cheval et de partir visiter cette pomme ronde sur laquelle il marchait depuis sa venue au monde, dont plus intelligent que lui prétendait qu'elle avait à ses antipodes un trou béant où tombaient les fous. Ou alors tâter du sel de la mer, celle froide du Nord qui léchait les côtes de pays peuplés d'ours très blancs. L'âme de ces mondes inconnus lui restait à percer avant que la mort ne vienne le narguer. Il y avait d'autres moyens de prouver son amour à une femme sans la quitter le matin avec la certitude de la retrouver le soir. Il demanderait à Morjiane de le suivre, elle dirait oui, gourmande de cette vie nouvelle, décidée à tenter l'aventure. Thibaut conserverait les roses et la roseraie. Il en ferait le commerce souhaité, offrirait le surplus à la reine Blanche et l'oublierait vite. Tout serait en ordre.

Il soupira. Il se reprocha de moins penser à Mortery à mesure que l'issue du procès semblait gagnée. Le parfum d'une rose épanouie était agréable à respirer, et la cueillir au creux de l'été, un délicat plaisir. Gatien retira ses bottes et son surcot, remonta la couverture jusqu'à son ventre. Cette terre grasse lui collait peut-être aux chausses mais elle était la sienne. Demain, au matin, il confierait son corps à la vapeur des étuves.

Chapitre XXIX

Provins
14 avril 1243

Les trompes sonnèrent dans les champs voisins et la forêt de Sourdun. Les gentilshommes de la suite comtale, les pages et les veneurs, les chiens dressés à filer leur proie et à la mordre aux jarrets avaient suivi le prince. Un sanglier éventré gisait dans son sang. Gatien, aidé d'un autre baron, l'avait foudroyé de deux coups d'épieu avant de prendre en pleine face l'œil exaspéré de l'animal. Thibaut s'approcha et posa le pied sur la bête encore chaude tandis que plusieurs chasseurs entouraient Gatien pour vanter cet exploit. Il reçut sur les épaules ces claques d'affection que la plupart des hommes dispensent aux autres.

— Je vois que tu n'as pas perdu la main.

— Il faut croire, monseigneur.

— Il s'en est fallu de peu que tu gîsses à sa place, Gatien.

— Ce n'était pas mon heure.

— Que soit loué saint Hubert.

De retour au palais, les cuisiniers reçurent l'ordre de préparer les viandes aux épices. Un nouveau lot de cardamome et de cannelle venue de Chine venait d'arriver, c'était l'occasion de prouver ce qu'ils savaient faire. À Gatien qui s'étonnait qu'un pareil festin fût servi, le chambellan répondit laconiquement que le comte de Champagne avait convié à souper l'évêque de Meaux. On attendait Pierre de Cuisy avant la tombée de la nuit.

Sa gourmandise était suffisamment légendaire en Champagne pour que l'on fît en sorte que Sa Grandeur n'ait pas à se plaindre de la saveur des mets. Thibaut voulait voir le Cuisy afin de le faire taire. Gatien songea que ce sucre était nécessaire pour le réduire au silence.

Il était encore dans la salle haute, celle des gardes, quand Martin vint à lui, essoufflé comme à son habitude d'avoir dévalé les escaliers de pierre. Voici à peine un moment, Aubin de Lalande parlait à Morjiane, le garçon avait collé son oreille à la porte pour les écouter. L'affaire allait son train, tout n'était plus qu'une question de jours. Le frère Aubin venait de confier à Morjiane ses espérances et ses certitudes sur sa libération imminente. Elle serait à Mortery avant l'été. Quand la porte s'était ouverte, Martin jurait avoir vu le frère Aubin, un sourire sur ses grosses lèvres, satisfait de la farce à jouer bientôt. Il ne comprenait du reste pas grand-chose, préférant se contenter des mots *libre* et *liberté* qu'il avait recueillis de la bouche du moine. Gatien mit dans sa main un sou d'argent que le garçon refusa d'abord.

Ce soir serait un souper de dupes ; entre deux bouchées de viande et autant de gorgées de vin, se jouerait le destin d'hommes. L'orgueil était un vice qui servait l'esprit de certains et en ruinait d'autres. Il se lisait sur les visages et sur les corps. Gatien goûtait peu cet excès de cœur, le laissant volontiers à ceux qui aimaient s'épaissir jusqu'à en crever.

Il monta à l'étage qui conduisait aux appartements. Avant de pousser la porte de sa chambre, il effleura le bois de celle de Morjiane. Cette femme avait pris la place entière dans son corps, chaque fibre lui était dévolue. En appliquant sa paume sur le bois poli, en la descendant lentement vers la clenche qu'il ne soulèverait pas, il tenta de mesurer l'aune d'amour qui le liait à elle. Il sentit qu'elle ne bougeait pas, elle devait fermer les yeux, calmer sa respiration, le devinant si proche. Ils se turent tous les deux. Tout silence est un chef-d'œuvre.

Dans la grande salle du palais, les domestiques avaient eu la journée pour dresser les tréteaux et parer la table de nappes blanches. Une armée souterraine s'était munie des planches, des écuelles, des hanaps, des couteaux et des cuillères, des présentoirs, des pots à oille, des nefs d'argent ciselé où reposaient les pots à épices. Le grand U inversé donnait par sa forme le poids exact de la condition humaine. À mesure qu'on en quittait le centre, cessait la vue des puissants sur les humbles, et déclinaient d'autant les rangs et les fortunes. Celui assis en bout de table n'était rien et son devenir fluctuant devrait tout au hasard. Gatien connaissait ces règles immuables depuis l'enfance.

Un page toqua à sa chambre et lui remit un paquet ficelé de la part du roi de Navarre. Le prince lui offrait un nouveau pourpoint. En le passant avec l'aide de Martin, il s'aperçut que le garçon en caressait l'étoffe raidie par endroits de fils d'argent. Gatien n'eut pas la mauvaise grâce de lui enseigner que du pourpoint à la livrée, il n'y avait que le pas qui menait à la révérence. Il vit dans le regard du garçon ce qu'il lirait tout à l'heure dans les yeux des femmes. Cette même appétence qui faisait de lui un homme suffisamment né pour pouvoir toucher du coude le premier voisin du comte de Champagne. Martin se recula et dit :

— Moi, j'irai aux cuisines. J'y connais une fille qui m'a promis de me mettre de côté deux ou trois morceaux.

— Toi, tu viens avec moi et tu te tiendras derrière moi. Tu mangeras plus tard. Ce que tu verras et entendras ce soir, jamais tu ne l'oublieras. La leçon vaut bien le vide de ton ventre.

Martin fit claquer sa langue, levant ses mains ouvertes et les laissant ainsi quelques secondes à hauteur de son front. Gatien le vit ramper sous le matelas, saisir son sac et l'ouvrir. Il avait apporté la livrée des Mortery, ajustée par sa sœur, enfouie en douce avant le départ du manoir. Ce qui avait été, durant près de deux siècles, serait encore. Le dessin composé pour des ancêtres dont il ne connaissait plus le nom, ces trois trèfles disposés en triangle, s'étalait maintenant sur la poitrine de Martin qui bomba le torse par réflexe. Gatien y posa la main. Un jour peut-être, si le Dieu lointain qui gouvernait le Ciel y consentait, son fils porterait les mêmes armes peintes sur son écu, criant *Mortery* jusqu'au cœur des nuages. Gatien murmura : *J'ai soif.* En souriant, Martin répondit : *Moi aussi.*

Dans la salle haute, des musiciens jouaient déjà. Une fille chantait les vers de Thibaut et sa chanson triste disait l'amour inconsolable. La fille était jolie et sa bouche laissait filer des mots destinés à une femme aimée d'un homme. Il se languissait d'elle, la suppliant d'être bonne et tendre, compatissante. La chanson vantait la majesté de ses traits, ses perfections et ses grâces, sa haute naissance et la noblesse de son rang. L'homme lui reprochait de le fuir encore alors qu'il se vouait à elle et que chacune de ses actions lui était dévolue. Sa bouche, comparée à une rose éclose, était si douce qu'un seul mot d'elle pouvait le faire mourir ou lui donner la vie. Certains barons, certaines femmes de parage hochèrent le menton, laissant coulisser leurs yeux. Nul ne s'y trompait : la chanson louait la beauté sévère et les vertus de la reine Blanche, et déjà se profilait la silhouette du comte de Champagne. Il était chez lui, à Provins ; une telle chansonnette n'aurait pas eu sa place au palais de la Cité et déjà le nom du roi Louis passait de lèvres en lèvres.

Il y eut le murmure qui annonçait la venue de celui que la foule savait puissant. Les gardes frappèrent le sol de leur lance, les barons saluèrent, et ainsi firent les pages, un genou à terre. L'évêque parut, portant sa crosse et sa mitre, entouré du clergé de ses paroisses nombreuses et riches. Pierre de Cuisy bénit les hommes et les femmes de sa main droite gantée et baguée. À ses côtés, avançait lentement Thibaut, roi de Navarre et comte de Champagne, paré d'or et d'argent ; on eût dit une châsse en marche. L'évêque bénit aussi la table et les musiciens reprirent d'autres chansons tandis que les convives s'asseyaient à leur tour. Ainsi fit Paul de Launet. Son regard croisa un instant celui de Gatien de Mortery qui le lui rendit à la vitesse de la flèche. Entre ces êtres, un monde entier allait s'opposer, lutter durant deux heures ou trois, étrange sensation d'exister seulement par la haine. Gatien prit un morceau de pain et le mâcha, montrant ses dents et sa mâchoire en action. Les veines de son cou et de son front se gonflèrent, plus bleues encore. Martin le servit de vin. Il but sans quitter des yeux celui qui lui faisait face, noir d'habit et blanc de visage, le clan de Dieu contre le clan des hommes.

Le festin débuta par un amoncellement de mets et de mises en bouche, du lard frit et des pommes, avant les soupes aux orties et au cresson et de la tourte aux bettes. À mesure que Gatien dévorait, Paul ne touchait à plus rien qu'un peu d'eau bue au gobelet. Martin, qui s'approchait avec une écuelle vide, sentit le poids immense de cette haine, qui ne doutait pas d'exister par elle-même, sans limite, sans concession ni remords, brutale et pure. Elle était si visible, si formidablement présente que Gatien ne pouvait rien dissimuler. Il s'agissait de suivre ses yeux, d'en faire le chemin, cette ligne droite, qui menait au frère de Launet. Nul autre que lui ne prêtait attention au moine, venu sans l'abbé de Jouy qui se mourait de son mal de poitrine. Raoul ne verrait pas l'été.

Thibaut de Champagne faisait les honneurs de sa table à l'évêque de Meaux, choisissant les meilleurs morceaux du chapon gras cuit au vin rouge et au poivre long. Il posait le pilon sur la tranche de pain épaisse, approchait l'écuelle de salade d'oignons rôtis, servait du vin de Beaune dans un hanap d'or et le regardait sucer les os en souriant. Il le resservit deux fois de jarret de porc au miel, l'entendit louer la saveur de la cannelle comme une grâce du Seigneur, la bouche barbouillée de fromentée. L'évêque perdait pied. Ce fut l'instant que choisit Thibaut de Champagne pour s'approcher de son oreille droite et se pencher vers elle.

Gatien essaya d'entendre, mais rien ne vint. Ce qu'il ne déchiffra pas sur les lèvres du comte roi, il le comprit en voyant le visage de Pierre de Cuisy prendre la couleur du blanc-manger qu'il ne touchait plus de sa cuillère. L'évêque, dans un dernier sursaut, se redressa, et Thibaut appliqua sa main sur son bras. Gatien pensa à la serre du faucon s'abattant sur une corneille. L'évêque fit un signe et un page le resservit de vin. Dieu et le monde s'affrontaient encore, le Ciel contre la terre. La question demeurait de savoir si Pierre de Cuisy qui essuyait sa bouche trop grasse incarnait à ce point les vérités spirituelles. À cette mystique de la pensée et pour la défendre, il eût fallu un être aux allures d'ange, et non cet homme à gros ventre et qui suait. À l'instant où les domestiques servirent des dragées et des confitures sèches, des fruits confits et des pâtes de coing avec du vin épicé, Thibaut sembla satisfait et fit compliment aux dames. Deux porteurs de vielles s'approchèrent, les convives tapèrent du poing sur les tables. Le comte de Champagne dit : *Paix mes amis, je consens,* et il se mit à chanter.

Gatien continuait à regarder fixement Paul de Launet. Le moine de Jouy semblait ne plus rien peser tant la vie paraissait l'avoir usé. Une trémulation ne quittait plus sa main gauche et elle se hissait à l'épaule. On eût dit qu'il allait basculer sur la table, se renverser, poupée de chiffon, au milieu des plats et des écuelles. Vide et mort. Ou alors se casser comme ce verre filé dont les secrets étaient vénitiens. La chanson de Thibaut parlait de la croisade, de la guerre, de l'honneur et du sang versé. Elle disait aussi : *Or, s'en iront ces vaillants écuyers, qui aiment Dieu et l'honneur de ce mont, qui sagement veulent à Dieu aller. Et les morveux, les cendreux resteront. Aveugle soit, de ce, ne doute mie, qui n'aide Dieu une fois en sa vie, Et pour si peu perd la gloire du monde.*

La gloire du monde, ainsi le répéta Gatien de Mortery. Que n'avait-il pas sacrifié pour elle au service de son prince ? Le cendreux, le morveux, celui qui lui faisait face, attendait l'heure où se lèverait l'évêque, donnant le signal de son départ qui serait sa fuite. Paul de Launet, durant la chanson, était resté de marbre, plus inerte encore que la femme de Loth pétrifiée devant Sodome. La croisade des barons, comme le peuple la nommait déjà, devait imprimer en lui un regret de plus. Où était-il quand des hommes se battaient pour le Christ ? Que faisait-il quand ils mouraient pour Lui ? Gatien ne cessait de le regarder, le moine. Nombre de barons, compagnons d'armes, baissaient le nez sur leurs écuelles, accrochés à des souvenirs bons ou mauvais. La mort rôdait autour des tables, les musiciens ne parvenaient plus à chasser son silence. On eût dit que s'invitaient à ce banquet ceux qui n'étaient plus là, frappés dans leur jeunesse, et dont les os blanchissaient en Syrie. Ceux morts d'un coup de lance ou d'une flèche, ceux qui avaient bu un peu d'eau au creux de leur paume et que la fièvre avait secoués sous la tente.

Gatien s'essuya le front. Il revoyait le camp des Francs et les tombes creusées dans le sable. Les corps s'alignaient sous les dalles de pierre. Avec parfois une croix au-dessus. Pauvres hères, gens de peu. Vénitiens ou Germains, Grecs, Espagnols. Byzantins habiles à naviguer. Les seigneurs comme les gens d'armes étaient enterrés leur épée à la dextre, côte à côte, les traits lissés du même sommeil éternel.

Gatien but encore et encore et Martin cessa de le servir à la cinquième coupe. Le palais du sultan venait surtout heurter sa mémoire de sa masse formidable. Il eût pu le dessiner de l'index, la grille en fer, épaisse, forgée, aux chaînes graissées. Et ces gros blocs de calcaire qui avaient abrité le sanctuaire dédié à Jupiter. Dans le temple voisin, détruit par les sultans, l'encens s'était pourtant élevé jusqu'au front du maître de l'Olympe. Rome alors triomphait du monde. De ce lieu sacré, béni par les pontifes, ne restait qu'un souvenir. La vitesse inéluctable du temps changeait tout, modifiait chaque plante, chaque être, fût-il homme ou animal, rendant un jour à la brique sa finesse de sable.

Ne pas sans cesse éprouver contre lui le corps de Morjiane était devenu pour Gatien cette punition injuste, la pire qu'on puisse lui infliger. Il eut l'envie de se lever, de prendre Paul de Launet à la gorge, de le précipiter au sol et de lui labourer la face à coups d'éperon. De saigner ce moine comme ses fermiers le faisaient d'un porc. Ainsi agissait Malik al-Salih, supprimant ses ennemis dans un claquement de doigts, vautré sur son divan couronné de coussins jaunes et bleus. Le sang coulait à ses pieds. Cet homme émacié, au visage creusé sous la barbe, emmitouflé dans ses linges blancs, semblait toujours avoir froid.

Gatien de Mortery tapa du plat de la main sur la table, un page le servit de vin et Martin secoua la tête. Une femme se leva, salua Thibaut de Champagne, levant sa coupe à hauteur de son visage qui était beau. Elle dit :

— Monseigneur, je prie Votre Altesse de chanter pour nous qui sommes les fleurs de votre cour. Est-ce trop demander à notre prince que de nous rendre hommage comme nous le faisons aussi à celui qui nous gouverne avec bonté et honneur ?

Et Thibaut répondit :

— Que ma muse qui est poésie veuille bien m'inspirer. Louons les dames, gardons-les en notre cœur, car elles sont notre espérance.

Les musiciens l'entourèrent aussitôt et il abaissa le visage, le releva, ferma les yeux, les ouvrit et chanta :

— *Dame, je n'ai d'autre messager, par qui j'ose vous envoyer ce que j'ai dans le cœur, sinon la rose, si voulez bien l'accepter.*

Il répéta :

— *Dame, je n'ai pas d'autre messager. Votre doux regard et vos paroles suaves. Dame êtes dans mon cœur, pétale léger, plus doux que jour d'été.*

Après les derniers applaudissements, Pierre de Cuisy se leva. Il resta d'abord immobile, sans presque bouger, puis il leva sa main droite et traça un large signe de croix. À tour de rôle, sa suite, les moines et les clercs vinrent saluer le comte de Champagne. Les deux hommes se donnèrent le baiser de paix, puis l'évêque de Meaux gagna ses appartements. Tandis que les pages éteignaient une à une les chandelles de cire blanche, s'en allèrent les convives. Gatien de Mortery les vit partir, donnant l'accolade à deux ou trois hommes.

Alors qu'il montait l'escalier, Paul de Launet sentit le regard de l'évêque peser sur lui. Le moine de Jouy faillit trébucher. Il y avait là deux mesures de mépris pour une de dérision. Il comprit que sa cause était perdue. Ce que le comte de Champagne avait dit à l'évêque de Meaux tenait en deux ou trois phrases. L'un des plus puissants seigneurs de France imposait sa loi. Le procès s'arrêtait. Les accusations cessaient, manifestement, le plus vite possible, plus de crimes en sorcellerie, aucune charge retenue. Nul ne croyait plus à cette évidence dont lui seul s'était convaincu. Ces roses si rouges, cette couleur qui renversait les âmes et fermait les yeux, avaient suffi à aveugler un monde.

La machine infernale qui se mettait en place le prendrait pour seule cible. Dès demain, l'évêque l'éviterait. Au second jour, il exigerait de l'abbé Raoul qu'il ne sorte plus de sa cellule du monastère de Jouy et qu'on y oublie sans délai ce pauvre fou. Il était un esprit étroit et dégénéré, voyant le Malin partout, comme certains comptaient les poux sur la tête d'un chien.

Rentré dans sa chambre, Paul de Launet ouvrit la fenêtre. Le vent de la nuit pétrit son visage sans parvenir à sécher la sueur qui coulait sur ses yeux. Le ciel noir, taché d'étoiles, restait cette masse impénétrable d'éther et de nuages hauts. Les anges eux-mêmes se perdaient dans son immensité. Nul pardon ne viendrait de là. Tout ce qu'il avait pensé, voulu pour le bien de l'Église, s'écroulait sous le poids de son désir. Morjiane El Saadawi agissait en lui comme un ver dans un fruit. La voir monter au bûcher, portant la robe blanche des impies maculée de poix, lui paraissait pourtant la seule issue possible. Il s'était juré pouvoir endurer ses hurlements de douleur, les supportant comme un saint accepte son martyre.

Cette femme avait gagné le combat, elle vivrait, elle échapperait à ces flammes qui le consumaient, elle s'était montrée plus forte que lui. Il était seul, pas elle. Il n'avait jamais imaginé cette chute misérable, ce coup de vent qui emportait ses espérances. Celui qui avait tant souhaité se dépasser, entrer vivant dans le royaume de Dieu, sentit venir l'heure de sa mort.

CINQUIÈME PARTIE

Chapitre XXX

Manoir de Mortery
26 mai 1243

Au matin de ce jour, avant l'heure de prime, Gatien ouvrit les yeux et se redressa sur sa couche. Il regretta son geste trop brusque. À ses côtés dormait encore Morjiane. Depuis déjà quelques semaines, il recueillait au début de l'aube ce premier souffle de ses lèvres dont il approchait son front. Il la sentait vivre et voilà qui contribuait à chasser les mauvais souvenirs.

Gatien posa ses pieds nus sur les dalles et très lentement se leva. Il avança vers le volet de chêne et le poussa. Il avait pris le soin d'en faire huiler les gonds, ayant remarqué combien elle tressaillait parfois à un bruit pourtant familier, ne parvenant plus à toujours conserver ce calme qui était sien. Il n'osait rien demander, préférant qu'elle parle la première, qu'elle raconte ses peurs, l'attente interminable de Provins. Les longs interrogatoires où sa vie s'était dépliée, comme sur les images d'un livre. Ce rouleau déployé avec ses détails indiscrets, ces accusations qui faisaient douter des mots et de leur sens, pesait encore son poids désolé. L'ignominie de sa nudité exigée par les moines l'empêchait parfois de croire à un avenir possible entre eux. Souvent, en pleine nuit, il hurlait, et de sa gueule ouverte sortait un cri muet, ses yeux grands ouverts, ses doigts écartés comme les serres d'un rapace. Son corps relevé tenait ainsi, en équilibre, ses cuisses repliées, ses fesses à plat sur le matelas de fanes, ses bras tendus dans l'air noir. Il voyait les ombres pivoter face à lui.

De ces terreurs passées, il faudrait bien parler avec Morjiane. Ainsi, peut-être avec l'aide de Dieu, s'effriteraient-elles comme on le voit en mer des barques rongées par le sel. Entre eux, rien ne filtrait de ces alarmes pourtant conjointes. Une lassitude des mots semblait étouffer Morjiane comme un bâillon posé sur une bouche. Les servantes la jugeaient entre elles exigeante sur la marche du domaine, plus rigoureuse aussi dans ses attitudes. Il n'y eut aucune remarque, aucun sous-entendu un peu gras. Aucune question. Les valets tinrent leur langue. Elle leur en sut gré.

Gatien ouvrit davantage le panneau de bois, avide de fraîcheur et d'air. Il écouta. Le cri de scie d'un oiseau trouait le silence sous la lune arc-boutée dans le ciel. Les murs épais du manoir concédaient la sécurité et la tranquillité des corps, non celle des âmes. Il chercha à tâtons la cruche d'eau posée au sol et but en silence deux ou trois rasades.

À Damas, il y avait des étoiles dans la nuit. Gatien se souvint alors du palais citadelle qui écrasait la nuit tiède de sa masse. Les esclaves disposaient des centaines et des centaines de lanternes sur les remparts, les dix-sept tours de guet, les rebords des meurtrières comme aux abords des courtines. Vers l'ouest, la campagne déserte s'irisait de ces flammes dansantes. Alors, retentissait la voix du muezzin. Perché au-dessus de la poussière des rues, l'homme chantait l'*adhan*, la prière du soir, la main sur l'oreille. Et toute vie s'arrêtait à la seconde même, le palais fermé se préparait au sommeil.

Pour calmer ses peurs, les éteindre, Gatien se rappelait le premier arbuste, celui rapporté de Syrie et son soulagement de constater que ses branches demeuraient vertes et drues. Il avait longtemps craint la maladie, le froid comme l'excès de chaleur, l'inconnu, toujours possible, vicieux. Morjiane lui avait conseillé de prendre cinq ou six autres pieds, peut-être davantage, à leur tour robustes et bien portants.

Au palais de Malik al-Salih, les couloirs et les corridors étaient décorés des mêmes rameaux aux plafonds saturés de mougarnas. Gatien pensait alors aux rayons de cire construits par les abeilles de son village. Mais ces alvéoles ciselées dans le stuc étaient peintes, décorées de branches de feuillages entrelacées, de fruits, et les nervures des feuilles n'en finissaient pas de tracer ce labyrinthe.

Nu, Gatien se pencha vers le vide. À demi ouvert, le panneau de chêne laissa filer une lumière liquide qui chauffa son torse. Il repoussa la mèche qui lui barrait un œil. Il posa sa paume à sa tempe, s'accouda à la margelle de la fenêtre. L'évêque avait déclaré que les charges étaient bien trop légères et que le déroulement de l'enquête demeurait favorable à l'accusée. L'acquittement formel ne serait pas prononcé, ainsi Pierre de Cuisy gardait-il la face, mais Morjiane, aux yeux de l'Église et de son inquisiteur Gil de Rossano, demeurait chaste et pure. Pierre de Cuisy demanda des prières, un baptême sans délai et un denier d'argent destiné aux pauvres. Thibaut tint à offrir un denier d'or. Gatien le remercia, s'essayant à son tour aux effusions habituelles. C'était fini. Il avait attendu des semaines la libération de la femme qu'il aimait et qui dormait encore juste derrière lui, le visage clos, préservé par l'oreiller. En face de lui, la campagne, indifférente au sort des hommes, conservait le même calme. La lumière pâle qui ne tarderait plus s'empresserait d'inonder la roseraie. Il songea à la Grimaude, la devineresse de Martin. Ses yeux s'ouvrirent davantage à l'évocation de cette femme en noir, abîmée par les regards des autres et les pierres lancées à son passage. Ses mots répétés par Martin avaient parfois mis un peu de baume sur ses plaies. Il se promit de lui faire porter une pièce d'or.

En s'habillant, en enfilant vite sa chemise, glissant ses plis dans ses chausses du plat de sa main ouverte, Gatien sentit la faim grouiller dans son ventre. Il eut le désir de saluer le jour revenu. Il descendit dans la salle haute, rejoignit les cuisines, et les servantes le saluèrent d'une rapide inclinaison du buste. Son bol de soupe en main où tenait en équilibre un morceau de pain beurré, il sortit et avança vers la roseraie. Il mordit et but tout en regardant les milliers de plants et de bourgeons dressés devant lui comme des boisseaux de flèches. C'était beau. Les bourgeons étaient ronds, fermes, comme des prunes lisses. Soigneusement clos, leurs pétales enfouis dans leur bogue pâle attendaient le coup de reins de la nature.

Vers la fin de la matinée, tandis que Morjiane finissait de distribuer ses conseils aux valets et aux femmes, vint un page au manoir. Il portait sur ses épaules les bandes argent de Champagne et annonça à la cantonade, avec la fierté de ses quinze ans, la venue prochaine du comte Thibaut. Il partagea un bout d'omelette au lard jaune à la table des domestiques, but ses deux chopes de cidre et repartit les yeux mouillés.

Assis sur une pierre levée, Gatien le vit disparaître et s'évanouir, point minuscule puis invisible. Le gamin allait rendre compte de sa mission, sans doute au sénéchal, avant de reprendre son service, et ainsi avait fait Gatien au même âge. Le regard tendu à ses souvenirs, il sentit la main de Morjiane rejoindre son épaule.

— Il faudra le remercier encore.

— Et encore.

Elle ne releva pas la pointe acide qui ourlait les lèvres de l'homme qu'elle aimait. Elle caressa les cheveux longs et épais et demanda s'il connaissait la raison de l'honneur fait à Mortery. Gatien répondit que le gros Thibaut n'avait pas respiré les roses depuis longtemps et que bientôt Blanche en son palais aurait un nouveau bouquet plein. Connaissant bien l'homme, reniflant suffisamment ses nouveaux caprices, il sentit d'instinct qu'il faudrait répondre à une nouvelle demande avec cet empressement un peu servile qui plaisait aux princes. Par habitude plus que par goût des secrets, il craignit de formuler son idée. On verrait bien. Prenant Morjiane par la taille, il s'en voulut de son silence et l'embrassa comme on demande pardon.

Trois jours plus tard, les chevaux de la suite comtale piétinaient la cour carrée et la poussière levée s'irisait d'or au soleil.

Thibaut de Champagne devenait obèse. Il fallut apporter un marchepied et l'aider à descendre de son cheval. En s'épongeant le front, il tendit sa main libre que Gatien, un genou à terre, baisa. Tandis que les valets d'écurie s'empressaient, les deux hommes entrèrent dans le manoir, suivis du sénéchal. Au-dehors, les soldats se contentèrent de regarder les filles.

Du vin fut offert et des tranches d'une terrine de canard à la sauge que Marthe la cuisinière avait cuite la veille. Martin servit en silence et chacun but et mangea.

Gatien n'attendit pas longtemps et les mots qu'il avait prévus naquirent un à un sur les lèvres épaisses.

— J'ai un grand besoin de toi.

Puis Thibaut plongea la main dans ses chausses. Il en sortit un flacon en cristal, plus haut que son majeur, et dont le centre était orné d'un ange qui tenait une rose. Les pétales étaient de rubis, et le feuillage d'émeraudes. Ce bijou sans prix comportait une devise : *À vous sans partage*, inscrite en latin. Un orfèvre du Grand-Pont, à Paris, avait mis son art et sa patience à ciseler l'or du bouchon, le rendant aussi léger qu'une étamine de fleur, empruntant au rayon de cire des abeilles une résille plus fine encore. Thibaut posa le flacon sur la table de bois et il y tint debout, d'abord un peu chancelant, jusqu'à son inertie totale. Gatien se prépara à la suite, sentant déjà combien rude serait la prouesse à tenir.

De ses doigts épais, le comte de Champagne dévissa le bouchon qui disparut presque entre son pouce et son index. Il renversa le flacon. Il était vide et Thibaut ajouta :

— Il sera bientôt plein et tu sais, Gatien, à qui je le destine. Je veux qu'il contienne pour elle la plus pure, la plus délicieuse, la plus parfaite essence de rose que jamais femme respira depuis notre mère Ève. Entends-tu ?

— Oui.

— Nous avons déjà perdu trop de temps. Je crains ses impatiences de femme et il serait bon…

Ce qui allait suivre mourut dans la gorge de Thibaut.

— Prends-le. Touche-le, il ne mord pas, je t'assure.

Gatien avança la main vers le flacon et le petit objet roula au creux de sa paume. Il le referma, l'ouvrit à nouveau et Thibaut, fasciné, regarda l'éclat de l'or apparaître et disparaître. Gatien ferma du pouce le bouchon, de la taille d'une cerise, le bloqua sous ses phalanges. De son majeur, il frôla, circonspect, les éclats de rubis taillés qui figuraient les pétales de la rose.

Gatien tint le flacon la tête en bas. Il ne devait pas contenir plus de trois cuillerées de liquide. Ce qui devait entrer bientôt dans sa panse étroite, y couler goutte à goutte, valait un royaume. Gatien reposa le flacon sur la table de chêne. Il entendit vaguement Thibaut évoquer cette terre de Saba, convoitée par les croisés et puis cette essence de rose qui coulait sur la peau de celle dont on connaissait le nom, Balkis, la reine. L'eau de rose parait ses cheveux, ses poignets et ses pieds, sa peau, l'irisait quand le soleil tombait sur le désert.

Gatien pensa à Morjiane, au palais du sultan, à cette odeur sucrée respirée partout. Elle imbibait les étoffes, les soies venues de Chine. Les bois de santal conservaient grâce à elle une étincelle humide, cette brillance un peu moite. Elle était tissée aux tapis, coulée sur chaque brin de laine que la fileuse cardait entre ses doigts rougis. Elle parfumait les pâtisseries, se dosait en parts moins égales de miel et d'amandes pilées au mortier et cuisait dans les fours à bois sans rien perdre de son odeur. Elle patientait là, durant des années, au cœur d'un coffret fermé, oublié dans une chambre. Les anges en inondaient la terre lors des pluies d'été.

— Tu demanderas à cette femme qui me doit sa vie de créer mon essence de rose.

— Oui.

— Tu m'entends ?

— Oui.

— J'ai réfléchi. Je serai à Paris vers la fin de l'été, lorsque le signe du Lion traverse le ciel.

— Bien, monseigneur.

— Tu me le dois, Gatien. N'oublie pas ta promesse.

Thibaut se leva, saisit le flacon à la volée et Gatien n'aima pas son geste, celui d'un escamoteur de foire, trop vif, trop rapide. Thibaut lui prit la main et le déposa contre sa paume. Gatien l'escorta jusqu'à la porte étroite, l'ouvrit pour lui, le suivit au-dehors, l'accompagna jusqu'à sa suite, l'aida à monter à cheval. Morjiane vint à son tour et s'agenouilla. Le comte de Champagne regarda celle qui baissait le front devant lui et consentit à lui dire les mots employés à l'instant de partir : *Que cette journée vous soit douce* ; Gatien ne put entendre la fin de la phrase ni la réponse de Morjiane.

Thibaut leva sa main droite, les soldats l'entourèrent avant de se mettre en marche, deux par deux, en colonne. Les filles tinrent à ne rentrer qu'après leur départ.

*

— Que t'a-t-il dit ?

— Rien de bien important.

Le tenant par la main, Morjiane entraîna Gatien vers la campagne proche. Le roi de Navarre n'avait pas souhaité voir la roseraie, faute de temps. Le soleil, haut levé maintenant, luttait avec une brume de début d'été qui ouatait encore la cime des arbres, arrondissant les frontières des champs. Ils marchèrent ainsi, sans paroles. Le bonheur pouvait devenir une promesse accessible dans ce silence qui les enveloppait maintenant. Morjiane ajouta qu'elle savait pour l'essence de rose. Il n'en parut pas étonné, tourna la tête vers elle. Il la vit sourire, sûre de son savoir. Ses pieds nus dans ses mules avancèrent plus vite sur l'herbe très verte ; elle dansait presque. Quand ils eurent rejoint la roseraie, Morjiane cueillit un bouton et le froissa lentement, l'écrasa contre sa paume, le porta à son nez, le respira, plusieurs fois. Puis, son regard embrassa les milliers d'arbustes, plantés et replantés, marcottés, bouturés, amendés, arrosés depuis près de quatre années.

Elle se pencha face à un autre bouton, en cassa la tigelle et l'offrit à Gatien, lui disant de faire pareil, de le rouler sur sa paume, jusqu'à ce qu'il éclate. Il révélerait son parfum à venir, ses secrets enfouis dans son enveloppe. Ce qu'il fit. Il vit alors les pétales comprimés, oscillant du rose très pâle au rose crémé, à celui plus vif sur les rebords dentelés, presque blancs à leur base. Dans un ordre tenu secret par la nature, immuable et strict, il n'était pas impossible de lire la main de Dieu.

Morjiane se mit à chanter et elle tapa dans ses mains, faisant légèrement bouger ses coudes ; sa chanson était douce et par instants, elle fermait les yeux. Il l'avait entendue chanter ainsi, à Provins, sans doute pour ne pas perdre pied, se donner du courage. Il tendait l'oreille alors, prêt à coller son front sur la porte close, sans presque respirer. Il ne comprit pas tous les mots mais il reconnut *habibi* qu'elle répéta plusieurs fois. Puis elle s'arrêta et ses bras retombèrent le long de son corps mince. Il s'approcha d'elle.

— Thibaut veut son essence de rose avant la fin de ce mois d'août à venir.

— Il l'aura.

— Il m'a donné un flacon pas plus haut qu'une pomme, mince, oblong, il ressemble à une grosse datte.

Ils rirent tous deux. Cela faisait longtemps.

— Tu te souviens de la palmeraie ?

— Oui.

— Les mômes y venaient en cueillir tout en haut des arbres. J'aimais bien croquer de ce fruit et cracher le noyau, loin. Je buvais de l'eau de source. Il faisait si chaud. Après c'était le désert et les sables, les dunes.

Elle le vit rêveur, les yeux fixés sur un ciel très bleu dispensé des nuages, et elle reprit sa main et lui parla.

— Je me souviens. Thibaut aura son essence de rose. Nous pourrons nous servir des cornues et des alambics que tu as achetés pour lui. Ils sont toujours dans la grange, j'ai vérifié moi-même et la porte ferme bien.

— Je sais que tu sauras faire, Morjiane.

— Tu m'aideras.

— Si je peux, oui.

Elle plaqua son visage contre son torse, respira cette odeur de froid qui ne le quittait pas.

Les mots de Morjiane

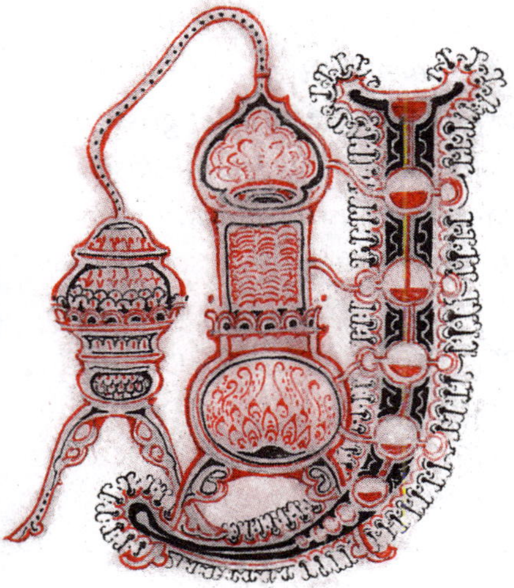

J'ai posé sur la table mon livre, celui que j'ai volé à Damas, au palais de Malik al-Salih. Je l'ai ouvert, l'ai regardé, j'ai admiré les dessins de fleurs et de jardins, les enluminures rehaussées d'or et de lapis. J'ai cherché les pages où le copiste a dessiné les alambics et les cornues. Ils me fascinaient lorsque j'étais petite ; j'aimais déjà leur bruit de gorge enrouée, leur ronflement de tigre blanc. Chaque geste, toute intention sont expliqués ici ! J'ai vu si souvent mon père et le père de mon père procéder à l'opération que je la connais plus sûrement que mon visage ou mes mains. Je l'explique ici pour ceux que cette magie fascinerait. Sous le signe de Dieu, sous la grâce d'Allah le Très Miséricordieux, elle nous enseigne l'humilité car il faut des sacs et des sacs et des sacs pleins de pétales pour un demi-gobelet d'essence de rose. Ainsi parlait mon père, qui priait, le visage tourné vers La Mecque, avant de procéder et de dire aux esclaves de vider les sacs de roses sans égarer un seul pétale.

Commençons par le commencement, l'instant où se lève le soleil. Je demanderai aux filles comme aux garçons de récolter la totalité des fleurs, du moins celles qui sont écloses. Il est important de cueillir des roses fraîches. Ils travailleront et je les aiderai jusqu'à l'heure à laquelle le soleil est le plus haut. Chaque sac sera soigneusement rangé dans la grange. Dans la chaudière, nous aurons placé du bois de châtaignier. Nous y aurons bouté le feu.

Voici le miracle ! Les pétales de roses cueillis sont versés dans la grande cuve avec beaucoup d'eau fraîche que les garçons auront tirée du puits le matin. Alors naît la vapeur, pas trop chaude, car elle ne doit pas brûler les pétales. Cette eau métamorphosée en vapeur se charge des parfums, des sucs, des odeurs de chaque rose, et glisse dans les serpentins de l'alambic et coule enfin dans le grand vase où elle décante. Et se sépare. Ce qui surnage est l'huile, ce qui reste au fond du vase peut se dissoudre à l'eau. Cette couche épaisse d'un jaune sale, dont nul ne voudrait, est alors ôtée avec le plus grand soin. J'ai fait fabriquer par le dinandier de Provins un petit entonnoir qui présente une ouverture encore plus minuscule et qui ne laissera passer que l'eau tandis que ce qui est déjà essence sera prisonnier du vase. Je dirai aux garçons d'y faire attention et de l'abriter de la lumière et de la chaleur. Le lendemain, après avoir récupéré l'huile, nous la distillerons à nouveau.

Après avoir reposé plusieurs jours, l'essence de rose est prête. J'enseignerai à Gatien à verser une à une les gouttes odorantes. Le roi de Navarre sera satisfait. La reine Banche pourra les laisser couler sur ses poignets et au creux de sa gorge. Elle saura alors, en femme comme en reine, la valeur de la rose, son pouvoir qui est immense et unique. À Damas, Chajar ad-Durr, la favorite, l'Arbre de Perles, en prenait, disait-on, des bains entiers et le nectar coulait sur sa peau nue, sur ses cheveux longs. Ses esclaves la massaient ainsi, des matinées, avant qu'elle ne paraisse devant le sultan. Odorante comme un buisson de fleurs. Dieu a créé la rose pour la femme seule et ma mère disait : Seul le rossignol comprend la rose.

Mais moi, Morjiane El Saadawi, j'aurai ajouté un autre flacon, plus simple et plus pansu. Quand Thibaut saisira son petit flacon d'or plein, moi, je lui présenterai le mien ; il contiendra de mon eau de rose. J'en livre ici la recette, elle est simple et ne demande que de la patience en guise d'instruments. Il faut cinq poignées de boutons de roses et quand ils seront lavés à grande eau fraîche, on les plongera dans trois gobelets d'eau rase brûlante. Puis, on attend le refroidissement et la nuit totale. Le lendemain, à la pointe du jour, à l'aide d'un linge bien fin, on filtre le mélange. L'eau de rose ainsi formée peut se conserver dans un bocal en verre durant plusieurs jours. Cette eau est vraiment précieuse car elle agit sur les marques du temps du visage, des bras ou de la gorge des femmes. Elle rafraîchit, atténue toutes rougeurs, soulage les maux de ventre des filles, chasse les mauvais rêves et les idées sombres. On peut la boire avec deux fois sa mesure d'eau ou s'en frotter le corps entier.

Dans mon pays, je me souviens combien, à l'instant de la cueillette des roses, nous étions heureuses, nous chantions et nous dansions la ronde en remerciant Dieu.

Chapitre XXXI

Manoir de Mortery
4 juin 1243

Ce fut un silence apeuré, le silence d'avant les orages quand les animaux sentent le mal du ciel à venir qui alerta Gatien, le poussant hors du sommeil. Seul, il quitta sa chambre, dévala l'escalier, sortit, courut. La lune continuait à éclairer la roseraie dans le ciel nu. Impavide. Les arbustes étaient là, d'un vert bleui par la nuit, alignés. Ils ne portaient plus les roses bientôt ouvertes, aucun bouton, la couleur avait disparu, ôtée en quelques heures. Gatien sortit sa dague, tomba à genoux, enfonça ses doigts dans la terre et les serra. Il hurla. Sa rage sortit du fond de lui, raclant sa gorge. Un vol, on l'avait volé, lui, Gatien, baron de Mortery, sur ses terres. En quelques heures, tout avait été soigneusement coupé, enfoui, caché, en sacs forcément puisqu'il n'y avait plus rien. Et de ses lèvres sortit ce mot-là : *Dieu !* C'était un anéantissement, un abîme où il glissait comme sur du marbre huilé dans ce puits noir, sans fond, que les hommes, faute de mieux, nommaient désespoir. Il se releva, parvenant mal à réduire le tremblement qui lui secouait les jambes et le buste. Trempé de sueur, de bave, de morve, badigeonné entier d'un dégoût formidable pour tout ce qui vivait aux alentours, il souffrait à mort.

Il était seul. Il choisit d'avancer dans les allées, le visage ployé, aspirant tout, la moindre odeur étrangère. Les rares traces semblaient infimes. Les pieds légers qui les avaient dessinées au sol semblaient ne rien peser sur la terre séchée par l'été. L'idée lui vint, subitement violente, quasi comique, une farce grossière tellement elle paraissait fantoche. Il pensa à des enfants, plus d'une trentaine, dirigés, manipulés, une armée naine et efficace, précise. Diablement rapide. Les mômes avaient dû en quelques heures découper les fleurs, celles écloses, celles en boutons, non pour détruire mais pour que celui qui avait exigé, pensé cela, puisse les utiliser. Gatien, le domaine, la roseraie entière, ses paysans avaient logiquement été épiés, surveillés, déjà depuis de longs jours. Par qui ? Et combien étaient-ils afin de ne pas se gêner, se blesser, et être efficaces ? Gatien regarda mieux, s'aidant de la lune claire. Restait accroché à une branche de rosier, fanion voletant à la brise de nuit, un lé de tissu bariolé de rouge et de jaune, mince. Gatien le renifla comme un animal en chasse. Il sentait encore le musc. Il l'enroula autour de son index ; on eût dit qu'il allait le lécher comme on le fait d'une plaie. Il le glissa dans sa poche.

Il continua à marcher, dépassa le kiosque, et son instinct lui dicta de continuer à avancer vers la dernière allée, celle du Nord. Elle était la plus discrète peut-être, la préférée de Morjiane, la leur à tous les deux. Elle permettait les confidences et l'amour à l'abri des autres et elle ouvrait sur la campagne. C'était là. Il remarqua au sol ces lignes dessinées, à demi formées, de ce qui subsistait de la roue des charrettes. On avait pris soin de les emmailloter de linges afin d'en calmer le bruit enroué de métal et de bois des essieux. Gatien imagina la procession des chariots bâchés, entourée des gamins silencieux, qui devaient porter des lanternes sourdes.

Les traces continuaient ainsi vers l'ancienne voie romaine qui gagnait Provins. Il tomba à genoux, souple, saisit une poignée de terre, la porta à sa bouche, l'émietta contre sa paume, frotta ensuite ses mains l'une contre l'autre, le menton tendu vers la route. Il dit : *Malheur à toi, qui que tu sois, malheur. Je retrouverai ta face de rat et ce que tu m'as volé, je le reprendrai. Je le jure sur mes couilles.* Il lui faudrait calmer ceux de Mortery, parler de ce malheur à Morjiane, trouver les mots, savoir être tendre. Elle devait à cette heure l'avoir déjà cherché à tâtons sur le matelas de fanes, puis dans la chambre comme dans la salle haute de la maison. Dès que le jour serait levé, il ferait seller les chevaux.

Gatien s'arrêta de marcher, il tourna lentement son corps sur place et il pensa aux chiens, à la petite meute soignée chaque jour par Martin et attentive à ses caresses. Rebroussant chemin, il avança vers le chenil, courut presque vers la petite maison de torchis blanc qui les abritait du froid et de la pluie. Ils n'avaient pas aboyé, rien. La raison en était simple : ils étaient morts.

Mais pourquoi ? Ce furent ses mots, à elle, Morjiane, qu'il recueillit d'abord quand il l'eut prise contre son torse. Il lui avait parlé, sur le seuil du manoir, comme si ses quelques phrases articulées, rapides, l'empêchaient de regarder par-dessus son épaule ce qui était un désastre. Elle voulut voir et il consentit. Elle le repoussa avec douceur et s'approcha à son tour des plants de la roseraie. Il la suivit, déjà prêt à ouvrir encore ses bras si elle tombait, à la porter, à la ramener contre lui chez eux. Elle resta droite.

Elle observa les tigelles coupées ; aucun arbuste n'avait souffert, on eût dit simplement que nul rosier n'avait produit de fleurs, comme si une mauvaise fée avait pointé sa dextre. Par endroits, il restait encore quelques boutons oubliés du rapt, des roses écloses et une surtout, belle, pure, droite, fière, et qu'elle cueillit, la portant à ses lèvres, à son nez.

Morjiane la respira comme si elle manquait d'air. Ses yeux restèrent secs. Elle souffrait sans pleurer, sans crier, avec l'habitude de la souffrance. Il comprit, en la devinant encore de dos, qu'elle pensait à Thibaut, à leur promesse, et que les fleurs existaient ailleurs mais saines toujours. Quelque part, pas si loin de Mortery, elles étaient prêtes à enfanter leur essence, à être pressées pour leur eau. Elle songea à une rançon exigée par leur voleur, de l'or pour des roses, ce poids considérable de métal jaune pour des pétales de couleur pourpre. Était-ce si absurde quand on savait, au palais de la Cité, et même au-delà de la Seine, la somme abyssale que valait une récolte pleine ?

Elle tendit son corps dans le soleil du matin, il la vit se découper dans cette lumière projetée, ses gestes grandis par l'ombre. Parfois elle semblait mesurer ses pas, avancer plus vite, chercher, se baisser, fouillant les feuilles, agitant les arbustes. Ses mains ouvertes devenaient une brise légère. Il se dit qu'elle espérait vouloir sourire encore.

Enfin, elle se tourna vers Gatien et lui avança à la toucher. Il reconnut ces yeux, ce regard adressé sans ciller, il avait vu sa mère le diriger vers son père, pour une cause sans doute aussi grave ; c'était à lui d'agir, il était le maître. En reniflant, Martin vint alors, tenant les chevaux par leurs brides lâches, suivi de plusieurs hommes du domaine, et certains avaient glissé des manches de pioche dans leur ceinture de cuir. Gatien monta Calypso, fit un signe et la petite troupe partit au pas.

*

— On aurait pu les laisser en vie.

— Qui donc ?

— Les chiens.

Elle siffla entre ses lèvres et retira la mante qui couvrait son visage.

Dans la grange basse, dont un orage de fin d'été avait éventré le chaume, Ludger de Keers n'en finissait pas de compter et de compter les sacs remplis à ras bord, pleins à craquer. Il murmurait des séries de chiffres, souriait, reprenait, se trompait, parfois comptait-il avec ses doigts sur ses cuisses.

Elle l'entendit dire qu'il faudrait payer le chef, celui qui avait fourni les enfants, durant la nuit passée. Il ne faudrait pas le faire attendre au campement, sinon, il jouerait du couteau entre les flammes comme ses femmes du tambourin *et gare à nos fesses*. C'était convenu, d'ailleurs, ce voleur de poules levait le camp bientôt, jamais à rester longtemps dans le même village, le même lieu, ce mal-aimé des gens comme des prêtres.

— Je ne pensais pas que cela pèserait aussi lourd. Il y en a pour deux royaumes, non, trois, quatre, je m'y perds. Le Thibaut qui cuit dans sa graisse donnerait une fortune pour…

Il comprit qu'elle ne l'écoutait pas et il s'arrêta de parler. Elle jouait avec les cordons de sa cape, prévoyant son retour à la maison de sa tante, au bord de la Seine, à Paris. Elle regardait sans voir, à peine attentive aux bruits, comme si elle eût d'instinct connu puis reconnu cette terre de Champagne. Elle l'avait faite sienne dès leur arrivée, la veille de cette nuit de maraude.

C'était étrange, cette fille était étrange. À Paris, Ludger avait reçu d'elle, au début de la semaine, un billet plié en quatre et une pièce d'or. Le billet disait qu'il y en aurait soixante autres à venir. Il avait gardé la pièce et jeté le mot après l'avoir lu. Ces lignes sèches donnaient un ordre. Celui de la rencontrer, elle, Alix de Vernay, en son couvent des Mathurins où cette fille froide avait ses habitudes. Elle l'attendait déjà, assise sur son banc de pierre, immuable, entourée des topiaires de buis taillées en rond. Lorsqu'il était apparu, une chanson nouvelle aux lèvres, il l'avait saluée, la hanche souple. Elle avait parlé vite, avec des mots précis, des mots de chef de guerre.

Un lé de soleil avait joué un instant sur son visage. La peau en était si lisse, si translucide, qu'il pensa aux masques de cire que l'on appose sur certaines femmes mortes en odeur de sainteté pour en conserver les traits. Alix semblait aussi froide, aussi chaste, aussi détachée du monde qu'elles. Mais cette fille austère n'était pas une sainte et son but était autre. Elle répéta *vol*, sans pudeur et sans gêne. Elle disait ce mot ici, sur une terre consacrée, et il pensa qu'il était le seul à s'en étonner. Un vol !

Par curiosité, par goût du défi, Ludger de Keers demeura debout, face à elle, pour recueillir la suite de sa bouche mince. Il gardait encore intacts en mémoire les rares mots qu'elle avait employés, comme leur sonorité sèche d'ordre dicté. Elle exigeait de lui qu'ils se rendent tous deux à Mortery, au cœur des terres du comte Thibaut, dans ce village que la cour du palais évoquait déjà avec respect. Elle exigeait de lui qu'il recrute des hommes de main, des hommes sûrs, silencieux, qui ne poseraient aucune question. Mercenaires sans solde, soldats désœuvrés ou trahis par leurs chefs, ribaudes, coupe-jarrets, abondaient dans la région. Ils se regroupaient, vivaient en bandes avec femmes et enfants, et le roi Louis commençait à s'inquiéter pour les paysans et les bourgeois.

Ludger répondit en souriant : *Pour voler quoi ?* Elle répondit : *Ses fleurs*. Le sourire du garçon s'était figé. Il venait de comprendre ce que cette fille de seize ou dix-sept ans combinait dans sa tête de pucelle à l'heure où d'autres étaient déjà mariées et mères. Voler les roses ! La cour bruissait déjà des vantardises du gros Thibaut. Ses foires de Provins seraient parfumées à la rose de Damas, *Rosa Gallica*, nom de poète, nom de fortune ! Ce que le comte de Champagne s'apprêtait à offrir à la reine Blanche dans ce flacon d'or et de cristal qu'il arborait comme un trophée sentirait l'odeur du paradis. Il y avait pis. Gatien de Mortery était le père d'Alix de Vernay. Le voler à l'instant de sa réussite espérée et attendue, c'était le tuer. Une fille voulait la tête de son père, aussi méthodiquement que si elle était déjà à portée d'une lame. Ludger leva la main à sa nuque. Il se souvint du baron. Ce qu'il avait trouvé chez cet être vivant et tout d'une pièce n'avait pas déplu à sa nature pourtant inverse. Une soudaine solidarité d'hommes le liait encore à lui ; étrangement, il eut envie de le plaindre. Il ne songea pourtant pas à l'avertir du danger imminent. La bourse épaisse, que la servante avait glissée contre sa paume moite, avait calmé ses scrupules.

Dans la grange, Ludger et Alix s'observaient encore. C'est lui qui en parlant avec cet homme sec qui disait s'appeler Miguel, à son campement, avait eu l'idée des mômes. La bonne farce ! Faire voler des fleurs par des gamins, ceux qui se glissaient sur les marchés ou parmi les échoppes, des mioches rapides, habiles à piquer les gâteaux des étals comme les aumônières filées d'or des bourgeoises. Et disparaître sans traces ! Thibaut le poète eût aimé l'image de ces gamins demi nus cueillant des roses sous la lune.

Ludger continua à l'observer. Alix buvait un peu d'eau de la cruche, prenant garde à ne mouiller ni sa cape ni sa robe. À chaque gorgée, elle comprimait sur sa bouche encore humide un mouchoir de batiste. Elle versa un peu d'eau fraîche contre sa paume, en caressa ses joues et sa nuque. Il la trouva presque jolie ainsi, ses cheveux épais mieux éclairés par le soleil plus haut et qui glissait du toit ouvert. Elle portait une robe simple dont la somptuosité des étoffes lui conférait son véritable rang. Elle parvenait à cet âge où les filles pouvaient se révéler subitement, suscitant alors l'étonnement des hommes et la jalousie des femmes. Il eut l'envie de la bousculer, de s'amuser, que cette fille trop bien née ait un peu peur de lui, de son corps d'homme jeune et solide. Que pèserait cette fille noble, nourrie de miel et d'ortolans, face à lui, Ludger de Liège ? Un seul coup d'épaule et il la renversait sous lui. On verrait bien alors ce qui sortirait de sa bouche ouverte, ce long murmure du corps qui consent pour la première fois. Certaines vierges révélaient des talents à faire rougir les filles de la Halle. C'était connu. Il avança d'un pas vers elle, comme ça, pour voir, et Alix tendit le menton, habituée d'un geste à rabrouer les servantes. Il s'arrêta, croisa ses bras à hauteur de son torse. Il serra les mâchoires, désigna les sacs ventrus et parla.

— Il est temps que vous me confiiez ce que vous voulez faire de ça.

— Brûlez tout.

Ludger eut un instant d'inertie complète. Il décroisa ses bras qui tombèrent le long de son corps. Alix ne bougeait pas, ne le regardait pas, son visage de biais semblait fixer un point connu d'elle seule. Elle tournait entre ses doigts un brin de paille dont elle cardait de l'ongle la tige étroite. Enfin, elle tourna les yeux vers lui.

— Comment ?

— J'ai dit : brûlez le tout.

Il remarqua au-dessus de ses lèvres une buée, le début de la sueur qui se formait et ses dents très blanches apparurent. Face à lui, à sa bouche qui ne se fermait plus, à son corps immobile, Alix fut prise d'un rire atroce qui éclata comme une salve. Elle riait sans s'arrêter, sans respirer et son visage sembla se rétrécir, s'amenuiser. Il ne resta bientôt plus que sa peau sur les os du nez et de ses pommettes. Enfin, elle se calma et le silence revint dans la grange. Ludger l'entendit dire, sans qu'il sache précisément si elle s'adressait à lui ou on ne savait quel fantôme :

— Il ne comprend pas. Il ne comprend rien. C'est à se tordre.

Elle répéta :

— Il ne comprend rien.

Elle s'arrêta aussitôt, tourna le visage, vite, de gauche à droite, comme une bête qui se sait poursuivie par des chasseurs. Elle se leva, avança d'un pas, se recula et s'assit à nouveau.

— Que voulez-vous que je fasse de tout cela, de ces fleurs bientôt sèches, de cette boue rosée indigne d'orner une tombe ? Dites ?

— Mais…

— J'exige, m'entendez-vous, que cela brûle jusqu'au dernier sac.

— Enfin…

— Silence. Si ce n'est que cela, je peux doubler la somme. Cela ne suffit pas, alors je la triple. Vous aurez plus d'or que n'en peuvent contenir vos poches.

— Mais tous vos coffres n'y suffiraient pas ! Il y a là de quoi racheter Jérusalem aux sultans ! En créer une autre ! C'est ici une fortune immense, digne d'une reine. C'est le pouvoir et l'avenir d'une terre.

Ludger la vit sourire, comme seuls sourient ceux qui renoncent à tout parce qu'ils ont tout reçu depuis l'enfance. Elle fit une sorte de geste, sa main se leva et s'abaissa et on eût dit qu'elle battait la mesure. Elle esquissait dans l'air tiède de curieux signes, répétés plusieurs fois.

Ludger lui parla encore, ne parvenant plus à ralentir la rafale de ses phrases, s'en voulant parfois. Il était là pour elle, il insista sur ce mot, elle pouvait lui faire confiance, leurs intérêts doublement liés les conduiraient à briser au mieux Gatien tout comme à rabattre sa morgue. À eux seuls, ce qui serait gagné ici allait même dépasser leurs espérances secrètes. Il s'agissait d'agir avec raison et calme, comme ils l'avaient déjà fait, de gagner du temps, de rejoindre Provins, discrètement. Ludger proposait à Alix de vivre comme un couple de bourgeois. Il la respecterait dans l'auberge honnête et de réputation choisie par elle. Ainsi le gros Thibaut et le Gatien deviendraient-ils fous d'impatience et seraient-ils prêts à tout pour récupérer leurs sacs. Les enchères monteraient d'elles-mêmes, comme un effet mécanique de clepsydre romaine. Champagne et Mortery seraient faits comme des rats. Il répéta le mot : *Rats !*

— Ensuite, dame, il ferait beau voir que l'or ne coule pas comme le fleuve, comme le fleuve, vous savez le fleuve des Grecs…

Il ne trouvait pas le nom. Elle murmura :

— Pactole.

Il répéta, comme un enfant joyeux :

— Pactole, oui, c'est ça, le Pactole !

Alix semblait calme. Elle avait ramené le capuchon de sa mante sur ses cheveux, croisé ses bras, prête à partir. Il pensa qu'il était enfin parvenu à la convaincre, s'étant montré plus fort, plus perspicace qu'elle et ses entêtements idiots. Elle consentait à le suivre, sa folie était passagère, un caprice de gamine. Elle lui fit quasi pitié avec ses moues de fille gâtée que l'on apaise avec une cuillerée de miel et une tape sur les fesses. Son brutal courage, son aplomb d'homme jeune, ses arguments trempés, son bagout inimitable servaient une fois encore ses intérêts. À Provins, il boirait à sa santé deux pichets de vin de Bourgogne.

Il la vit avancer vers la porte de la grange et soudainement rebrousser chemin comme si elle avait oublié un mouchoir ou une clé. Puis, elle saisit la lanterne sourde, en ranima la flamme et la jeta sur le premier sac à sa portée. Le feu prit si subitement qu'il dévora en une poignée de secondes la moitié de la toile, l'éventrant, tandis que les pétales tombaient sur le sol en pluie incendiée. Ludger se précipita, bouscula Alix, frappa de sa cape déployée le feu qui démarrait, mauvais, gourmand. Il frappa, à coups sourds, cogna les sacs pansus qui rendirent un son enroué. Et puis, soudain, il hurla, portant par réflexe la main à son épaule. Il vit le sang dégouliner sur la manche de son surcot. Il vit la dague qui luisait, Alix la tenait encore et de sa lame coulaient les gouttes très rouges de son sang. Il n'eut pas le temps d'avoir mal, il se rua sur elle, lui arracha la lanterne de son autre main, pour la briser au sol à coups de bottes. Il comprit que cette fille voulait sa mort parce qu'il ne pesait plus rien face à sa haine. Il para encore un coup, lâcha un dernier juron et sortit de la grange. Pour lui, plus que pour elle, il dit : *On se reverra en enfer, la belle.*

Son bras douloureux déjà s'ankylosait. Il parvint à monter à cheval, à en frapper les flancs de ses talons ; surpris, l'animal partit au galop. La fumée blanche et grise rendait le lieu irrespirable. Alix jeta à ces murs en torchis, à ces poutres mal équarries, un long regard circulaire. Elle poussa un sac au sol, un second, et lentement sortit à son tour. Elle toussa, continua à marcher vers le ruisseau qui bruissait en contrebas et s'inonda d'eau le visage et les bras. Son cheval l'attendait, attaché à un tronc mort, docile. À l'instant de mettre le pied dans l'étrier, elle se retourna. Un gamin du village proche la dévisageait, bouche ouverte.

Elle comprit qu'il la traitait, dans son patois de petit paysan, de mauvaise femme. Il répéta le mot *feu* plusieurs fois ainsi que le nom de *Gatien* et celui de *Mortery*, et il se précipita, se hissant sur ses jambes courtes jusqu'à elle. Il criait et sa voix stridente écorchait l'air chaud. Il luttait, l'empêchait de partir et le cheval commençait à reculer. De guerre lasse, Alix cravacha le môme qui se pendait à ses rênes. Il tomba sur ses fesses, la joue rouge, et il se mit à hurler plus fort. Alix avait disparu. La fumée montait haut, visible dans un bleu d'outremer. Le gamin courut vers la grange.

Martin n'eut qu'à tendre le bras. Gatien fit presser le pas. Quand la petite troupe eut mis pied à terre, les hommes se précipitèrent. À quatre ou cinq, ils ne mirent pas longtemps à arrêter le départ de feu. Il leur fut simple de retirer les sacs endommagés. Gatien fit un signe et le môme avança vers lui en se frottant la joue.

— Qui ?

— Une femme, messire.

— Tu en es sûr ?

— Oui.

— Pourrais-tu la décrire ?

— Oui.

— Je t'écoute.

— Grande, brune, avec de longues jambes, elle était bizarre. Elle a des longs cheveux et des yeux…

— Des yeux ?

— De chevêche.

— Seule ?

— Je pense pas.

— C'est-à-dire ?

Le gamin hésita à répondre. Il avoua avoir aperçu une première silhouette qui filait vite avec son cheval comme s'il avait eu le diable au cul. Gatien lança sa piécette et le môme la lui rendit. À sa question muette, il répondit :

— Vous avez toujours été bon avec nous.

À son tour, Gatien pénétra dans la grange ; la fumée filait par le toit ouvert. Il se baissa au sol, aperçut sur la jonchée de paille mêlée aux pétales des roses, une trace encore fraîche de sang. Il y porta le pouce et l'index, fit grandir la tache entre ses doigts. Les hommes commençaient déjà à remplir les chariots de sacs. La vie se chargeait d'un ultime pied de nez : la récolte serait faite sans effort des siens. Il n'y avait plus qu'à rentrer à Mortery.

Le gamin était toujours là. Gatien lui dit que s'il le voulait, il pouvait passer au manoir car il y serait le bienvenu. En montant à cheval, il lui demanda son nom. Le petit répondit : *Alban*.

Chapitre XXXII

Manoir de Mortery
8 juin 1243

L'alambic chauffait. Mélie, Martin, la vieille Marthe, Gatien et la poignée de servantes autorisées à voir gardaient le silence. Morjiane avait fait s'imprégner les pétales de rose d'une eau bouillante. Chaque sac avait été vidé, un à un, par les garçons du domaine, et chaque pétale jeté dans une cuve de cuivre afin de ne rien perdre des roses. De ce réseau de métal et de verre soufflé, translucide, germait, goutte à goutte, un liquide étrange, que nul n'avait vu ou connu avant. C'était lent, ainsi pouvait-on compter les gouttes, une à une. Elles tombaient dans un bocal, rond à la base, étroit de col, et Morjiane, agenouillée parfois, se penchait dessus, respirait. Un second tuyau permettait de recueillir cette huile, de la séparer de l'eau, grâce à son poids. Cela paraissait simple.

Il faudrait patienter une nuit entière, des heures à attendre, destinées peut-être à mieux goûter ce que la nature révélerait le matin d'après. Gatien ferma lui-même la porte de la grange, fit deux tours de clé et la confia à Morjiane. Elle saisit le morceau de métal forgé, le passa sur sa joue en souriant. Il se rapprocha d'elle tandis que tous rejoignaient le manoir. Elle comprit à la barre qui cisaillait son front, posée juste en dessous de ses cheveux, que les craintes et les questions ne passaient pas. Elle l'avait entendu les nuits précédentes répéter le nom de sa fille. Il appuyait alors sur la dernière lettre, ce qui donnait ce son chuinté, filé entre ses dents et sa langue. Alix.

Comment une fille pouvait haïr son père jusqu'à ce point de non-retour ? Pourquoi s'était-elle résolue à gagner tant de complices à sa cause ? L'homme qui avait perdu le sourire marchait au côté de Morjiane, vers le kiosque. Tandis que la journée finissante posait son brouillard tiède sur chaque chose, elle prit Gatien par la main. Après un court instant, tous les deux s'assirent sous le petit toit en forme de bulbe.

Ils regardèrent d'abord dans la même direction, là où le soleil dans deux ou trois heures allait sombrer. Morjiane caressait la clé de la grange, la frottait sur sa robe, passait et repassait son index dans son anneau. Elle la tapotait, trois coups secs et puis deux, sur le banc peint en bleu. Elle attendait ses paroles, que Gatien lui confie son chagrin. Il se pencha vers elle et ramena ses cheveux bruns vers son épaule. *C'est elle. Je sais que c'est elle.* Elle comprit, en l'entendant, à quelle aune se mesurait sa souffrance. Il reviendrait le hanter, des nuits pleines et sans sommeil. Il lui faudrait être douce.

— Qui était avec elle ?

— Je l'ignore.

— Elle n'était pas seule.

— Martin m'a parlé d'un homme.

— Je saurai bientôt.

Elle se pencha vers lui, hésitant à lui prendre la main, à la porter vers sa bouche. Elle sentait l'odeur sucrée des roses, ce qui restait après avoir froissé leurs pétales, un peu de leur fraîcheur. Il ferma les yeux, s'interdisant peut-être de voir plus loin en lui, de deviner des formes, des paroles dites, le feu fait pour détruire et qui prenait dans cette pénombre à la vitesse de la flèche. Il pensa qu'il ferait abattre la grange au toit éventré, vite, moellon par moellon, afin qu'il n'en subsiste rien. Le torchis reviendrait à la terre.

Gatien et Morjiane se turent à nouveau, profitant du ciel et de ses teintes qui changeaient, passant des bleus de mer à un mauve de fruits. Il demanda si l'essence de rose serait prête et si son parfum allait dépasser tout ce que l'on pouvait espérer. Il ne se lassait pas d'entendre ses mots, les répétant parfois. En Syrie, les enfants glissaient une rose derrière leur oreille et son parfum voletait autour d'eux. Les poignets et les chevilles des femmes en étaient oints. Il avait goûté au palais, d'abord méfiant, *sharab*, du sorbet à la rose fait avec la glace née sur le mont Liban et qui débordait de sa coupe en or. À la première cuillerée, sa carcasse avait reçu comme une ondée sucrée et fraîche, inconnue. Ce plaisir rare, dont il n'était pas coutumier, se confondait avec le parfum venu des jardins. Il ne savait pas encore s'il provenait du nombre infini des fleurs, peut-être aussi de leur alignement qu'il devinait savant, conçu par une intelligence le dépassant en tout.

Un jour de rencontre entre Malik al-Salih et Thibaut de Champagne, Gatien avait voulu voir et toucher les plantes. Ces buissons, bas ou hauts, rassemblés, charnus, étaient largement fournis en feuilles. Chacune d'elles était d'un vert de regard. Certains rosiers le dépassaient de plus d'une tête et il devait se hisser sur la pointe des pieds pour mieux les voir. Ils restaient d'une élasticité de corde. Ici, à Mortery, un dessin semblable avait été conçu par Morjiane et cela permettait parfois de s'y perdre, de se sentir happé par les roses. Les jours de doute ou de chagrin, Gatien songeait parfois à s'y dissoudre.

Rien ne parvenait plus de la roseraie que le son étouffé d'une eau qui coule. Pour connaître trop bien la vie, Gatien s'étonnait encore de l'apaisement qui naissait entre ces allées. Là, pouvait-on affirmer peut-être l'existence de Dieu et d'un Ciel propice au cœur des hommes. Ici, s'éloignaient les contours imprécis du visage de sa fille ; la haine d'Alix semblait sans objet face à une nature immuable qui donnait tant et toujours. Il se souvint de sa naissance, de l'instant où la sage-femme lui avait posé l'enfant dans les bras. Il n'avait pas souri, ni pleuré, ni chantonné, ni prié, ni remercié, ni comblé d'amour celle qui dans un lit délirait des fièvres. Il n'avait rien éprouvé de ce que ressentent parfois les autres pères, mais rendu à la servante l'enfant encore mouillée de l'eau versée sur sa peau. À peine repoussait-il sur le petit corps chaud un bout de linge, qu'il quittait la chambre, vite, pour aller boire beaucoup de vin la nuit entière. Cela se passait non loin d'ici, il y avait de cela presque dix-sept années.

Que lui faudrait-il faire aujourd'hui pour qu'Alix comprenne qu'il n'était pas son ennemi ? Elle s'était rendue ici, de nuit, une voleuse, dans le seul but de nuire et de faire du mal. Sans comprendre que ce qui palpitait là était le contraire du mensonge ou de la souffrance. Il se reprocha de ne pas l'avoir surprise, droite et fière, en vêtements sombres comme si elle portait le deuil de leurs espérances. Il se demanda s'il aurait été capable de trouver les mots dans ce face-à-face. Être capable de l'entendre, au milieu des fleurs closes pour la nuit. Oser s'innocenter devant celle qui ne savait rien et à qui on mentait depuis sa naissance. Éclairer cette haine, pour mieux l'effacer comme une lampe allumée chassait un cauchemar. Bientôt, il devrait se rendre à Paris afin de remettre le flacon d'essence de rose à Thibaut. Alors, peut-être, pourrait-il la rencontrer au hasard dans une salle du palais, auprès de la reine Blanche ou de la reine Marguerite. *Tout est possible à Dieu,* répétait le frère Germain, et l'image de cet homme de bonté vint frapper sa mémoire.

Gatien remonta son genou au menton et Morjiane effleura de sa main son épaule. Il était l'heure de rentrer au manoir et elle fut la première à quitter le banc. Gatien saisit ses doigts qui se tendaient et il l'entendit lui dire : *Je sais, je sais, viens maintenant.*

Ils dînèrent de soupe aux fèves et au lard fumé et de poissons de rivière. Ils ne terminèrent pas le brochet cuit au beurre et pêché par Martin. Dans la chambre, Morjiane aida Gatien à retirer sa chemise qu'elle conserva contre elle quelques secondes. Elle le suivit du regard tandis qu'il fermait les volets de bois. Alors que les contours de son corps se diluaient dans la pénombre, elle entendit ses bottes tomber sur le plancher. Puis, le son mou des autres vêtements, retirés un à un. Morjiane le devina nu, proche d'elle. Elle écarta les bras et il vint. L'ombre douce descendait sur eux. Gatien souleva le corps de Morjiane et le coucha sur le lit. Sa main effleura les cordons en lacets croisés de sa robe, les défit. Ses doigts les parcoururent, comme s'ils cherchaient la place du cœur, hésitants parfois. Gatien respirait par la bouche. Ce fut sa joue d'abord qui se posa sur la peau tiède et il bougea le visage. Morjiane sourit et sa main joua avec ses cheveux blonds. Elle répéta deux fois *houbi*, sut que leur nuit serait courte.

*

Le flacon d'or et de verre vénitien miroitait dans la paume de Gatien. Selon la lumière, il bougeait, s'éteignait, comme mû par une vie propre. Depuis le départ de Thibaut, il dormait dans le coffret à bijoux qui ne contenait plus rien, Gatien ayant donné à Morjiane la dernière parure de corail. Le petit flacon roulait contre la peau de Gatien et du doigt, il flattait le bouchon en or, le verre quasi translucide. Ce fut lui, baron de Mortery, qui pénétra le dernier dans la grange. Là attendaient les servantes, Martin et Mélie, et deux ou trois garçons solides auxquels on n'avait pas eu le cœur de dire non. Il vit Morjiane, munie d'un entonnoir minuscule et du bocal à la forme de pichet évasé. Étroit de col, ventru à sa base, il contenait ce que Marthe aurait pu prendre pour une bonne huile de noix. Épais, dérobant à la chrysolite ses reflets de miel, ses teintes d'ambre venues de Saba, ce philtre né des fleurs avait attendu dans l'ombre une nuit pleine.

Morjiane retira la fermeture en liège du flacon. Le silence fut tel que tous crurent à un début de fin du monde. L'odeur vint, nonchalante d'abord, engourdie, avec ses allures serpentines et glissantes. Plus forte à mesure que les secondes s'écoulaient. Envahissante, et ce fut comme un enivrement, comme si chacun ici avait abusé de vin nouveau, celui qui grisait. Mélie porta sa main à sa gorge. Morjiane fit sentir aux garçons comme aux filles ce qui avait mis tant de temps à naître de la terre et qui maintenant semblait se joindre au ciel. Martin éternua deux fois.

Ce fut au tour de Gatien. Elle avança vers lui, confiante. Il inclina le visage, respira le liquide comme on boit. Les autres qui l'entouraient attendirent une parole, ses mots à lui, rapides et sûrs. Sous la lumière blanche qui filtrait des ouvertures, dans la grange aux murs quadrillés de bois et de terre paillée, il murmura : *Sentez encore. Respirez.*

Le parfum de la rose emplissait les gorges et les poitrines, à chanceler. Invisible, terrassant l'ancienne odeur de pommes ici pressées, il imprégnait tout, puis s'envolait, déjà souvenir. On eût dit qu'une brume sucrée, nourrie de pêches et d'herbes coupées, se penchait sur les épaules et les visages.

Morjiane emplit le flacon. Mais, avant qu'elle ne le ferme de son bouchon, Gatien humecta son pouce d'essence et lui mit une goutte entre les seins. De ces sacs entiers, si nombreux, pleins comme des outres, il ne restait rien. Ils étaient entassés dans un coin, les uns sur les autres. La dissolution des pétales avait emprunté un chemin expérimenté depuis des siècles. Le feu et l'eau, le temps aussi, le nombre exact d'heures, étaient parvenus à exhaler la rose, à la rendre éternelle. Qui osait se hisser à elle perdait son pari. À côté de l'odeur formidable, tout puait des pieds ou des aisselles, rien de ce qui sortait d'un être vivant ne pouvait lui être comparé, ni homme, ni femme, ni bête. Elle n'avait pas besoin d'ingrédients rares ou chers venus de loin ; même ce morceau de cristal rehaussé d'or et de rubis semblait inutile. Elle séduisait, nul ne pouvait lui résister, avoir cette audace ou cet orgueil. Elle défiait les frontières comme les races, lissait les consciences, apaisait. Elle se suffisait à elle seule. Elle valait plus cher que l'or car, destinée à une femme, elle inspirait les hommes mieux encore qu'elle. Tous les hommes.

Quand Gatien sortit le dernier de la grange, il permit à Morjiane de garder le flacon. En la regardant prendre le chemin qui menait chez eux, il songea à Thibaut et à la cour, comme aux deux reines, Blanche et Marguerite. Le comte de Champagne, à Mortery bientôt, se saisirait de ce qui lui appartenait déjà. Il en ferait l'usage de son caprice. Peu importait ce que l'essence de rose deviendrait sur la peau de celle qui gouvernait la France. Ou si d'autres femmes du palais voulaient à leur tour en user. Morjiane seule était parvenue à créer ce rêve, à l'incarner pour qu'il adhère solidement à une peau ou à une étoffe, mêlé au plus intime d'un corps vivant et chaud. Voilà qui devait lui suffire à jouir de ce plaisir : il était l'homme d'une telle femme.

Quand Gatien pénétra dans la cuisine, il vit les filles de salle qui se parlaient dans l'oreille. Il but un verre de vin, avala un morceau de pain. Devinant ses yeux sur elles, les filles arrêtèrent de pépier et poussèrent du coude Mélie. Elle se tourna vers lui en rougissant. Il dit :

— Que se passe-t-il ?

Comme Mélie ne répondait pas, Gatien lui enjoignit d'un signe de le suivre dans la salle haute, ce qu'elle fit.

— Je t'écoute.

Elle ne fut plus longue à rapporter l'histoire, vieille de deux jours. Paul de Launet s'était tué. Et c'est sa mort que Mélie raconta. L'homme qui avait voulu celle de Morjiane s'était, à l'issue du procès, enfermé dans sa cellule. Les moines qui passaient devant la porte close l'entendaient gémir. Nul ne savait si c'était de plaisir ou de terreur. Parfois, parvenaient des coups précipités, ceux du fouet manié sur la peau de son dos. Les plus jeunes des moines se signaient en quittant le couloir. Les autres levaient les yeux vers le ciel. Le silence de Paul de Launet, jugé parfois méprisant par ses frères en Christ, son caractère comme ses emportements subits, avaient fini par l'éloigner de la communauté. Raoul, l'abbé de Jouy, se mourait entre ses fumigations de sauge et de son. Ses petits yeux roulaient dans leurs orbites, fendant son visage gras et moite. Alors que ses médecins impuissants le relevaient sur ses oreillers, il eût été vain d'évoquer devant l'agonisant la conduite du frère Paul. Le procès qui s'était tenu à Provins, son issue jugée défavorable à la cause chrétienne, avait jeté ce voile de suspicion sur la communauté. Le temps ferait son œuvre d'oubli. Il fallait attendre que les semaines fissent des mois.

Un jour, Paul de Launet vint assister à la messe de prime. Les autres moines le virent gagner sa place, indifférent à eux. Il chanta et pria. Et ainsi passèrent les autres jours. Au réfectoire, celui qui ne prenait ses repas que dans sa cellule, sembla accepter de se joindre à ses frères afin d'avaler son bol de bouillon et un filet de carpe. Il sourit même au plus jeune des novices, ce qui fut commenté à l'heure de la promenade. Le frère de Launet s'apaisait. Les moines envisageaient la présence du frère Éloi comme ce genre de cordial qui sauve un malade ou une prière adressée à saint Roch en cas d'épidémie. En somme, un genre de miracle. Dieu n'aimait-Il pas se manifester dans les âmes simples ? Le gentil sourire de ce fils de paysan qui ne savait encore ni lire ni écrire son nom avait suffi. Paul de Launet recouvrait la raison et le calme. L'abbaye de Jouy continua comme par le passé à recevoir des hôtes et leurs dons. Le frère Paul acceptait même de faire les honneurs de la chapelle consacrée à la Vierge. Une parente proche du comte de Champagne fut satisfaite de sa visite et se montra généreuse envers la communauté. La courtoisie de cet homme jadis taciturne fut donnée en exemple aux novices.

Ce fut un matin, ni meilleur ni pire, que sa vie se fendit, comme une toile se déchire par le milieu. Tout lui revint en pleine face comme une lame de fond attaque la plage. Cette machine infernale avait pris son temps pour bientôt l'exclure du monde des vivants. Une fureur le secoua soudain. Il s'abattit contre son matelas et s'y roula en hurlant. Il revoyait le corps de Morjiane, sa peau, ses cheveux sous son voile, la plante de ses pieds nus dans les babouches. Et puis ce regard à l'heure de quitter la salle d'audience, innocentée, lavée de ses accusations, libre car ainsi en avait décidé l'inquisiteur. Dans les yeux de cette femme, il n'y avait plus qu'un peu de surprise. Sa question muette disait : *Pourquoi ?* Il se souvenait d'avoir baissé ses yeux.

Gil de Rossano, Pierre de Cuisy, l'évêque, ne lui concédaient plus rien que l'ensevelissement et l'oubli. Paul de Launet comprit que, depuis lors, il feignait de vivre. Ce semblant d'existence menait à ce vide qu'aucune prière n'emplissait plus. Il s'agissait de sortir de ce désert, de mettre un terme à la farce. Avant de brûler en enfer.

Après l'heure de none, le frère Éloi s'étonna de ne pas rencontrer son aîné à la promenade. Pas encore effrayé par un silence toujours explicable, il continua à marcher vers un oratoire abandonné et dédié à un saint dont le nom s'effaçait sous la mousse. Un chêne haut lui donnait son ombre. Il vit d'abord ses pieds nus et le début de ses jambes agités doucement par la brise d'été. Le frère Éloi poussa un hurlement d'enfant. Paul de Launet s'était pendu. Quand le corps fut déposé sur le sol, la corde dénouée de son cou, le jardinier appelé à la rescousse s'aperçut que la bouche du mort était pleine de pétales de rose mâchés. Aucun des moines de la communauté ne put s'expliquer ce qu'ils nommèrent *folie*. L'abbé Raoul recommanda la prière et sur sa bouche s'étira une manière de sourire.

Le frère Paul n'avait rien laissé, aucune ligne écrite de sa main éclairant son geste, ni vœux ni demandes particulières. Sa bible reliée de cuir noir était posée sur sa table et son lit fait au cordeau comme à l'accoutumée. Le jardinier creusa une fosse suffisamment profonde. Paul de Launet y fut jeté à la nuit.

Chapitre XXXIII

Paris
2 juillet 1243

Cet homme est un baveux. Isolde de Vernay regardait le soleil moirer la Seine. Le gobelet qu'elle tenait entre ses doigts tournait, vide. Parfois, passait-elle son index sur son front, exactement au milieu. Une touffeur d'été s'élevait du fleuve et mêlait à l'air une odeur de vase et d'algues. Des brûle-parfum montait la senteur du myrte qui ne parvenait pas toujours à masquer celle de la Seine. Isolde avait demandé aux servantes de tirer davantage les tentures afin que la maison conserve sa fraîcheur. Elle répéta à voix basse le mot *baveux* qui tinta entre ses lèvres. Elle était parfois prise de vertiges, de douleurs à la tête, devait s'appuyer aux murs et le médecin consulté avait conseillé la tisane de mélisse et de serpolet mêlés. Le récit de l'échec fait par Alix l'exaspérait toujours. Elle avait exigé d'elle détails et précisions et l'avait contrainte à remâcher l'histoire. Alix avait parlé des soirées entières, retardant l'heure du coucher. L'évidence faisait l'effet d'une sentence. Les roses n'étaient pas réduites en cendres et Gatien n'était pas au désespoir. Le vol et son piège se retournaient contre elle. Il gardait tout. Le vol des roses n'avait servi à rien d'autre qu'à lui faciliter la tâche. C'était à pleurer. Le coupable portait un nom, Ludger de Keers, l'unique responsable du désastre. Il s'était montré incapable et veule, épais et lâche, et assurément le reste des hommes ne valait pas mieux. La preuve de son insuffisance éclatait encore : il venait de quitter Paris pour Florence, sous le prétexte d'un nouveau comptoir à créer en Italie et nul ne savait au palais quand il reviendrait. Isolde alla même jusqu'à se reprocher de n'avoir pas été présente dans cette grange ; elle aurait su lancer les flammes sur les sacs, tout aurait brûlé dans un feu d'enfer. Elle aurait joui de l'incendie.

Dans son lit, elle y pensait encore, imaginant le visage de Gatien ravagé par la souffrance, ses yeux trempés, son hurlement de fou, à la hauteur de sa perte. Elle le voyait à genoux, les mains croisées à la nuque, le front dans l'herbe, le tapant contre la terre, un déchet. Ou debout, droit, hagard, basculé dans la folie, plus capable de dire son nom. Ravagée à faire peur, cette loque bonne à enfermer dans une cellule d'abbaye, recueillie comme un chien nourri au pain. Isolde passa des nuits à refaire l'histoire, de l'arrivée tenue secrète d'Alix en terre de Champagne jusqu'au retour à Paris de la jeune fille. Elle en était convaincue : c'était à elle désormais d'agir, de penser une issue fatale, de tisser chaque maille de la nasse capable d'engloutir le Mortery. Peu importaient les conséquences et le châtiment. Dieu la reconnaîtrait car sa croisade était sainte. Dans son psautier, elle chercha ces morceaux de texte qui renversaient les montagnes hautes. Elle mouilla son index de sa salive, feuilleta, relisant les passages en les suivant de son doigt. *Dieu des vengeances, Adonaï, Dieu des vengeances, resplendis ! Dresse-toi, juge de la terre, fais retourner la rétribution sur les orgueilleux.* Sa bouche répétait les mots. Elle ajoutait comme une prière : *Que nul ne conserve pour lui de l'affection et que personne n'ait pitié de ses orphelins. Que ses descendants soient exterminés et que leur nom s'éteigne dans la génération suivante.* L'ennemi à son tour serait réduit à la mendicité, sans honneur et méprisé.

Isolde en se retournant fit face à Alix, droite, immobile. Entre ces femmes se poursuivit encore quelques secondes ce silence ouaté comparable à celui de la maison. Elle dit :

— Il faut frapper plus fort. Et différemment.

*

Le palais de la Cité attendait la visite du comte de Champagne. Le gros Thibaut, repu de fierté, laissait entendre depuis des jours qu'il allait offrir quelque chose d'aussi considérable qu'unique et que seule la reine Blanche était digne du présent. Il était certain qu'on en parlerait dans les cours d'Europe avec envie. Et c'était de sa Champagne que provenait ce miracle. Craquant de fierté, il avait avancé son départ de Provins, pressé l'escorte et brûlé les étapes.

Gatien lui avait remis le flacon d'essence de rose à Mortery, entouré de Morjiane, de Mélie, de Martin, de Marthe, de ce qui comptait chez lui de serviteurs zélés. Parvenu au manoir dès l'aube, Thibaut, suivi du grand sénéchal, s'était précipité dans la haute salle. Posé au côté d'un bouquet des plus belles roses, couché sur un coussin, le flacon luisait dans la demi-pénombre. Morjiane n'eut qu'à ouvrir doucement l'un des volets pour que le soleil l'irise. Il devint or, rayon de miel. Thibaut ne sembla voir plus que lui et chacun se recula d'instinct devant cet homme qui tremblait. Enfin, sa main le saisit. Il le porta à ses lèvres, à son nez, à ses yeux, le faisant tourner entre ses doigts, le respirant déjà. Il ouvrit le flacon et le silence devint puissant comme avant les pluies d'été. Il respira, renversa sa tête en arrière, posa sa main soudain à plat sur la table de chêne et déjà Gatien fut prêt à le soutenir. Il dit : *Je te remercie.* Il répéta : *Je te remercie.* Le sénéchal tenait un coffret capitonné et Thibaut y reposa le flacon fermé sur la soie couleur de rose sombre. Les deux hommes sortirent, le comte de Champagne fit un signe pour que soit pris également le bouquet. Cinquante écus d'or furent remis à Gatien, tandis qu'il regardait la suite comtale s'ébranler. Morjiane s'approcha de lui.

— Il ne t'a pas demandé de l'accompagner.

— Je sais.

— Pourquoi ?

— C'est affaire de rois, Morjiane ; moi, je ne suis plus dans le jeu.

Elle lui caressa le visage et s'approcha de son cou comme pour une confidence et il se pencha vers elle. Morjiane avait conservé un peu d'essence de rose, versée par ses soins dans un flaconnet de verre caché depuis dans la poche unique de sa jupe. Elle lui proposait de le vendre à l'un des apothicaires de Provins. Gatien sourit sans ajouter un mot. Voici qui paierait les toitures de la tour nord et cinq ou six bois vendus jadis par son père. Il pourrait aussi s'offrir d'autres terres, celles vers Villane, qu'il espérait depuis la mort d'Aude. Il passa une main vigoureuse dans ses cheveux : il se vit vieux et comptant un à un ses écus. Il n'aima pas cela et chassa l'idée.

Thibaut attendait Blanche.

Entouré de ses gens, habillé de soie, le col ourlé de fourrure malgré la chaleur, il patientait, le sourire aux lèvres. Il était si absolument heureux qu'il eût été vain de le dissuader de son bonheur. Rencontrer la reine, la femme puissante qui régnait sur tout ce qui vivait, inspirait le poète et flattait le prince. Soudainement, plus encore que d'habitude, il se laissa aller à la fierté ; il pensa se trouver légitime, lui, roi de Navarre et comte de Champagne, l'un des plus puissants seigneurs de la chrétienté, riche de tant de villes et de fiefs, soutien du trône et poing armé de Dieu. Il était seul capable de se hisser au rang d'élu, de remplacer un roi, mort voici de longues d'années, par toute sa vigueur, et de se maintenir à sa hauteur. Car ainsi, tout ployait face à l'ancienne régente. Cette femme ne baissait le front que devant Dieu. C'était elle qui avait concédé le pouvoir à son fils, elle qui suggérait ses lois, aiguillonnait ses audaces et punissait sans remords. Elle encore qui nommait les baillis comme les évêques, confiant les charges à qui lui paraissait le plus capable, même en dépit de sa naissance ou de son âge. Blanche la louve, reine par la grâce de Dieu.

Des moments passèrent. Thibaut verrait la mère de Louis dans le privé de ses appartements. Jouissant seul de sa manière de prononcer certains mots de sa voix rauque. Ainsi, jadis, l'avait-il entendue fredonner une de ses anciennes chansons et il se crut au paradis de la savoir capable de s'en souvenir depuis si longtemps. Seul avec elle, il pourrait lui dire qu'elle occupait chacune de ses pensées, et que les femmes qui tournaient autour de lui en essaim perdaient leur éclat comme du verre dépoli. Tout venait d'elle et tout revenait à elle, le moindre de ses gestes, sa façon de mordre dans un fruit, de saisir un gobelet afin de boire un peu d'eau, de caresser son chapelet pour prier, de s'agenouiller, de se relever, d'embrasser son fils au front. Ce qu'il tenait sur ses genoux serrés, ce qui avait mis près de quatre années à mûrir, ce qui était unique et fastueux, serait à elle. L'essence de rose glisserait sur sa peau nue, comme sa musique et ses mots rimés. Il lui offrait mieux que l'immortalité, le parfum que seuls les anges toléraient, créé avec les fleurs de l'Aphrodite grecque. Blanche !

Thibaut de Champagne frissonna. Il avait soigneusement réglé dans son esprit les paroles qu'il dirait, mêlant ses vers à ses gestes, répétant sa révérence, ployant chez lui son corps si lourd, s'épuisant à ne pas trembler, à ne pas trébucher. Devait-il lui-même offrir le coffret, l'ouvrir devant elle, lui laisser le choix ou bien le confier à son sénéchal et lui désigner son présent d'un geste large de sa main baguée ? À qui poser la question, qui saurait affirmer la bonne réponse, le chemin à suivre et sans embûches jusqu'à elle ? Nul homme ne pourrait se hisser à ces altitudes. Le secret était le gage de leur bonheur.

Il attendit, refusant de s'impatienter, trouvant des raisons, des explications, détournant le regard face à ses gens qui bougeaient sur leurs sièges. Quand la porte s'ouvrit, il n'entendit plus son cœur battre. Blanche occupait le centre de la pièce et parlait à voix très basse avec deux religieux. Elle eut un signe discret de la tête auquel il s'empressa de répondre, déjà ému, transi. Prêt à recueillir les mots qu'elle prononcerait comme ce nectar conçu par les abeilles afin d'en nourrir leur reine. Il tritura ses bagues, se campa mieux sur ses jambes et ses pieds, leva le menton en cambrant ses reins, prêt.

La reine était nerveuse. Sa bouche gardait les trémulations de celle qui écoutait, le front fléchi, les deux hommes en noir lui murmurer leurs mots brefs. La nouvelle, bientôt connue des cours d'Europe et des chancelleries, était tombée dans la nuit, conduite par un messager poudré de poussière comme un pain. La chrétienté comptait un nouveau pape, un quatrième Innocent succédait à Célestin l'éphémère sur le trône de Pierre. Il s'agissait de savoir qui était ce Fieschi de Gênes et si son pontificat rencontrerait bien les intérêts français. Cela demandait réflexion avant d'en parler au roi. Depuis des semaines, Louis demandait au Ciel un exemple incarné pour la chrétienté, un homme courageux capable de conduire l'Église universelle, de bénir la croisade que son esprit inventait sans cesse. Il faudrait attendre d'autres nouvelles de Rome, patienter jusqu'à l'automne pour comprendre et aviser. Savoir quel rapport le souverain pontife aurait avec l'empereur d'Allemagne. Sentir le vent tourner même s'il avait un goût d'encens. Sans se presser, les moines quittèrent Blanche et Thibaut salua à nouveau la reine. Son sénéchal mit un genou à terre et ouvrit le coffret.

— Dame, dit le comte de Champagne, voici pour la reine un présent que j'estime digne d'elle. Il est fait de la plus belle fleur du monde, *Rosa Gallica*, qui ornera bientôt notre chapelle très sainte. Que son parfum soit le vôtre. C'est l'hommage de Champagne et de Navarre à leur reine.

Il vit la main de Blanche atteindre le flacon, et il sentit qu'il chavirait, capable de tomber sur le tapis venu de Perse, ému aux larmes alors qu'elle s'apprêtait à retirer le bouchon. Il ramenait à lui l'immensité d'un sacrifice consenti par Gatien et Morjiane, diluait leur souvenir, l'effaçait en ces instants. La gloire serait sienne, sans partage. Blanche consentait à ouvrir le flacon, le parfum ferait le reste. L'arôme exquis se répandit dans la chambre et elle ferma les yeux. Ce fut bref mais il eut le temps d'apercevoir son visage grave ployé comme par une extase, comme si elle voyait Dieu, et peut-être Le voyait-elle. Blanche resta ainsi puis ses yeux se posèrent sur lui tandis qu'il ajoutait d'autres mots vantant sa grâce et sa bienfaisance. Ils restèrent ainsi face à face, elle presque plus grande que lui, et tous les deux silencieux, à se regarder.

Thibaut vit soudain Blanche marcher jusqu'à son oratoire et il pensa qu'il était opportun de la suivre, d'être seul avec elle. Il y avait là, posée sur une escabelle, une statue de Marie, de celles, simples, qui ornent les églises de campagne. À ses pieds brûlait un cierge renouvelé chaque jour avant la messe de l'aube. La reine caressa la couronne qui maintenait le voile piqué des lys, la rondeur un peu grasse de la poitrine et celle des hanches. D'un geste sec, elle renversa le flacon. Le prix entier d'un royaume coula sur un morceau de bois sculpté qui représentait la Vierge et ses pieds nus. Le parfum fut si fort qu'il en devint violent et Blanche se recula, pour murmurer : *La reine de France l'offre à la reine du Ciel.* La bouche de Thibaut s'ouvrit sur un *oh* muet. Il sut à l'instant qu'il devait se réjouir face à pareil acte. Blanche donnait toujours la meilleure part au Christ. Renverser la moitié du flacon n'était pas seulement sacrifice mais laudation. La reine Blanche acceptait l'hommage de son féal. Thibaut sentit les nuages frôler ses cheveux. À ces hauteurs de joie, peut-être n'avait-il plus qu'à attendre la mort.

*

Le roi Louis s'usait les yeux à le contempler. Posé sur des tréteaux de bois, divisé en huit parties reliées par leur cœur, le vitrail luisait comme une gemme en ce jour d'été. Le maître verrier qui avait découpé et assemblé un à un ces morceaux de couleur mettait déjà dans ce *modelo* tout son art et sa foi. De la taille d'un enfant, il permettait au roi de comprendre ce que serait cette rosace immense, cage de lumière illuminée par les rayons du soleil et ainsi projetée sur tout ce qui vivait aux alentours. Elle serait placée dans la façade occidentale de la chapelle haute, celle réservée au roi, aux reines et aux princes, vouée à conserver les reliques de la Passion. De cet œil de la Providence s'échapperait la *lumina divina*. Louis posa sa main à l'arrière du verre coloré, approchant ses doigts en éventail, les éloignant, émerveillé par les teintes rosées ou bleutées que prenait sa peau. Il souriait ainsi de sentir la chaleur envahir son bras tendu. Il releva ses yeux très bleus vers le maître verrier qui souriait aussi de le voir heureux. Le roi parla.

— Que messire Robert soit loué de vous avoir choisi.

Louis ajouta :

— La rosace. Ma rose.

— Sire, elle fera une vingtaine de coudées en taille et sera belle, je le jure par le Christ. J'y mettrai ma science et toute ma force. Nous travaillons pour la gloire du roi.

— Messire, votre tâche est à Dieu. C'est pour Son Fils que tout ceci perdure. Je l'ai voulu ainsi. J'ai prié, j'ai tant prié, et je songe que le vitrail pourrait narrer à mon peuple…

Le roi s'arrêta, le visage soudainement levé, absent à tous. Il ne semblait plus voir que ce bout de ciel découpé par la fenêtre ouverte. L'immensité qu'il devinait se confondait avec sa chair, la diluait, elle en était translucide. Louis devenait pâle à force d'être blond, fragile et fort comme le verre qui pouvait se rompre ou défier les siècles. Autour de lui, le silence. On l'eût pensé saisi d'un long, d'un puissant frisson qui donnait à son corps le mouvement de celui qui plonge dans la mer.

Il posa sa main à plat sur la table et le souffle lui revint. Ce roi d'extase avait son idée. Le vitrail était voué à raconter au peuple l'Apocalypse de saint Jean. La Révélation de Jésus-Christ, décrite par Jean de Patmos, scène après scène, le cavalier armé du glaive, les anges retenant les quatre vents, la chute des étoiles et le soleil noirci, l'étoile d'absinthe tombant sur les eaux et les trompettes trouant les nuages, éclateraient sous la lumière… Un livre d'images pour grandes personnes afin que la parole de Dieu résonne toujours. Il y aurait beaucoup de travail pour les verriers qui agiraient sous le contrôle des prêtres, dessin après esquisse, peint sur le verre chaud jusqu'à ce que Dieu, assis sur Son trône, vainqueur de la bête, bénisse l'univers.

L'ordre donné par le roi parviendrait aux ateliers. Le plomb brûlant allait couler.

CHAPITRE XXXIV

Manoir de Mortery
16 juillet 1243

La trêve entre Louis et le roi d'Angleterre, décidée au printemps, donna à la France ce goût de paix qui plaît aux hommes. Gatien n'avait pas rejoint le ban. Lassé du sang, il ne dissimula pas son contentement devant l'ordre de Thibaut. La floraison des jours à venir, immense, promettait tout. Il devait veiller ici, sur elles, les roses. Avec Morjiane et les siens. Les paysans et les valets, plus nombreux encore à gratter le sol, l'ensemençaient de nouveaux plants et de bonnes fumures. Il s'agissait d'arroser sans cesse car le soleil de juillet cognait sur les sols et sur les têtes. La terre grasse, dont l'argile collait à la paume, exigeait l'eau en quantité. Les garçons en charriaient sans cesse de pleins seaux, se cassaient les épaules et les bras, et chantaient plus fort pour se donner du courage. Gatien souvent se mêlait à eux. Bombant le torse, Martin en portait un à chaque main. Le soir, il piquait du nez sur son écuelle.

Assise sur leur banc, à l'heure où la lumière décline et se fait tendre, Morjiane posa sa joue sur l'épaule de Gatien. Lui, fixait les champs, rassasié par les parfums de l'air, empli d'un bleu originel. Le violet de la nuit, veiné de rouge, allait bientôt descendre. Son pied nu se coucha sur l'herbe drue. La chaleur de cette journée ne s'apaisait pas. Il but à la gourde. Il pensa à l'eau des citernes et des puits dont le niveau baissait. Il pensa à la Syrie, aux trous creusés à l'orée du désert, bordés de pierres sèches, et que les chevaux trouvaient avant les hommes. À ces grains de sable, tapissant les bouches, et qu'il fallait recracher. À genoux, la croix rouge à l'épaule, il avait bu de cette eau, toujours glacée et qui lui brûlait le ventre. Gatien leva le visage vers le ciel. La récolte des pétales serait pour dans quatre ou cinq jours ; Morjiane souhaitait la bonne heure et c'est elle qui, comme à l'accoutumée, choisirait le meilleur matin. Gatien sentit ses doigts fins à ses cheveux glisser sur sa nuque et il inclina le visage vers elle. Ils s'embrassèrent. Tandis que sa bouche se fermait, il l'entendit dire que soit acheté un second alambic. Il demanda si la récolte serait plus abondante cet été et si l'essence de rose pourrait combler d'autres flacons. À ces deux questions, elle répondit par l'affirmative. La rose disputerait bientôt aux laines la suprématie du commerce à Provins et dans les foires annuelles de la Champagne. La nouvelle était mieux que bonne. Il sentit naître dans son ventre une boule de chaleur. Quand il sortait vivant d'un combat et que son sang ne coulait pas trop, il la laissait agir sous son nombril. Alors, venaient le calme et la fierté, l'apaisement nécessaire et même un peu de joie.

Gatien prit Morjiane contre lui. Elle le laissa faire. Il dit :

— Je n'aurais pas cru…

Il n'acheva pas. Elle comprit qu'il évoquait leur réussite commune et ce lien tissé entre eux. Il parlait des roses et de l'avenir, de la paix des cœurs et de l'esprit. Il ajouta :

— Quand nous étions encore dans ton pays, un jour tu m'as nourri de pain sans levain trempé dans du lait. Je me rappelle comment tu détachais chaque morceau. Tu attendais, tu croisais à peine mon regard. Tu t'étais agenouillée pour que moi, je sois plus haut que toi. J'ai compris ce qu'était ta patience, de quoi elle était née, de douceur et de larmes et de temps passé à espérer, à te garder saine et en vie.

Elle posa sa main sur sa bouche, mais il l'écarta.

— Écoute-moi, Morjiane. Il ne faut plus avoir peur, plus jamais craindre. Je veux que tu saches que, si tu veux, je ferai de toi ma femme face à Dieu.

Il dit une seconde fois :

— Si tu le veux.

Elle pleura. Elle ne fit rien pour retenir ses larmes. Il la regarda, ne tenta rien non plus. L'air sentait le sucre des fleurs. Au camp des Francs, quand la chaleur baissait enfin, le souffle du désert qui gonflait les tentes comme des joues apportait aux hommes un goût de vin raisiné d'Antioche et de gâteaux au miel, de poivre aussi. Morjiane essuya ses yeux. Ils se levèrent, ils allèrent voir le premier rosier, celui volé au palais du sultan. Tous les deux l'avaient nourri d'eau fraîche, et protégé du soleil et de ses brûlures comme on le fait pour un nouveau-né. Ses tiges, très droites, se hissaient vers le ciel et ses vingtaines de boutons peignés de rose le disputaient en couleur aux verts des feuilles. Il poussait là, mis en pleine terre, amendé et soigné, discret et reconnaissable par sa rage à produire sans cesse et plus. Ses épines de fer hérissées lui donnaient, par ces jeux dont l'ombre est capable, une allure de jeune archer toujours sur le qui-vive.

Celle que certains hommes et plus encore de femmes voulaient voir brûler voilà une poignée de mois avait accompli cela. Gatien la vit étendre sa main afin de retirer une feuille jaunie et il la devança. Il joua avec la tigette, s'amusant à la faire rouler entre le pouce et l'index. Puis, il souffla dessus. À pas lents, ils rentrèrent ensemble au manoir. De la cuisine, parvenait la voix plus grave de Martin. Gatien l'entendit s'inquiéter pour l'eau. Le niveau des citernes baissait chaque jour, que se passerait-il si le ciel restait sec comme un gosier ? Mélie, sa jumelle, lui dit de se mêler de son derrière sale et les rires cessèrent quand Gatien eut franchi la porte. Pourtant, Martin continua, bras croisés, à jeter ses phrases courtes et sonores. Il ajouta avoir lancé une corde lestée d'une pierre dans la plus grande des citernes. Il lui avait fallu la dévider dans son entier avant que le caillou ne touche l'eau.

— Je ne suis pas fou, messire.

— Je sais, Martin.

— Alors ?

— Nous n'avons plus qu'à attendre encore trois ou quatre jours. Cinq au plus, avant la récolte. Le reste appartient à la Providence.

Martin fit les yeux ronds. Le baron de Mortery s'adressait au Ciel. L'homme qui jadis pénétrait dans l'église et s'y endormait, saoulé d'encens, avait changé. Il souriait souvent, riait même à des bêtises et les gens d'ici remarquaient son humeur moins sombre. Depuis le procès gagné, l'apaisement venu, l'espoir d'une vie meilleure touchait son esprit, lui épargnant les doutes à subir. Et c'était bien.

*

Elle était arrivée ici, en Champagne et elle attendait l'heure depuis moins d'une semaine. Venue de Paris avec de l'or pour payer ceux qui connaissaient les routes et la discrète sûreté des auberges. Elle avait posé ses sacs et son coffre dans une maison louée à une veuve de Provins qui devant la bourse ronde n'avait osé aucune question. Depuis, assise sur une chaise paillée, quasi muette, face à la fenêtre de sa chambre, elle pensait à lui, son père. Alix à sa logeuse avait dit s'appeler Armance du Haudouin et, d'une voix calme, assuré venir visiter une parente et ses pauvres. Il eût été vain de cacher le sang noble et ce que le lignage puissant imposait de respect et d'allure. Ainsi nul ne parlerait, nul ne questionnerait davantage. Elle prenait ses repas seule, sortait à heure fixe et demeurait longtemps dehors. Un homme l'attendait au coin de la ruelle, non loin du jardin clos qui bordait la maison. Elle montait à cheval, couvrait ses cheveux et son visage d'une mante et disparaissait vers la campagne proche. L'homme la suivait, la précédait parfois, indiquait d'un seul geste la route à prendre. Chacune de ses courses la rapprochait du domaine de Mortery. Il s'agissait de regarder à s'en user les yeux. Alix gardait chaque détail en mémoire, les sentes, les chemins bordés par des haies piaulantes d'oiseaux. Comme certains arbres qui indiquaient une direction de leurs branches hautes, traçant dans l'air des signes qu'elle exigeait de comprendre. Elle rentrait seule. À l'aube du nouveau jour, elle allait prier à l'église qui abritait, disait-on, un morceau de la sainte Croix, rapportée de Jérusalem par le comte de Champagne. Devant la châsse d'or ciselé qui figurait le temple de Salomon, là où un boisseau de cierges jetait sa lumière abricot, elle s'agenouillait puis serrait ses paumes l'une contre l'autre. C'était tout.

Une oreille mieux aguerrie aurait entendu peut-être dans la nuit des sanglots comme des râles. Alix pensait à son père. Elle avait quitté Paris et sa tante pour le tuer.

Ce fut à Paris, dans la demeure des bords de Seine, qu'elles décidèrent de rejoindre la roseraie. Une veillée banale, à l'issue d'un repas, suffit à dire entre ces deux femmes ce qu'il s'agissait de faire. Isolde but du vin et dit qu'elle avait trouvé le remède infaillible à leurs souffrances. Puis, elle termina la cruche, essuya sa bouche de son mouchoir, se leva et fit signe à Alix de la rejoindre dans la salle d'étude. Elle porta la main à son front, par une habitude qu'elle n'arrivait plus à contrôler. Cette femme semblait ne plus être que souffrance. Chaque nuit se confondait avec un nouveau supplice. Un nom battait, éternel, à ses tempes : Gatien. Chaque heure, face à elle, le découvrir encore ; son visage, ses mèches blondes à ses épaules. Voir ses mains saisir les brides d'un cheval. Ou son corps entier s'écrouler sur un lit, plonger dans une source, un jour chaud. L'entendre aussi, dans ses mots simples, choisis sans effort, écouter sa voix d'homme dire qu'il avait faim, soif, qu'il était fatigué ou pressé de revenir. Le voir pisser contre un arbre, riant et ivre mort. Se souvenir de son rire, de son bonheur d'être marié à Aude, jadis. Être incapable de rien omettre. Pis, se souvenir d'autres détails que cette femme seule espérait avoir oubliés. Non. Impossible. De ses cheveux à ses pieds, elle restait à l'autre qui ne l'avait jamais aimée. Elle comptait, recomptait comme à un boulier, les minutes formant le quart des heures sonnées à ses côtés. Et la nuit, lente, lourde, ne passait pas et la rattachait à son passé, l'épaississant de ses cauchemars ressassés les yeux ouverts. Le matin la voyait debout, glacée, mendiant l'air à la fenêtre ouverte.

Dans la salle d'étude, Isolde désigna plusieurs paquets, ficelés, carrés, recouverts de papier sombre. Il y en avait cinq. Elle en ajouta un sixième plus petit, capable de tenir dans la poche d'une robe. Posés sur la table où Alix travaillait le matin, ils jouxtaient les livres reliés de peau, les flacons d'encre rouge et noire et les gobelets d'étain remplis de plumes et de stylets. Habituée aux silences répétés de sa tante, Alix patienta, les yeux fixes, les mains croisées à son ventre. Isolde regardait les paquets, comme s'ils eussent été ce qu'il y avait de plus précieux au monde. De plus essentiel. Enfin, se détacha son index de ses doigts repliés. Elle dit :

— Ils proviennent de chez Jacob. Je les ai achetés moi-même à son échoppe sur le Petit Pont, souviens-toi, la cinquième maison en partant de la gauche.

— Oui, tante.

— Et…

— Et…

— Voici sa mort, à lui, le pire qu'infâme. Il y a dans ces herbes et ses insectes pilés, séchés, dans ces racines broyées, de quoi l'anéantir. Maître Jacob a pour moi réuni le colchique et la cantharide, la belladone et les feuilles de gui.

— Comment faut-il en user ?

— En les mêlant à l'eau des puits et des citernes. Tout crèvera. Les bêtes, les plantes, comme les hommes. Comme lui et sa garce. D'après Jacob, en quelques jours, un peu plus de la semaine, la terre et ceux qui marchent dessus seront flétris et desséchés. Le Gatien verra s'anéantir sa vie avant de la perdre.

Isolde fut saisie d'un haut-le-cœur. Elle écrasa son mouchoir sur sa bouche et Alix détourna les yeux. Puis, elle pivota sur ses pieds, se retourna quelques secondes, laissant traîner son regard vers les livres empilés sur les étagères de chêne. Calmée, elle reprit :

— Le juif ne peut mentir. Un mot de moi et il passera les monts, verra ses biens saisis. Je sais que le père de notre roi s'était lassé d'eux. Louis ne tolère Jacob que par mon vouloir. Sa rouelle lui brûle la peau. Comprends-tu ?

— Oui, ma tante.

— Il faut frapper, Alix. Une seule fois.

— Je comprends, tante.

— Il nous faut quelqu'un de sûr. Un de ceux qui ne tremblent pas. Je donnerai l'or nécessaire.

— Je le ferai moi-même.

Les deux femmes se regardèrent et le silence vint. On eût dit que chacune, avec ses pensées comme ses propres mots, son expérience de la vie, courte ou plus longue, contemplait la mort. Elles en préparaient toutes les deux la possibilité, en déterminaient les conséquences, sans percevoir encore si cette mort mettrait un terme à leurs souffrances. Ce n'était plus seulement l'attrait d'un effacement, même définitif, mais le résultat, idéal à leurs yeux, d'une logique. À la même seconde, toutes deux vacillèrent comme secouées d'un vertige comparable.

Alix servit sa tante de vin et elle accepta un gobelet empli à moitié. Elles burent. Isolde vit sa nièce se servir à nouveau et ses joues se taveler de rouge. Elle répéta :

— Je le ferai moi-même.

Isolde en conçut une fierté immédiate. Elle comprenait que les textes grecs ou hébraïques lus ou traduits, cette masse infinie de savoir que la jeune fille polissait depuis des années, forgeaient son esprit mais n'altéraient pas son corps. Alix avait dix-huit ans. Sa vie aussi droite qu'une flèche pouvait frapper à son tour une autre vie avec la vitesse mortelle de cette même flèche. Que Gatien, étranger complet, fût son père n'entraverait pas une décision réfléchie et exécutée avec un calme froid. Cela sonnait comme une soustraction, comme certaines espèces sont fatales à d'autres.

Gatien de Mortery restait cette image lointaine, brouillée par l'eau quand on se penche sur une source.

Isolde demanda si sa nièce souhaitait voir un prêtre et se confesser, et jugea, avant qu'elle n'y réponde par un simple non, sa question inutile.

Les quelques jours précédant le départ pour Mortery se passèrent dans les habitudes de la maison, sans qu'elles varient. Alix se levait et se couchait aux mêmes heures, prenait ses repas avec la même exactitude, la même continence. Une grande partie de sa vie avait été employée à juguler les conséquences d'une absence. Haïr demeurait pour elle la plus claire, la plus certaine, la plus rassurante, la plus vivace des pensées.

Ce fut Isolde qui désigna en revanche l'homme qui allait accompagner sa nièce en Champagne. Alix ne lui demanda pas d'éclairer son choix de celui qui, quasi muet, habitué à l'action, familier de certaines ténèbres et de la mort assurément, devait, sur ordre, ne jamais la quitter d'un regard. La rareté de ses gestes, leur maîtrise un peu sèche, trahissait le soldat comme le déserteur. Interrogée sur ses traits ou la forme de son visage, Alix eût peiné à le décrire. L'homme, à leur première rencontre dans la salle basse de la maison de Paris, dit s'appeler Étienne. Cela devait suffire.

*

Le second alambic fut installé dans la grange de Mortery avec des cris de joie. Il était de taille plus importante que son voisin premier venu, plus pansu aussi. De sa main, Morjiane en désigna la place exacte. Les gars le soulevèrent de sa caisse en bois et le posèrent ensuite sur des tréteaux de chêne. Elle dit qu'il s'agissait d'arroser une fois encore et copieusement avant de ne plus rien donner aux plants. Cela permettrait une brutale et massive floraison. La récolte serait magnifique. Gatien sourit de voir le bonheur proche. La docilité de la nature une fois apprivoisée restait pour lui un mystère. Il avait, sans marchander, acheté l'alambic à Provins avec l'or de Thibaut. Choisis par Morjiane, filles et garçons allaient suivre ce long processus, nourri d'expériences, sans omettre une seule étape. La patience obligée domptait les caractères. Goutte à goutte, coulait le cœur de la fleur, recueillie dans des flacons de verre vénitien. Elle brillerait sur les doigts, rendant à la rose son hommage essentiel.

Le soir, après le souper, quand Morjiane fut nue et couchée auprès de Gatien, elle ouvrit devant lui sa paume. Il y avait là ce qui restait de l'ancienne distillation, la sans-pareille, odorante et pure, offerte à la reine Blanche. Gatien approcha son visage, se pencha, s'abandonna à elle, bientôt couché en travers du lit et nu à son tour. Morjiane fit couler l'essence de rose sur les reins de Gatien et ses mains à sa peau ; il l'entendit parler arabe. Ses mots semblaient venir de son ventre. Il eut la claire idée, comme à chaque fois que son corps s'abîmait dans le sien, qu'il en redécouvrait la saveur pour la première fois. Sans cesse recommencée, la partition de son plaisir, tendre ou rude, variait de ton comme de rythme. Pétris par la pénombre ou assagis par les lumières de l'aube, ses gestes débutaient toujours par une maladresse, une hésitation. Morjiane en fermait les yeux de plaisir. Le parfum, aussi rare, aussi subtil qu'il fût, n'empêchait rien de leur intimité. Il se posait tour à tour, glissait, effaçait, léger, profond aussi. Il se confondait avec l'odeur de Gatien, dont les yeux plongeaient dans la nuit. Il inspirait ses pensées, apparition flottante née d'une fleur, le révélait à lui-même, comme si quelque chose l'avait heurté. Il eût été imprudent d'en révéler les charmes.

*

Gatien se réveilla seul avec un goût étrange fixé à sa langue. Il pensa à ce qu'il avait bu la veille. Les deux ou trois pichets avalés ne variaient pas de l'ordinaire. Il s'étira, se pencha vers Morjiane, dormante. Il quitta son lit, chercha ses chausses, descendit l'escalier et se vêtit dans la salle basse. Il sortit. L'air noir était chaud, poisseux comme celui d'une étuve. Au-dessus de lui, pâlissaient les étoiles. De la roseraie provenait ce souffle connu, mélange d'épices et de sucre, cette haleine de poivre et de citron.

Cela vint, d'abord, léger et souple, la sensation pleine de ne pas être seul, de sentir une présence, sans toutefois savoir si elle lui serait bonne ou mauvaise. Il avança, le front levé. Il tourna son visage, lentement, de la gauche vers la droite. Il passa le premier puits, désert. Le seau de bois était posé sur la margelle, un oubli de Martin, sans doute. Soudain, il vit marcher quelque chose, sorti de la nuit. Ça allait à pas rapides vers l'une des citernes. Il avança plus vite, courut. Il vit le geste, le comprit. Une main blanche versait dans l'eau un sac de poudre qui tombait, une pluie. Le poison ferait son œuvre de destruction lente sur les fleurs comme sur les hommes ou les animaux. C'était la mort qui frappait, l'anéantissement. La fin.

Il hurla : *Qui ?*

La main poussa le sac entier dans l'eau, comme un ultime défi. Il répéta sa question, sur le ton rauque de l'injure, le départ de la lutte. *Qui ?* Un soudain coup de lune éclaira un visage et un corps. Celle qui s'était réduite à un nom, à un souvenir qui s'effritait dans sa mémoire, était là, une fois encore, devant lui. Très droite et très maigre, le corps enseveli sous une cape. Belle dans sa haine, lui apparaissait Alix, sa fille.

Il ouvrit sa bouche, plus grand encore ses yeux. Il écarta les bras, rendu au silence par tant de désespoir, de tristesse et de honte. Il n'était plus qu'un être de pitié et de souffrance. Écrasé de désespoir par cette rage mise à haïr et qui ne cédait pas. Il tenta de dire son nom, ne le put pas, car son nom saignait dans sa gorge. Il dit seulement :

— Ma fille.

Il ajouta :

— Ma petite fille.

— Je ne suis pas votre fille. Je ne l'ai jamais été.

Elle avait articulé chaque son avec une application de maniaque. Sans doute pour faire plus mal encore jusqu'au dernier mot.

Il voulut comprendre.

— Pourquoi ?

Elle ne répondit pas.

Gatien insista.

— C'est Isolde qui t'envoie. C'est elle.

— Ma tante est une sainte. Oser dire son nom, c'est le profaner.

— Une sainte. Une sainte !

À son tour, il ne cria pas. Il la regarda. Inerte, elle ne bougeait pas. Il ne savait pas ce qu'elle attendait, se refusait à poser des questions. Puis, les images revinrent, précises, l'une après l'autre. Il vit la fin de la fête dédiée à Jean, voici un peu plus de dix-huit années, au château de Vernay. Il se souvint de tout ce vin bu, des danses, des musiciens, de leurs folies stridentes, obscènes, qui menaient les corps, les séparaient, les confondaient, les mêlaient. Puis, il y eut cet instant, cette perte totale, ce trou dans lequel il était tombé, le corps en croix, sur un lit qui n'était pas le sien. Isolde avait dû l'épier, le suivre. Emprunter à Aude une robe et son parfum, l'imiter dans la retenue de ses gestes.

Il revit la succion de ses caresses, son corps en ventouse qui ne lâchait plus le sien. Ses petits cris de fille prise, enfin. La porte qui s'était ouverte fut poussée par Aude, sa femme devant Dieu. Quand elle comprit, quand elle vit sa sœur nue devant elle, son sourire béat, satisfait, sa fuite immédiate eut le goût salé de ses larmes. Gatien repoussa Isolde, de toute sa force. Il se rua dans l'escalier. C'était tellement inutile. À s'arracher la peau du torse souillé par son odeur à elle. Il dit :

— Mais tu ne comprends pas ? Aude s'est jetée dans la rivière. Ta mère a mis tant d'acharnement à mourir, qu'elle s'est noyée dans une flaque d'eau. Tu entends ce que je dis.

Il cria son prénom, *Alix, comprends-tu ?*

Il crut qu'elle devenait folle, pire qu'une damnée, silhouettée de rouge et de noir sur le mur des églises. Elle piétina la terre, enfonça ses pieds bottés dans ce fumier puant. Il murmura *Alix, Alix*. Isolde l'avait trompée durant tout ce temps, elle était leur cauchemar, ce cancer qui rongeait, sans rémission.

Elle brailla :

— Vous mentez, vous mentez, vous mentez, vous mentez !

Elle avait dans les aigus une voix de fillette.

Il répondit :

— Non. Je ne mens pas. Tu le sais bien, Alix. Ta tante ne t'a élevée que pour se venger de moi. C'est le contraire d'aimer.

Il vit briller la lame haut vers le ciel. Elle s'était précipitée sur lui, sa bouche excisée par la haine. Il n'eut qu'à bouger son flanc, réflexe de soldat, un peu comme s'il dansait, afin d'esquiver le coup. Elle tomba, de tout son long, trébuchant sur un plant qui poussait de biais. Il y eut un cri immense. Gatien venait de hurler pour elle. Il se précipita. Il retourna le corps inerte de sa fille. Le couteau lui était entré dedans et déjà du sang s'épanchait sur sa chemise comme un coquelicot large et rond. À hauteur de son ventre.

Les mots de Morjiane

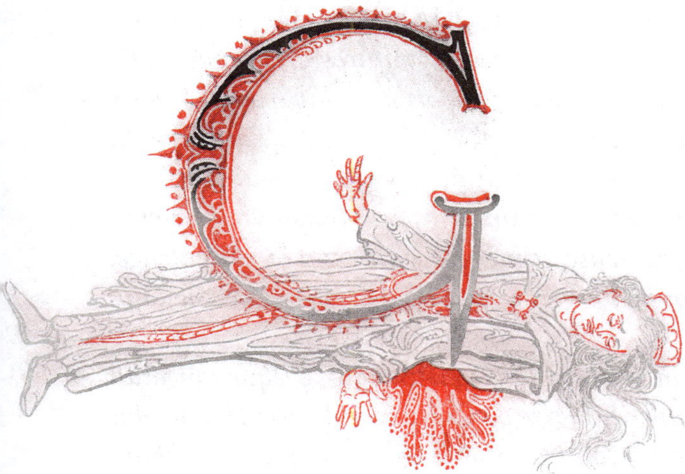

Gatien dort. J'ai fait pour cela ce qui était nécessaire en mêlant la passiflore à la valériane. Il a aussi lutté contre la fièvre, rapportée de Syrie, des heures entières et dans ce délire brûlant, il martelait le même nom, ses bras en croix ou noués l'un à l'autre.

Je me souviens de cette nuit. Il ne voulait pas quitter sa fille, il avait son sang sur sa peau nue. Martin et deux autres gars ont dû le forcer comme un animal pour le ramener dans sa chambre au manoir. On eût dit un cerf attaqué par des chiens. Et puis, soudain, il a semblé que la vie l'abandonnait, sans bruit. J'ai eu peur. Son corps était froid. J'ai posé ma joue sur son cœur, mes doigts à son poignet. Il a pris sur mon ordre un grain d'opium de Chine. J'ai soigné son corps. Il me reste à guérir son âme. Martin ne le quitte pas. Quand le garçon titube de fatigue, il consent à ce que Mélie le remplace.

Alix a été transportée à l'abbaye de Jouy. J'avais supplié que l'on ne retirât la lame qu'à l'infirmerie, ce qui fut fait par le frère chirurgien. Prévenu par nos gens, Aubin de Lalande, mon letrado de Provins, a donné les ordres pour que cette pauvre fille fût soignée. Et sauvée si le Christ y consent.

Aubin est devenu abbé. Voilà qui a dû contenter cet homme aux souplesses de roseau mais dont la foi est droite. J'ai reçu hier des nouvelles de sa main. Nul ne sait si Alix va survivre à sa blessure. Elle gémit, elle souffre, elle délire, la fièvre ne la quitte pas. Sur son visage graissé de sueur, sont posées les griffures de la mort. Elle réclame Isolde. L'abbé écrit qu'elle aurait murmuré père, à deux reprises et je veux bien le croire. Quel avenir pour celle qui a voulu tuer Gatien, cette laide qui pourrait devenir jolie en aimant ? Se pardonnera-t-elle son geste ? Comment après poursuivre une vie ? Je ne sais. L'âme est sinueuse et notre avenir est à la Providence. Qui sommes-nous pour intervenir dans les desseins de ce Dieu qui nous juge ?

Aubin de Lalande m'informe dans sa lettre que l'évêque songerait à parler à la reine Blanche. Pierre de Cuisy semble décidé à ne plus taire ce qui déshonore une famille entière. Un des moines de l'abbaye n'a pas su tenir sa langue. Il sait qui a armé un bras et pourquoi la main d'une fille était destinée à empoisonner des innocents et à frapper à mort. Le frère Aubin doute de la nécessité d'une semblable décision. La vérité détruit parfois plus sûrement que le mensonge. La chancelante raison d'Isolde de Vernay, telle que me l'a décrite Gatien, ne résistera pas à la mort de sa nièce, non plus qu'à la honte. Si Alix ne guérit pas de sa blessure, une femme va basculer dans le néant. Il faut prier davantage. Quand sonnera l'heure, serons-nous prêts ? J'ai demandé que l'eau empoisonnée de la citerne soit déversée dans un fossé creusé par trois de nos palefreniers. Nous l'avons recouvert de terre et plus tard, nous y repiquerons de la prêle des marais qui saura réparer le mal.

Ces derniers jours a eu lieu notre récolte. À l'aube, garçons et filles mêlés ont ramassé les pétales. Nous en avons rempli des centaines de sacs. Chacun a fait ce qu'il a pu mais il y avait moins de chansons et moins encore de rires. Tous, nous pensions au maître et à ses tourments. Faut-il payer si cher le bonheur ? La distillation a donné le meilleur d'une essence quasi parfaite, ce que Gatien n'a pu voir et j'ai pleuré. J'ai compté cinq flacons bien remplis. Ils sont destinés au comte de Champagne, et notre prince, une fois encore, se montrera généreux envers nous. J'en garde un sixième, non par goût d'économie, mais pour le faire respirer à Gatien et le libérer des démons. Je crois possible ces grâces. La Champagne et ses villes ont désormais leur fleur. La rose de Provins va croître et combler les plaines nues. J'avoue ne pas être étrangère à ce que d'autres que moi pourraient sans crainte nommer miracle. Me pensera-t-on fière ou arrogante ? Je prends le risque. L'étrangère que je reste au fond de moi a connu tant d'orages qu'un peu d'orgueil lui est salutaire.

J'ai réfléchi à ce que les hommes, faute de trouver mieux, appellent avenir. Il ne m'effraie plus. J'attends un enfant. À mon tour, comme tant de femmes avant moi, comme ma mère l'a fait elle-même jadis, je vais donner la vie. Gatien l'ignore. Je choisirai la meilleure heure pour le lui apprendre. Je verrai la joie glisser de ses yeux mouillés. Ici, tout est calme. Et sur les terres noires qui fument, l'aube va éclairer un nouveau matin.

De nos jours.
Chapelle Saint-Laurent,
département de Seine-et-Marne.

Cela céda au troisième coup de marteau et la pierre de craie tomba au sol entre les pieds de l'ouvrier. Elle se fendit. Le garçon cria que c'était creux à l'intérieur du mur, qu'il y avait là comme une niche dans l'épaisseur. C'était bizarre. L'architecte s'approcha, alluma sa lampe torche, la brandit. Le faisceau de lumière jaune fit danser la poussière. Il avança la main, sentit d'abord sous sa paume le lien noué. Il se recula. Il plongea jusqu'au coude son bras qui glissa lentement dans la cache grande comme une boîte à chaussures, maçonnée là il y avait longtemps. Il demanda à l'ouvrier de tenir la lampe au-dessus de lui, de l'éclairer pour mieux voir. L'homme posa ses outils.

L'architecte des monuments historiques, habilité à la restauration de la chapelle Saint-Laurent, du XIIIe siècle, retira ce qui ressemblait à un maroquin, dont le cuir épais était fendillé. Il le posa sur la table de bois et l'ouvrier fit de la place en retirant les canettes de bière, la bouteille d'eau minérale entamée la veille et la poignée de tournevis qui roulèrent comme un mikado. L'architecte ouvrit en deux le recueil de parchemins et les feuillets glissèrent. Il se pencha dessus.

Ça raconte quoi ? demanda l'ouvrier après quelques minutes.

L'architecte répondit : *Ça parle d'une femme et de roses, enfin je crois*, et l'ouvrier sourit. Puis, il avança à nouveau vers la niche et dit qu'il y avait autre chose dedans. L'architecte se retourna et dans la lumière de la lampe torche découvrit un petit sac de toile. Il le tint d'abord en équilibre sur sa paume plate, en défit avec précaution le cordon, et le premier pétale cassa comme du verre. Des larmes apparurent dans les yeux de l'ouvrier.

Ce qui serait bientôt confié aux experts était une rose ancienne, des graines de rosier bientôt plantées, peut-être écloses un jour, et les textes de Morjiane, toute l'histoire d'une vie et d'espoirs, cœur ouvert, sans mensonges.

De ce miracle révélé, est né le roman qu'on vient de lire.

Remerciements

Au commencement fut une rencontre lors d'une exposition en Normandie où il présentait des œuvres récentes. Je pénétrais un monde ensorcelant, construit par une main sûre et le talent nécessaire. S'immerger dans l'univers de Laurent Gapaillard, c'est explorer des pays de plantes et d'arbres, de colonnes en écorce nourries de sève qui s'élèvent à crever le ciel, de palais-tournesol, de toitures en nervures où des déesses aux seins fermes sont les gardiennes d'une architecture végétale. Docile, elle se ploie en voutes, paliers et étages afin d'abriter dans son ventre tiède une pensée, un alphabet, un langage qui parle de paix et d'amour.

Un soir d'hiver, au bord du feu de la cheminée, je lui demandais s'il voudrait bien éclairer de son art ce roman que j'achevais d'écrire. Il accepta. Il le lut à trois reprises, le respira à poumons pleins comme on le fait d'une rose, assura le trouver bon et s'enferma dans son atelier. Plusieurs semaines plus tard, de nos conversations, de nos échanges nombreux et de son inspiration que rien n'altère, naissaient ces dessins et ces lettrines. Quelle émotion, je l'avoue sans peine, de redécouvrir personnages et situations, de la Syrie à la France, de Damas à Provins. Orient et Occident ! Le siècle de Saint Louis ressuscitait. Morjiane et Gatien, Blanche ou Thibaut, l'Église et le monde vivaient, souffraient, espéraient, aimaient ! Laurent sut rendre à la rose, à qui ce livre est dédié, ses sortilèges et ses vertus d'envoûtement.

Précieux comme une enluminure, riche comme une épopée, une geste médiévale, chacun de ses dessins, demeurent pourtant contemporains, vivants, actuels, défiant l'avenir. Laurent Gapaillard inscrit dans le cœur de chaque lecteur ce supplément d'âme, éblouissant et fugace, à l'encre de Chine et en noir et rouge.

Ce livre doit beaucoup à des amis fidèles et doués, connaisseurs du secret des âmes et des roses. Je remercie particulièrement :

Samir Memmoud pour sa maîtrise de la langue et de la littérature arabes.

Merci également à Juliette Dross, maître de conférences HDR en langue et littérature latines, à l'université Paris-Sorbonne (Paris IV), qui m'a aidé à éclairer le titre de ce roman.

Pascale Alexandre dont le jardin de roses fut pour moi une magnifique source d'inspiration et qui m'a fait partager ses secrets et sa passion comme sa bibliothèque.

David Le Guyader dont la patience et l'écoute sont infatigables.

Philippe Donadini, lecteur sensible et inspiré, qui m'a évité bien des embûches, lisant et relisant pour moi ce texte avec tant de chaleur.

Lydie Rigaud, muse éternelle, ma Morjiane, douce et aimante. Courageuse et si belle.

Et enfin Thierry Billard, mon éditeur, pour sa confiance renouvelée et sa foi.

Table des matières

DEUXIÈME PARTIE

TROISIÈME PARTIE

QUATRIÈME PARTIE

CINQUIÈME PARTIE

Ce livre existe grâce au travail de toute une équipe.

Communication : Caroline Babulle, Sandrine Perrier-Replein, Inès Paulin, Adélaïde Yvert.

Coordination administrative : Martine Rivierre.

Studio : Pascaline Bressan, Barbara Cassouto-Lhenry, Joël Renaudat.

Fabrication : Muriel Le Ménez, Céline Ducournau, Bernadette Cristini, Sophia Paroussoglou, Isabelle Goulhot.

Commercial, relation libraires et marketing : Laetitia Beauvillain, Perrine Therond, Ombeline Ermeneux, Élise Iwasinta, Morgane Rissel, Arthur Rossi, Aurélie Scart.

Cessions de droits : Benita Edzard, Lucile Besse, Sonia Guerreiro, Costanza Corri, Elisabeth Stempak.

Gestion : Sophie Veisseyre, Chloé Hocquet, Isabelle Déxès, Camille Douin.

Services auteurs : Viviane Ouadenni, Jean-François Rechtman, Catherine Reimbold.

Ressources humaines : Mylène Bourreau.

Juridique : Laëtitia Doré, Anaïs Rebouh, Valérie Robe, Lucie Bergeras, Julia Crosnier.

Avec le soutien des équipes d'Interforum et d'Editis qui participent à la création, la diffusion et la distribution de ce livre.

Canoros Vehit Canentes

Composition et mise en pages
Nord Compo à Villeneuve-d'Ascq

Pour plus d'information :

#lisez! engagé

www.lisez.com

Imprimé sur du papier issu de forêts gérées durablement.

Cet ouvrage a été achevé d'imprimer en mars 2023
sur les presses de Normandie Roto Impression s.a.s.
61250 Lonrai (Orne)
N° d'édition : 64573/01 - N° d'impression : 2300850

Imprimé en France